Walter Evers

Das hansische Kontor in Antwerpen

EHV
HISTORY

Walter Evers

Das hansische Kontor in Antwerpen

ISBN/EAN: 9783955641382

Auflage: 1

Erscheinungsjahr: 2013

Erscheinungsort: Bremen, Deutschland

@ EHV-History in Access Verlag GmbH, Fahrenheitstr. 1, 28359 Bremen. Alle Rechte beim Verlag und bei den jeweiligen Lizenzgebern.

EHV
HISTORY

Das hansische Kontor in Antwerpen.

Walter Evers

Kiel 1915.
Graphische Kunstanstalt L. Handorff.

Inhalt.

Vorwort.

—

Mit Besorgnis sah die alternde Hanse im Laufe des 16. Jahrhunderts den Wettbewerb der fremden Handelsvölker ständig
zunehmen. In dem Bemühen, ihr kaufmännisches Übergewicht
im Auslande auf der Grundlage ihres überlieferten Handelssystems
zu behaupten, widmete sie dessen wichtigsten Stützpunkten, ihren
auswärtigen Niederlassungen oder Kontoren, eine besondere Fürsorge und bemühte sich, sie in Stand und Ordnung zu erhalten[1]).
Als bedeutendstes Ergebnis erwuchs aus diesem Bestreben die
Reform ihres niederländischen Kontors und die damit verbundene
Errichtung des großen Hansehauses in Antwerpen in den sechziger
Jahren des Jahrhunderts.

Für die Geschichte dieses niederländischen Kontors der Hanse
beginnt hier ein neuer Abschnitt, zugleich allerdings der letzte;
denn es nahm auch in seiner äußerlich verbesserten Lage nicht
den erhofften Aufschwung, vielmehr bereiteten ihm Zeitverhältnisse,
gegen die die Hanse machtlos war, in weniger als drei Jahrzehnten für immer ein Ende. Nur das Gebäude verblieb den
Hansestädten und wurde von den drei zuletzt allein übrigen bis
in die neueste Zeit verwaltet und verteidigt.

Die folgende Abhandlung gibt zunächst als Einführung einen
Überblick über die Vorgeschichte der Kontorreform und des Hausbaues, untersucht sodann, wie sich das Kontor unter den veränderten Verhältnissen einrichtete und inwieweit dabei die früheren
Formen wiederauflebten oder umgestaltet und erweitert wurden.
Angeschlossen ist eine Geschichte des Kontors in diesen seinen
letzten Zeiten, unter Ausführung der Gründe, die sein Weiter-
bestehen unmöglich machten. Die weiteren Schicksale des hansischen Hauses bleiben einem späteren Nachtrag vorbehalten.

---

[1]) Auch an eine Wiederaufrichtung des zerstörten russischen Kontors
dachte man längere Zeit.

Die Arbeit ist nicht ohne Vorläufer. Schon die Gesamt-
darstellungen der hansischen Geschichte von Sartorius und Gallois
gehen näher, aber keineswegs erschöpfend auf das vorliegende
Thema ein. In Brüssel gefundene Akten verarbeitet Altmeyer
in seiner kleinen Schrift „Histoire du comptoire hanséatique
d'Anvers", läßt sich aber durch die Beschaffenheit seiner Vorlagen
mehr zu einer Schilderung der Beziehungen zwischen der Hanse
und der spanisch-niederländischen Regierung um die Wende des
16. Jahrhunderts verleiten, als daß er dem angekündigten Gegen-
stande gerecht würde. Nach ihm haben in den Veröffentlichungen
des Hansischen Geschichtsvereins Ennen und Wehrmann und
neuerdings Häpke weitere Beiträge geliefert (vgl. das Literatur-
verzeichnis); indessen haben sie das Antwerpener Kontor nicht
ausschließlich im Auge und verwerten das größtenteils in Köln[1]
und Lübeck aufbewahrte Aktenmaterial, das auch dieser Arbeit
hauptsächlich zu Grunde liegt, nur in beschränktem Maße, so daß
ihre Darstellungen, obschon sie sich in manchen Punkten ergänzen,
doch noch kein vollständiges Bild geben. Die Organisation des
Kontors berühren sie ebensowenig wie die vorhergenannten.
Namentlich in dieser Beziehung bedurften sie daher einer Vervoll-
ständigung, eine Aufgabe, die um so anziehender und lohnender
war, als sich gerade hier infolge des reichhaltigen Materials ein
besonders guter Einblick in das Innenleben eines hansischen
Kontors eröffnet.

---

[1] Nach Köln wurde im Jahre 1593 das Archiv des Kontors übergeführt.

9

A. Verzeichnis der verkürzt angeführten Literatur:

Daenell, E., Die Blütezeit der deutschen Hanse. 2 Bde. Berlin 1905—6.

Hans. Gbll. Hansische Geschichtsblätter, insbesondere Jahrgang 1873: Ennen, L., Zur Geschichte der hansischen Häuser zu Brügge und Antwerpen. — Wehrmann, C., Die Gründung des Hanseatischen Hauses in Antwerpen. — Jahrgang 1876: Ennen, Der hansische Syndikus Heinrich Sudermann aus Köln.

Häpke, R., Der deutsche Kaufmann in den Niederlanden. Pfingstblätter des Hansischen Geschichtsvereins, Blatt VII. Leipzig 1911.

Sartorius, G., Geschichte des Hanseatischen Bundes und Handels. 3 Bde. Göttingen 1802—8.

Schulz, Fr., Die Hanse und England. Abhandlungen zur Verkehrs= und Seegeschichte V. Berlin 1911.

Stein, W., Die Genossenschaft der deutschen Kaufleute zu Brügge in Flandern. Berlin 1890.

B. Quellensammlungen und Regesten:

Marquard, Joh., De iure mercatorum et commerciorum singulari. Frankfurt a. M. 1662.

H. R. Die Hanserezesse und andere Akten der Hansetage, Reihe I (1256 bis 1430), bearb. von Karl Koppmann. 8 Bde. Leipzig 1870—1897; Reihe II (1431—1476), bearb. von Goswin v. d. Ropp. 7 Bde. Leipzig 1876—1892; Reihe III (1477—1530), Bd. 1—7 bearb. von Dietrich Schäfer, Bd. 8 u. 9 von demselben und Friedrich Techen. Leipzig 1881—1913.

Hans. U. B. Hansisches Urkundenbuch, bearb. von Konstantin Höhlbaum (Bd. 1—3), Karl Kunze (Bd. 4—5), Walter Stein (Bd. 8—10). Halle 1876 ff.

K. J. Kölner Inventar, 1. Bd. (1531—1571), bearb. von Konstantin Höhlbaum unter Mitwirkung von Hermann Keussen; 2. Bd. (1572—1591), bearb. von Konstantin Höhlbaum; (als Bd. 1 und 2 der „Inventare hansischer Archive des 16. Jahrhunderts", hrsg. vom Verein für Hansische Geschichte.) Leipzig 1896. 1903.

D. J. Danziger Inventar, 1. Bd. (1531—1571), bearb. von Paul Simson; (als Bd. 3 der vorigen Sammlung). München und Leipzig 1913.

N. J. (Niederländisches Inventar), Niederländische Akten und Urkunden zur Geschichte der Hanse und zur deutschen Seegeschichte, hrsg. vom Verein für Hansische Geschichte, bearb. von Rudolf Häpke. 1. Bd. (1531—1557). München und Leipzig 1913.

C. Ungedruckte Quellen:

1. aus dem Kölner Stadtarchiv (St. A. Köln) insbesondere:
   Abt. Hanse II, Rezesse und ähnliche Akten;
   III A, Briefe und dergl. (hierunter die Akten aus dem Nachlaß des Syndikus Sudermann);
   III E, Akten aus dem Antwerpener Kontor;
   IV, Statuten, Geschäftsbücher usw.[1])
   NB. Wo die Angaben des Köln. Inv. genügen, ist nur danach zitiert.
2. aus dem Lübecker Staatsarchiv (St. A. Lüb.) insbesondere:
   A. Fl. Acta Flandrica, Vol. II—IV.
   Privilegia Hanseaticis — — concessa, item statuta Contoriorum et documenta huc spectantia.
   Inventaria der bei dem Oesterschen Hause zu Antwerpen gewesenen Schriften und Mobilien.

Bei wörtlichen Zitaten ist die entstellende Schreibweise der damaligen Zeit etwas vereinfacht.

---

[1]) Über die als „Protokollbücher" aufgeführten Archivstücke vgl. später beim Abschnitt über den Sekretär.

1. Kapitel.

Das Kontor in Antwerpen bis zum Hausbau.

Überſiedlung des Kontors von Brügge nach Antwerpen. – Verſchlimmerung
ſeiner Lage. – Verhalten der Hanſeſtädte dazu. – Reformbeſtrebungen; Wirk-
ſamkeit des Syndikus Sudermann. – Plan eines gemeinſamen Reſidenzhauſes. –
Vorarbeiten und Ausführung. – Beſchreibung des neuen Hauſes.

Von den hanſiſchen Kontoren hat allein das niederländiſche
öfter ſeinen Sitz verändert. Handelte es ſich aber in früheren
Fällen immer nur um eine vorübergehende Unterbrechung des
altgewohnten Stapels in Brügge, ſo trat in den erſten Jahrzehnten
des 16. Jahrhunderts die Frage einer dauernden Verlegung des
Kontors an die Hanſeſtädte heran. Sie ließ ſich bei den eintretenden Verhältniſſen nicht mehr umgehen. Brügge war ſeit dem
Anfang des Jahrhunderts für die fremden Handelsvölker ein auf-
gegebener Poſten; [1]) die Kaufleute waren nach anderen Plätzen
der Niederlande übergeſiedelt, vornehmlich nach Antwerpen, wohin
ſich der Handel immer mehr zu ziehen begann. Zu denen, die
am längſten in Brügge aushielten, gehörten die Vorſteher des
hanſiſchen Kontors. Es widerſtrebte ihnen, die Stadt zu verlaſſen,
wo ſich ihre Genoſſenſchaft gute Beziehungen, reiche Privilegien
und nicht unbeträchtlichen Grundbeſitz[2]) erworben hatte. Aber trotz
aller Bemühungen konnten natürlich ſie allein ſich auf die Dauer
auch nicht halten. Ihr eigener Vorteil und die Geſchäfte des
Kontors, wenn anders ſie ein ſolches aufrecht erhalten wollten,
riefen ſie nach Antwerpen. Seit welchem Jahre ſie dort dauernd
anſäſſig ſind, läßt ſich mit Sicherheit nicht feſtſtellen.[3]) Jedenfalls

---

[1]) Über Brügges Niedergang z. B. Häpke S. 26 ff.
[2]) Darüber bei Ennen, Hanſ. Gbll. 1873 S. 44 ff, 50.
[3]) Keinenfalls erſt ſeit dem 5. Jahrzehnt des Jahrhunderts, wie die älteren
Darſtellungen annehmen, andrerſeits aber auch nicht ſchon von 1516 an, wie
Remus, Zſ. d. Weſtpr. Geſch. Vereins XXX S. 51, angibt. Es finden ſich aus
Brügge ſtammende Briefe der Älterleute bis zur Mitte der zwanziger Jahre
(St. A. Lüb. Miscellanea Flandrica et Antwerpiensia Vol. III). Eine „Ordinanz“ von 1527 ſcheint ebenfalls noch auf ihren Aufenthalt in Brügge zu
deuten (St. A. Köln Hanſe IV 8 Bl. 17 b); vgl. ferner H. R. III 9 n. 139, 1,
n. 591 § 15, n. 598.

war mit ihrem Abzug aus Brügge der Übergang vollendet. Man behielt zwar Namen, Wappen und Siegel der bisherigen Niederlassung bei,[1] seinen tatsächlichen Sitz aber hatte das Kontor fortan in Antwerpen. Ein mit 1539 einsetzendes Protokollbuch des Sekretärs[2] zeigt es dort schon völlig heimisch; die Brügger Häuser waren einem besonderen Verwalter unterstellt worden.[3] Die Überführung der Wertsachen und Archivalien nach Antwerpen, die nach Ennen 1553 stattfand und von ihm als die förmliche Verlegung hingestellt wird,[4] erscheint unter diesen Umständen nur von geringer Bedeutung; in dem Protokollbuch des Sekretärs wird sie garnicht erwähnt.[5]

Antwerpen hatte auf die hansischen Kaufleute von je her eine starke Anziehungskraft ausgeübt und jährlich während der Wochen seiner freien Märkte das ganze Kontor, das solange seine ‚Residenz‘ in Brügge verließ, in seinen Mauern beherbergt. Als Versammlungsort und Wohnung für die Kontorbeamten stand hier seit 1468 das von der Stadt ihren hansischen Besuchern als Geschenk überlassene Haus „die Klause" am Alten Kornmarkt[6] zur Verfügung.[7] Aus noch weiter zurückliegender Zeit stammten die Unterlagen für die rechtliche Stellung der Hansen in der Stadt. Sie beruhte vor allem auf zwei großen Privilegien, die ihnen 1315 und 1409 die Herzöge von Brabant Johann II und Anton für ihren Aufenthalt in ihrem Lande, besonders in Antwerpen, verliehen und in denen sie ihnen außer freiem Verkehr, Schutz ihres Handels, Ermäßigung der Zölle und Abgaben und einer Reihe anderer Vergünstigungen die Erlaubnis zur Bildung einer Korporation mit eigenem Verordnungsrecht sowie mit selbständigem Niedergericht und Diszi-

---

[1] So schreibt auch Lübeck 1539 an das „Kontor von Brügge", K. J. I n. 111, ähnlich n. 628. Man darf sich dadurch nicht täuschen lassen.
[2] St. A. Lüb. Miscellanea Flandrica et Antwerpiensia Vol. II g; — Es reicht bis zum Ende des Jahres 1557 und bildet eine wichtige Quelle für die Verhältnisse des Kontors in Antwerpen vor dem Hausbau (fortan zitiert als Protokollbuch I).
[3] Vgl. K. J. I n. 34; — Der offenbar damals eingesetzte Kastellan Lowis de Rönne (Protokollbuch I Bl. 52 (51) u. öfter) starb 1552. Sein Nachfolger wurde Anton (von) Kreyenbroch (oder Cranenburgh, Protokollbuch I Bl. 177 (175), K. J. I n. 717, II n. 419, identisch mit dem im Personenverzeichnis des Bd. II fälschlich nach Antwerpen versetzten Anton von Craeybrouck).
[4] Hans. Gbll. 1873 S. 52, 1875 S. 47.
[5] Auch muß wohl ein Teil des Archivs in Brügge verblieben sein, denn noch nachher ist von einem solchen dort die Rede; vergl. K. J. I S. 373, 401.
[6] Wehrmann, Hans. Gbll. 1873 S. 85 f; Hans. U. B. IX n. 454.
[7] Protokollbuch I Bl. 51 (50) b, 56 (57) f und öfter; Protokollbuch II (f. S. 67 Anm. 11) Bl. 55.

plinargewalt über ihre Angehörigen zugestanden hatten.[1]) Die
Hanse hatte danach die Möglichkeit, ihre Niederlassung jederzeit
ohne Veränderung der bestehenden Formen nach Antwerpen zu
verlegen.

Dennoch boten die genannten Privilegien keinen vollgültigen
Ersatz für jene, die man in Brügge aufgab, und sie konnten dem
Kontor damals um so weniger zu einer vorteilhaften und gesicherten
Lage verhelfen, als sie, seit langem nicht bestätigt, an Kraft ein-
gebüßt hatten. Die Alterleute klagten heftig darüber;[2]) namentlich
gegen Übergriffe der königlichen Zollpächter und Schmälerung der
Akzisefreiheit mußten sie sich immer wieder zur Wehr setzen, ohne
daß ihre Bemühungen von wirklichem Erfolge begleitet gewesen
wären.[3]) Sonderverträge mit Antwerpen, in denen das Kontor
schon seit dem vorigen Jahrhundert seine Stellung weiter auszu-
bauen versucht[4]) und sich die wichtigsten Artikel der landesherr-
lichen Privilegien auch von seiten der Stadt hatte verbürgen
und erweitern lassen, hatten dafür bisher in gewisser Weise ent-
schädigen können; aber sie galten immer nur für eine bestimmte
Zahl von Jahren, und als 1533 der letzte von ihnen ablief, ohne
daß sich Antwerpen zu mehr als einer wertlosen mündlichen Zusage seiner Fortführung bereit finden ließ, sah man sich hansischerseits dieser Vorteile mehr und mehr beraubt und fühlte sich den
wirtschaftlichen Maßnahmen der Stadt, die man als ungerechte
Beeinträchtigung empfand, und dem erstarkenden Wettbewerb der
einheimischen Schiffer und Kaufleute gegenüber ohne Schutz.[5])

Auch sonst half die Übersiedlung nach Antwerpen dem Kontor
zunächst wenig. Zwar an Mitgliedern litt hier die ‚Nation‘
keinen Mangel: An einer hansischen Beerdigung beteiligte sie
sich 1540 in einer Stärke von über 100 Personen[6]) und für den
Festzug bei Ankunft des Kronprinzen Philipp im Jahre 1549
konnte sie aus ihrer Mitte allein 40 oder 50 prächtig ausgerüstete Be-

---

[1]) Das Privileg Johanns von 1315 im Hans. U. B. II. n. 266, das Antons
von 1409 ebenda V n. 874. Dazu kam dann noch ein weiterer, kürzerer Frei-
brief Philipps des Guten vom Jahre 1437, der nur den wesentlichen Inhalt
der früheren erneuerte (Urkundenbuch der Stadt Lübeck VII S. 746) und die
Bestätigung eines Vertrages zwischen Antwerpen und der Hanse durch Maxi-
milian von 1488 (Hans. U. B. X n. 886).
[2]) St. A. Köln, Hanse II 16 Bl. 22 b; III A V 14 Art. 53.
[3]) St. A. Köln, Hanse III A V 14 Art. 42 ff; Protokollbuch I Bl. 45 b, 96
(95) f, 118 (116) b f, 129 (127) u. öfter; H. R. III 9 n. 598 § 19; N. J. n. 318.
[4]) So Hans. U. B. V n. 424, VI n. 916, VIII n. 655, X n. 861.
[5]) St. A. Köln, Hanse II 16, bes. Bl. 32 ff; III A V 14 Art. 49 f.
[6]) Protokollbuch I Bl. 23 b.

rittene ſtellen. [1]) Aber das genoſſenſchaftliche Leben lag darnieder.
Die jungen „Kaufgeſellen‘ (auch Lieger, Faktoren), die den größten
Teil der hanſiſchen Kaufmannſchaft in der Stadt ausmachten,[2])
hatten ſich in der Übergangszeit der Aufſicht des Kontors entzogen
und ſchenkten ihm jetzt wenig Beachtung mehr. Es war in keiner
Weiſe der Mittelpunkt hanſiſchen Lebens in der Stadt wie ehemals
in Brügge. Seinen Leitern fehlte es an Autorität bei dem
„gemeinen Kaufmann‘; bald beklagten ſie ſich bitter über ſeine
Gleichgültigkeit und ſogar Widerſetzlichkeit.[3]) Zwar ließ es ſich
die hanſiſche Kaufmannſchaft gern gefallen, daß die Alterleute ihre
Intereſſen den Behörden gegenüber vertraten,[4]) aber zu Gegen=
leiſtungen pekuniärer Art waren ſie nicht geneigt. Der Schoß,
früher die Hauptgeldquelle des Kontors, wurde von niemand
mehr entrichtet;[5]) die 100 Goldgulden, die Köln auf Grund eines
früheren Vertrages jährlich als Pauſchſumme für den Schoß ſeiner
Bürger zahlte,[6]) waren faſt die einzige Einnahme und reichten
für die Bedürfniſſe des Kontors bei weitem nicht aus.[7]) So
konnte es ſchließlich nicht einmal einen Sekretär aus eigenen Mitteln
mehr unterhalten. Er mußte ſeit 1543 von Lübeck aus ſeiner
Beamtenſchaft geſtellt und von den Hanſeſtädten beſoldet werden.[8])
Ebenſo mußten die Alterleute für die notwendigſten Ausbeſſerungen
an den Brügger Häuſern einige Male zu einer Anleihe bei Lübeck
und Hamburg greifen.[9]) Noch mißlicher aber als der Geldmangel
war für das Kontor der Umſtand, daß ſeine Vorſteherſchaft immer
mehr zuſammenſchmolz. 1539 gab es außer den drei Alterleuten

---

[1]) Ebenda Bl. 120 (118) b; Häpke S. 51.
[2]) Protokollbuch I Bl. 169 (167).
[3]) „Item voren alle beclaget sick de Natie und copmann hochliken
over den groten ungehorsam und de rebellicheit des gemeinen copmanns
van der hanse, so dat nemands mer umme den copmann en gifft“, St.
A. Köln, Hanse II 16 Bl. 23 b; dazu K. J. I S. 312; Sartorius III S. 262 ff.
[4]) Zahlreiche Beiſpiele im Protokollbuch I; dazu K. J. I n. 93, 153; N.
J. I n. 318.
[5]) St. A. Köln, Hanse III A V 14 Art. 19 ff; K. J. I S. 312; Sartorius III
S. 262 ff.
[6]) Protokollbuch I mehrfach; dazu auch K. J. I n. 74, 419, 639 und öfter,
S. 334 unter 1 d, S. 509; D. J. S. 846 unter 4. Juli. — Über den Vertrag
ſ. an ſpäterer Stelle.
[7]) St. A. Köln Hanse III A V 14 Art. 30.
[8]) Mehrfach im Protokollbuch I; K. J. I n. 296, 301 u. öfter, S. 366, 426;
D. J. I n. 1823; hierher auch die Abrechnung des Sekretärs Nik. Wolff vom
12. Aug. 1544 (St. A. Lüb. A. Fl. Vol. II unter 28) und die Korreſpondenz
über „Salarierung des Sekretärs oder Clercken beim Contor“ (ebd. unter 29);
Belege für die Bezahlung z. B. St. A. Köln, Hanse II 52 Bl. 247; IV unter
1; K. J. I n. 1080.
[9]) Wehrmann, Hanſ. Gbll. 1873 S. 96; dazu D. J. I. n. 1435.

nur noch ein Mitglied des sogenannten ‚Kaufmannsrats‘,[1] und als diesem im nächsten Jahre nach dem Tode eines der Älterleute dessen erledigte Stelle zufiel, hatte die Institution besonderer Kaufmannsräte neben den Älterleuten fürs erste gänzlich ihr Ende gefunden.[2] So gestaltete sich die Lage des Kontors noch ungünstiger als zuletzt in Brügge; es konnte sich ohne Mitwirkung der Hansestädte nicht wieder heben. Die Kontorvorsteher ließen daher nicht ab, ihnen die Entwicklung der Dinge und die Notwendigkeit einer Abhülfe vor Augen zu führen.[3]

Den Städten hatte das Kontor bisher bei ihrem Warenaustausch mit und in den Niederlanden, bei Überwachung ihrer Handels- und Verkehrsverordnungen und bei Erledigung diplomatischer und anderer Geschäfte zu gute Dienste geleistet, als daß nicht ihre Mehrzahl von seiner Unentbehrlichkeit auch für die Zukunft überzeugt gewesen wäre. Seine Erhaltung erschien innerhalb ihres Handelssystems als eine selbstverständliche Forderung; es fragte sich nur, an welchem Orte. Die Städte neigten aus verschiedenen Gründen noch immer zum Verbleib in Brügge;[4] andrerseits konnten sie sich der Erkenntnis nicht verschließen, daß der Zug des Handels auf Antwerpen wies, und so geht neben ihren Bemühungen, den Stapel in Brügge wieder zu beleben, vorn vornherein das Bestreben einher, der Entwicklung Rechnung zu tragen und für die etwaige Aufrichtung einer festen ‚Residenz‘ in Antwerpen die gewünschten Sicherheiten zu erlangen. Aber obwohl man schon 1516 darüber Verhandlungen mit der Stadt einleitete,[5] so mangelte es doch damals wie in der nächsten Zeit[6] an der wichtigsten Vorbedingung, nämlich an einem guten Verhältnis

---

[1] St. A. Köln Hanse III A V 14 Art 35; hierzu und zum Folgenden Protokollbuch I passim, z. B. Bl. 12 b, 50 (49).

[2] Statt dessen erscheinen einige Male zu den Beratungen gefordert „oldeste der Natie“ (Protokollbuch I Bl. 142 (140) b, ähnlich Bl. 171 (169) b.) — Neuwahlen in den Vorstand hingegen glaubte man offenbar aus eigener Machtvollkommenheit vor der offiziellen Aufrichtung des Kontors in Antwerpen durch die Hansestädte nicht vornehmen zu dürfen, vergl. K. J. I n. 605.

[3] Solche ‚gravamina‘ übersandte das Kontor z. B. 1530 (Wehrmann, Hans. Gbll. 1873 S. 95), 1534 (D. J. n. 395), 1535 (K. J. I n. 49, 59, S. 312; D. J. n. 699, 781), 1537 (D. J. n. 1014) und 1539 (St. A. Köln, Hanse II 14; dazu K. J. I n. 145, 150).

[4] Häpke S. 46.

[5] H. R. III 6 S. X und S. 723 ff.

[6] Weitere Versuche in dieser Richtung, die die Städte teils selbst, teils durch Vermittlung des Kontors unternahmen, liegen 1518, 1521, 1527, 1529/30. (Sartorius III S. 271 Anm. 12; St. A. Köln, Hanse II 16 Bl. 30 f; III A LXXXVIII); über den von 1518 ausführlich Wehrmann, Hans. Gbll. 1873 S. 88 ff, über den von 1527 ebenda S. 94; s. ferner H. R. III 9 S. VI.

der Hanse zu Antwerpen.[1]) Ein rascher Abschluß, der den Aus=
schlag zugunsten Antwerpens hätte geben können, wurde so ver=
hindert. Und später war es die Bedenklichkeit des Hansetags,
die weitere Verzögerung verschuldete.[2]) Inzwischen vollzog sich
ohne Zutun und Zustimmung der Städte die oben geschilderte
Selbstverlegung des Kontors. Die Hanse sah sich durch die voll=
endete Tatsache mehr als bisher zu einem Abschluß mit Antwerpen
gedrängt. Ohne das war an eine Änderung in der trostlosen
Lage des Kontors, die sich ja durch die Übersiedlung nicht
gebessert hatte, und an eine Reform seiner Organisation nicht zu
denken. So wurde denn auf dem Hansetag von 1540[3]) nach
längeren Beratungen eine Gesandtschaft beschlossen, die sich unter
anderm von dem Zustand des Kontors überzeugen und mit
Antwerpen, das nunmehr durch einen Abgesandten die Städte
seines Entgegenkommens versicherte, von neuem wegen der
Residenz unterhandeln sollte. Damit kamen die ins Stocken
geratenen Verhandlungen wieder in Fluß. Die im nächsten Jahre
abgeordneten beiden Sekretäre von Lübeck und Köln[4]) hatten aller=
dings noch keine Vollmacht zum Abschluß eines Vertrages, arbeiteten
aber unter Beihilfe der Alterleute der in Aussicht genommenen
größeren Gesandtschaft so wirksam vor,[5]) daß diese, die auf er=
neute Aufforderung Antwerpens[6]) endlich gegen Schluß des
Jahres 1545 abging, in kurzer Zeit zum Ziele gelangte und am
9. Februar 1546 mit der Stadt den großen Vertrag abschließen
konnte, der die den Hansen für den Fall einer dauernden Nieder=
lassung zu gewährenden Rechte und Vorrechte festsetzte und die
Grundlage der neuen Residenz bilden sollte.[7]) Die Artikel waren
von hansischer Seite aufgestellt; sie schlossen sich an die schon 1516[8])

---

[1]) Häpke S. 46; Näheres H. R. III 7 S. VI; III 8 n. 26; III 9 n. 139,
632 §§ 59, 84, D. J. n. 248.
[2]) Eine Zusammenstellung der Hansetagsverhandlungen seit 1530 über
diesen Punkt bei Wehrmann, Hans. Gbll. 1873 S. 94 ff.
[3]) K. J. I S. 320 ff.
[4]) Wehrmann, Hans. Gbll. 1873 S. 97.
[5]) St. A. Köln, Hanse II 16; III E I 21 f.
[6]) Wehrmann, Hans. Gbll. 1873 S. 98 f.
[7]) K. J. I S. 27 f; Protokollbuch I Bl. 88 (87) f; das Original in der
Lübecker Trese (Urkundenkammer in der Marienkirche) als **Batavica** n. 238;
abgedruckt bei Marquard II S. 282 ff. — Der Vertrag ist nach dem Brabanter
Stil datiert, der das neue Jahr erst mit Ostern beginnen ließ, also vom
9. Febr. 1545 statt 1546. Dadurch irregeführt, setzen Wehrmann (Hans. Gbll.
1873 S. 99) und andere die Gesandtschaft und den Vertrag um ein Jahr
zu früh an.
[8]) H. R. III 6 S. 753 ff.

und 1541[1]) zur Verhandlung gekommenen an, die sich ihrerseits
wieder darstellen als eine Verschmelzung von Bestimmungen
der alten Privilegien mit Auszügen aus den früheren Vereinbarungen zwischen dem Kontor und Antwerpen.[2]) Es tritt hierbei wie später hansischerseits das Streben hervor, nicht nur die
ehemaligen Errungenschaften dieser Art zusammenzufassen und
aufs neue zur Geltung zu bringen, sondern sie gleichzeitig möglichst zu erweitern. So wiederholte der Vertrag die früheren
Bestimmungen über Schutz der Personen und Güter hansischer
Kaufleute, über die Korporationsrechte und die eigene Gerichtsbarkeit der Nation, über die Akzisefreiheit ihrer Mitglieder für
den Eigenverbrauch an Lebensmitteln, über Ablaß verschiedener
mit Kauf und Verkauf, Warenbeförderung usw. verbundener
städtischer Abgaben und Beschränkungen, ferner über Makler-
gebühren, Verwendung eigener Arbeiter in hansischem Dienst,
richtige Bedienung der Stadtwage u. a.[3]). Dazu kamen dann
verschiedene kleinere Artikel, wie sie den Hansen vielleicht durch
schlechte Erfahrungen in verflossener Zeit eingegeben waren, und
die ihnen völlige Bewegungs- und Handelsfreiheit in der ganzen
Stadt gewährleisteten, ferner eine Reihe von Abgaben bezw. die
Befreiung davon, sowie andere Bevorzugungen bei Schulden-
eintreibung, Prozessen zwischen Hansen und Eingeborenen und
dergl. genau festlegten. Unklarheiten, die sich etwa bei späterer
Anwendung des Vertrages ergeben würden, sollten zugunsten der
Hanse ausgelegt, Angriffe auf die hansischen Privilegien mit
Hilfe Antwerpens zurückgewiesen werden.

Somit bot der Vertrag dem Kontor für seine zukünftige
Stellung in der Stadt weitgehende Deckung nach allen Seiten.
Trotzdem war er nur ein weiterer Schritt auf dem Wege zur
Residenzaufrichtung, ohne diese selbst herbeiführen zu können.
Denn abgesehen davon, daß er selbst noch der Bestätigung durch
den Landesherrn entbehrte, ließ er den für die Hanse äußerst
wichtigen, aber nicht vom Willen Antwerpens abhängigen Punkt
der Zollermäßigungen unerledigt. Schon aus diesem Grunde
erschien auch eine Bestätigung der alten Privilegien[4]) durch die
Landesregierung unerläßlich. Die Stadt Antwerpen hatte es

---

[1]) St. A. Köln Hanse II 16 S. 42 ff.
[2]) S. S. 12 f.
[3]) Vgl. Wehrmann, Hans. Gbll. 1873 S. 99.
[4]) S. S. 12.

ſchon vorher übernommen, ſich) dafür am Hofe zu verwenden;[1]) ſie erbot ſich nun auch, die Zuſtimmung zu dem neuen Vertrage einzuholen.[2]) Sei es aber, daß ſie dabei nicht mit genügendem Eifer vorging,[3]) ſei es, daß die Regierung ſich aus beſtimmten Gründen ablehnend verhielt,[4]) erreicht wurde auf dieſem Wege nichts, obwohl das Kontor und die Hanſeſtädte es bei Antwerpen an Aufforderungen zur Weiterbetreibung der Sache nicht fehlen ließen.[5]) Da ſich die Hanſe unter dieſen Umſtänden auch weiter-hin über die Frage nicht ſchlüſſig wurde, ob Brügge oder Ant-werpen für eine Erneuerung des Kontors den Vorzug verdiene,[6]) ſo konnte deſſen Verfall inzwiſchen Fortſchritte machen. Von den Alterleuten war der eine ſchon Ende 1543 geſtorben,[7]) ein zweiter verließ Antwerpen,[8]) ohne daß ihre Stellen wieder beſetzt worden wären. Dem letzten, Winold Falcke aus Danzig, fiel ſeitdem die Verwaltung des Kontors allein zur Laſt. Mit ſeinem Tode 1554[9]) ſchien auch dieſes ſelbſt gänzlich erlöſchen zu ſollen. Der Sekretär erledigte, ſo gut es ging, unter Heranziehung einiger Mitglieder aus der hanſiſchen Kaufmannſchaft in der Stadt die nötigſten Geſchäfte.[10]) Die Städte aber mußten ſich jetzt zum Eingreifen entſchließen, und ſo ſetzt nunmehr die von ihnen ſelbſt ſo bezeichnete Reform (‚reformacie‘) des Kontors ein.

Dem Einwand, daß man damit bis zur Verwirklichung der Abmachungen mit Antwerpen warten müſſe, gab der Hanſetag von 1555 angeſichts der Notlage nicht ſtatt,[11]) ſondern beſchloß zunächſt die Wiederaufrichtung der Kontorleitung.[12]) Die damals nach England abgeordnete Geſandſchaft erhielt entſprechende Auf-

---

[1]) K. J. I n. 234; eine ſolche Eingabe N. J. n. 400.

[2]) Am Schluß des Vertrages, ſ. bei Marquard II S. 288; dazu K. J. I n. 374, 378 f., auch S. 373; Häpke S. 47.

[3]) Sie entſchuldigte ſich wiederholt mit andern, bringenderen Geſchäften, Protokollbuch I Bl. 216 (214) b f.

[4]) Vgl. dazu K. J. I n. 482, 1183; D. J. n. 2582

[5]) Protokollbuch I Bl. 91 (90) b f, Bl. 117 (115) u. öfter; K. J. I n. 443, 479 ff, 918, 1194; D. J. n. 2713, 2719 f, S. 846.

[6]) K. J. I S. 338, 354, 363, 374, 423. — Man dachte immer noch an die Möglichkeit einer Rückkehr nach Brügge und ließ ſich 1553 ſogar mit dem dortigen Rat, der alles aufbot, um die frühere Reſidenz des Kontors wieder-zugewinnen, auf Unterhandlungen ein: K. J. I n. 835, 859.

[7]) Protokollbuch I Bl. 60 (59) b.

[8]) Ebenda Bl. 199 (197) b, 200 (198) b.

[9]) Er ſtarb im Sommer, etwa im Juli; ebenda Bl. 199 (197) b.

[10]) Ebenda Bl. 199 (197) b f, 208 (206) b und öfter; dazu K. J. I S. 74 ff, n. 1192, S. 395.

[11]) K. J. I S. 393, 396.

[12]) Ebenda S. 396.

träge und bestellte Mitte November des Jahres bei ihrer Durch-
reise in Antwerpen einen neuen, aus sieben Personen, nämlich
drei Alterleuten und vier ‚Beisitzern‘, bestehenden Vorstand.[1]
Ein solcher war, als Verwaltungsbehörde, schon deswegen nötig,
weil man gleichzeitig mit größerem Ernst als bisher an die
Wiedereinführung der Schoßzahlung ging.[2] Die Frage über den
Schoß schwebte seit seinem tatsächlichen Aufhören.[3] Die Tagfahrt
von 1554 hatte dann einen neuen ‚Schoßbrief‘ entworfen;[4] aber
es dauerte noch einige Jahre, bis man sich über die Einzelheiten
der Schoßerhebung, den Umfang ihres Gebiets und die Art der
davon betroffenen Waren einigen konnte.[5] Auch bewilligte man
ihn zunächst nur bis 1559,[6] dann auf weitere fünf Jahre,[7] erst
1566 fortlaufend.[8] Aber für das Kontor war damit doch soviel
gewonnen, daß es seit 1557 wieder regelmäßig Schoß erheben
konnte.[9]

Daß man hierbei nicht stehen blieb, daran hatte das Wirken
des Mannes hervorragenden Anteil, der in der nächsten Zeit in
der Geschichte des Kontors die bedeutendste Rolle spielt, des hansischen Syndikus Dr. Sudermann aus Köln. In der Überzeugung,
daß der Städtebund seine Überlegenheit, wie sie sich auf Privilegien, Abschluß gegen fremde Konkurrenten und deren möglichste
Fernhaltung aus dem hansischen Wirkungsfeld gründete, nur mit
eben denselben Mitteln behaupten könne und müsse, trat er für
die Erhaltung der dabei unentbehrlichen Kontore und für neue
Weckung des Lebens in ihnen ein und hat sich, wie um den
ganzen Bund, so insbesondere um seine beiden westlichen Kontore die größten Verdienste erworben.[10] In der Frage des
niederländischen drängte er die Städte auf der einmal betretenen
Bahn vorwärts. Er widmete sich zunächst nach dem Regierungs-

[1] St. A. Köln, Hanse III A XXIX 27 = K. J. I n. 1193, und ebenda S.
400; Protokollbuch I Bl. 224 (222).
[2] K. J. I S. 395; Häpke S. 47.
[3] Sartorius III S. 258 f, 260 Anm. 5; K. J. I S. 312 f, 322 ff, 339.
[4] K. J. I S. 374.
[5] Sartorius III S. 274 Anm. 14; K. J. I S. 374, 396, 419, 423 f —
Näheres weiter unten im Abschnitt über das Finanzwesen des Kontors.
[6] K. J. I S. 424.
[7] K. J. I S. 454; (1562 und 1564 kam er erneut zur Sprache; K. J. I
S. 509 f, 537.)
[8] K. J. I S. 572, 581; dazu II S. 337 unter 8; Protokollbuch II S. 240;
— Bestätigung auf den Tagfahrten von 1572 und 1576: K. J. II S. 382, 442.
[9] Das damals eingerichtete Schoßbuch (St. A. Köln, Hanse IV 34) beginnt
mit Mai 1557.
[10] Über Sudermann und seine Fürsorge für die Kontore s. Ennen, Hans.
GbII. 1876 S. 3 ff und Keussen in der Allg. Dtsch. Biographie.

wechſel eifrig der Privilegienbeſtätigung, und da Antwerpen damit
nicht zu einem Ergebnis zu kommen ſchien, nahm er ſie bei Gelegenheit ſeiner damaligen Geſandtſchaftsreiſen nach dem Weſten
ſelbſt in die Hand. Günſtige politiſche Umſtände erleichterten ihm
ſein Vorhaben.[1] Freilich gelangte er nicht ſofort,[2] ſondern erſt im
Januar 1562 zum Ziele[3] und erreichte auch nicht, wie er anfangs
wünſchte,[4] eine Ausdehnung der brabantiſchen Privilegien auf
die andern Provinzen und eine gleichzeitige Beſtätigung der
flandriſchen, ſondern außer für ein holländiſches Zollvorrecht[5]
eine ſolche allein für die brabantiſchen Privilegien von 1315 und
1409;[6] aber für ſeinen nächſten Zweck genügte dies durchaus.[7]
Denn vor allem kam es ihm jetzt darauf an, das Werk der
Kontorreform zu vollenden.[8] Hatten die früheren Maßregeln einem
gänzlichen Untergang des Kontors vorgebeugt, ſo ſollte es jetzt
neu gefeſtigt werden, indem eine gemeinſame Behauſung der
Zerſtreuung der Hanſen in der Stadt ein Ende machen und ſie
auf einen Punkt konzentrieren ſollte.[9] Damit erhielt der Kontor-
vorſtand einen beſſeren Überblick über die Genoſſenſchaftsangehörigen und die Möglichkeit einer ſtrafferen Aufſicht; insbeſondere
konnte man ſo der Vermiſchung hanſiſcher und fremder Elemente
und der Handelsgemeinſchaft mit Buten(Außen)hanſen wirkſamer
entgegentreten. Gegen dieſe kämpfte die Hanſe ſchon ſeit der
Wende des 14. Jahrhunderts als das größte Übel an,[10] darin
ſah ſie eine Haupturſache für das Eindringen fremder Handelsvölker in ihr Monopol, andrerſeits eine Gefahr für ihre Privilegien. Denn wenn es ſchon an ſich in ihrem Intereſſe lag,

---

[1] Häpke S. 47.
[2] Zu ſeinen Werbungen 1557 vgl. K. J. I n. 1323, 1331/2, 1392, 1394
(dazu 1739.)
[3] Hierher gehören K. J. I n. 1824, 1921, 1926, 1957, 1976, 2024 ff.
[4] K. J. I n. 1331/2, 2040, 2047, 2054 f.
[5] K. J. I n. 2052.
[6] Das Original der Beſtätigung vom 15. Jan. 1561 (nach Brabanter
Stil, der wiederum mehrfach falſche Anſetzung in das Jahr 1561 veranlaßt
hat) befindet ſich in der Lübecker Treſe als Batavica n. 241; Abdruck bei
Marquard II S. 286 ff.
[7] Vgl. K. J. I n. 2105, S. 508; St. A. Köln. Hanſe III A LXXXVIII.
[8] K. J. I S. 509.
[9] Sudermann hat ſeinen Gedanken über die Kontorreform oft Ausdruck
verliehen, ſo K. J. I Anh. n. 68*, S. 598 f, II S. 439; vor allem bei ſeinen
Verhandlungen darüber in Antwerpen 1562 und 1563: St. A. Köln, Hanſe III A
XLVII, XLIX; St. A. Lüb., A. Fl. Vol. II unter 30; ſ. auch Ennen, Hanſ.
Gbll. 1876 S. 17; ferner St. A. Köln, Hanſe II 36 Bl. 220b (= K. J. II n. 132),
227 b ſ.
[10] Sartorius II S. 522; W. Stein, Beiträge zur Geſchichte der deutſchen
Hanſe (Bresl. Habil. Schr. 1900), 3. Kap., insbeſ. S. 123 ff.

keinem Fremden an den errungenen Vorrechten Anteil zu ge=
währen, so durfte sie dies um so weniger tun, um nicht bei den
auswärtigen Mächten in den Verdacht mißbräuchlicher Aus=
dehnung der Privilegien auf Nichtberechtigte zu geraten.[1]) Das
Kontor selbst wurde besonders durch die Form der butenhansischen
Faktorei geschädigt, denn je mehr sich die Kaufleute in den
Hansestädten für Kauf und Verkauf ihrer Waren in Antwerpen
nicht eigens hingesandter Lieger oder Faktoren, sondern dortiger
Bürger bedienten, um so geringer wurde der Mitgliederbestand
der hansischen Genossenschaft in der Stadt, und um so weniger
Schoß ging ein, den zu zahlen sich die außer der Hanse Stehenden
nicht verbunden fühlten.[2]) Diese nachteiligen Verhältnisse gaben
dem Kontor immer aufs neue Grund zu Klagen[3]); die buten=
hansische Faktorei hatte nach seiner Aussage im Laufe der Jahre
trotz aller Verbote eher zu= als abgenommen.[4]) Außer einer
Besserung in dieser Beziehung versprach eine reinlichere Scheidung
hansischen und nichthansischen Wesens in der Stadt auch die
Ausnutzung der Freiheit von Akzise und Imposten zu erleichtern,
die bis dahin infolge des fehlenden Abschlusses der Hansischen
gegen die Bürger der Stadt fortwährend gestört und beeinträchtigt
worden war.[5]) Noch weitere Vorteile schienen mit einer gemein=
samen Residenz verbunden: Nach außen mußte das Ansehen und
der Einfluß der Genossenschaft wachsen und ihr Auftreten größeren
Nachdruck erhalten; im Innern ließ sich eine erzieherische Wirkung
erhoffen, nämlich eine Stärkung des hansischen Gemeingefühls,
indem Kaufleute und Kaufgesellen aus den verschiedenen Städten
in nähere Berührung mit einander kamen, und eine Förderung
der kaufmännischen Ausbildung Jüngerer, die hier einen (im
strenghansischen Sinne) geordneten Handelsbetrieb kennen lernen
und zugleich an Zucht und Gehorsam gewöhnt werden sollten.
Endlich glaubte man eine Zunahme des hansischen Verkehrs
nach Antwerpen überhaupt erwarten zu dürfen.[6])

---

[1]) Vgl. K. J. II S. 383, Anm. 4.
[2]) Klagen darüber schon aus früherer Zeit z. B. H. R. III 5 n. 113 § 13,
III 6 n. 700 § 2. — So erklärt sich auch, warum die butenhansische Faktorei
so oft im Zusammenhang mit der Frage der Schoßzahlung genannt wird, z. B.
K. J. I n. 2274, S. 324 ff, 434, 448, 454 f, 510, 537, II n. 177, S. 448, 752.
[3]) z. B. K. J. I n. 2095, 2274, S. 312, 509; St. A. Köln Hanse II unter 14,
III A V 14 Art. 38 und am Schluß, III E VI 10.
[4]) St. A. Köln, Hanse III A LXVII unter 7.
[5]) Vgl. auch Hans. GbU. 1876 S. 52.
[6]) Dazu auch Ennen, Hans. GbU. 1873 S. 52 f.

Der Gedanke eines gemeinsamen Sammelpunkts war im niederländischen Kontor nicht unbekannt. Hatte der Genossenschaft doch schon in Brügge eine Art Verkehrs- und Börsenplatz zugestanden, umgeben von einer Reihe ihr gehöriger Häuser;[1] und auf Ähnliches hatte man es auch in Antwerpen lange abgesehen.[2] Etwas ganz Neues aber bedeutete es, wenn man statt eines bloßen Versammlungsortes nunmehr nach Art der andern großen Kontore des Bundes einen abgesonderten und geschlossenen gemeinsamen Wohnbezirk schaffen wollte, wo die Hansen unter einem Dache zusammenleben und an einer Tafel beköstigt werden sollten.[3] Dieser Plan, der schon seit der Mitte der fünfziger Jahre auftaucht,[4] gewann durch Sudermanns Betreiben rasch festere Gestalt. Die Leiter des Kontors teilten von vorherein seinen Standpunkt,[5] auch der Hansetag schloß sich dem an.[6] Lübeck, Köln, Danzig und Braunschweig als die Vororte der vier hansischen Quartiere, dazu Hamburg, erhielten Auftrag zur Abfertigung einer Gesandtschaft und Vollmacht zu einem Abschluß mit Antwerpen.[7] Sudermann wurde mit der Vorverhandlung betraut.[8] Eine Reihe von Fragen harrte der Beantwortung. Was zunächst die Ausführung der gewünschten gemeinsamen Residenz im einzelnen betraf, so waren sich Sudermann und das Kontor bis vor kurzem darüber noch nicht völlig im klaren gewesen. Noch im März 1562 hatten sie den Antwerpener Rat um Erbauung von „2 oder 3 Häusern" dafür angegangen.[9] Bei den nun folgenden Verhandlungen im Herbst desselben und Frühjahr des nächsten Jahres[10] war allerdings nur mehr von einem einzigen, umfassenden Gebäude die Rede. Es fragte sich nun aber, wo dieses seinen Platz erhalten sollte. Trotz mancher Bedenken im hansischen Kontor, dem der von Antwerpen angebotene Ort in der fast unbebauten Neustadt[11]

---

[1] Ennen, Hanf. Gbll. 1873 S. 44 ff; Daenell II S. 394.
[2] Vgl. H. R. III 6 n. 698 §§ 42—44; Ennen, Hanf. Gbll. 1873 S. 52.
[3] Häpke S. 47.
[4] R. J. I n. 767; St. A. Köln, Hanse III A LXVII 7.
[5] St. A. Köln, Hanse III A XLV 44; s. auch Protokollbuch III (s. S. 68) Bl. 44.
[6] St. A. Köln, Hanse III A LXVII 7: „weil ohn Zusammenpringen des Hansischen zerstreuten Kauffmans under ein Regiment und gemeine Ordnungen einige Residentz noch Conthoir bestendiglich nit angericht noch underhalden werden kundte".
[7] R. J. I S. 510 f unter 4. Juli, vorn n. 2118; D. J. Anh. n. 19*.
[8] R. J. ebenda und vorn n. 2114.
[9] R. J. I n. 2066 f; St. A. Köln, Hanse II 36 Bl. 220 b.
[10] St. A. Köln, Hanse III A XLVII, XLIX; R. J. I S. 155 f, 160 ff.
[11] R. J. I n. 2038.

zu abgelegen und die Gegend zwiſchen Kornmarkt und Schelde günſtiger erſchien,[1] drang ſchließlich Antwerpens Vorſchlag durch, zumal er, wie auch Sudermann nicht verkannte, den Bedürfniſſen des Handelsverkehrs nicht weniger gerecht wurde.[2] Daneben beſchäftigte die Unterhändler als ein Hauptpunkt die Auf= bringung der Koſten für den Neubau. Hanſiſcherſeits ſchwankte man anfangs, ob man das neue Haus nur mietweiſe von der Stadt Antwerpen übernehmen oder eigentümlich erwerben ſollte. Die ſchlechten Erfahrungen aber, die die Kontorangehörigen in ihren bisherigen Mietswohnungen beſonders in Zeiten ſtarken Andrangs mit Steigerung der Mieten gemacht hatten, und der Wunſch, ſtatt deſſen fortan eigene Einnahmen zu erzielen, dazu andere praktiſche Erwägungen, auch die Rückſicht auf „Ehre und Reputation",[3] beſtimmten Sudermann und das Kontor, die Er= werbung des Eigentums an dem Hauſe entſchieden zu befür= worten.[4] Andrerſeits bemühte ſich der Syndikus zugleich, von der Stadt Antwerpen eine Beiſteuer zu den Koſten zu erlangen.[5] Er ſetzte zu dieſem Zwecke ihrem Bürgermeiſter Anton von Stralen, ſeinem Vetter[6], ausführlich die Vorteile auseinander, die der Bau eines Reſidenzhauſes auch für die Stadt mit ſich bringen würde,[7] und in der Tat bewog die Ausſicht, die hanſiſche Kauf= mannſchaft dauernd an ihren Markt zu feſſeln, und die Hoffnung auf eine ſchnellere Bebauung der Neuſtadt, nach einer Nachricht auch die Furcht vor der damals beabſichtigten Begründung eines hanſiſchen Kontors in Frankreich[8] die Vertreter Antwerpens zu großem Entgegenkommen. Sie wollten ſich außer der unentgeltlichen Überlaſſung des Grund und Bodens zu einem Zuſchuß von 30000 Gl. zu der auf das Dreifache geſchätzten[9] Bauſumme verſtehen.[10] Verſchiedene kleinere Fragen, die man von hanſiſcher Seite zur Sprache brachte, kamen zwar damals noch nicht zur Erledigung;[11] immerhin fand die im Herbſt des Jahres (1563) eintreffende

---

[1] St. A. Köln, Hanſe III A XLIX 16 a = K. J. I n. 2190.
[2] St. A. Köln, Hanſe III A XLIX 10 a und b = K. J. I n. 2181; dazu ebenda S. 533; vgl. auch Häpke S. 48 f.
[3] K. J. I S. 519; St. A. Köln Hanſe III A LII 28.
[4] K. J. I Anh. n. 68 *.
[5] K. J. I S. 162.
[6] K. J. I n. 1990.
[7] St. A. Köln, Hanſe III A XLIX 20 f = K. J. I n. 2196 f.
[8] D. J. S. 872.
[9] K. J. I S. 533.
[10] K. J. I n. 2201, 2204.
[11] Vgl. K. J. I n. 2249, 2251.

größere Gesandtschaft die Wege für ihre Tätigkeit wohl vorbereitet. Sie erschien nicht in der festgesetzten Stärke, da Hamburg und Danzig in letzter Stunde ihre Beteiligung abgelehnt hatten.[1]) Trotzdem glaubte man unverzüglich zum Abschluß eines Vertrages schreiten zu müssen; denn schon regte sich unter der eingeborenen Antwerpischen Kaufmannschaft, die jeden Beweis des Wohlwollens gegen ihre hansischen Konkurrenten mit scheelen Blicken verfolgte, Widerspruch gegen die Neuregelung der Dinge.[2]) So wurden denn die Verhandlungen beschleunigt und führten in kaum zwei Wochen[3]) zu dem für die Hanse sehr günstigen Vertrage mit Antwerpen vom 22. Okt. 1563.[4]) Hinsichtlich des Hausbaus folgte man genau den Richtlinien der Vorverhandlungen. Das Gebäude sollte in der Neustadt zwischen den beiden letzten Fleeten nach bereits vorliegenden Plänen aufgeführt werden. Die Kosten von 90 000 Gl. fielen zu zwei Dritteln den Hansestädten, zu einem Drittel Antwerpen zu; erstere sollten zu den in Aussicht genommenen sechs Ratenzahlungen in Abständen von 4 Monaten jedesmal 10 000 Gl., letzteres 5000 Gl. beitragen. Man hoffte damit den ganzen Bau außer der Inneneinrichtung zu bestreiten, doch erbot sich Antwerpen, auch etwaige Mehrkosten ganz oder zum Teil zu tragen. Die Leistungen der Stadt waren ein Geschenk an die Hanse: Das Haus sollte nach seiner Fertigstellung als Eigentum in deren Besitz übergehen. Wegen der Entfernung der neuen Residenz vom Zentrum der Stadt wurde dem Kontor gestattet, Vorrichtungen zum Wägen der Einfuhrgüter in oder neben dem Hause anzubringen und zu demselben Zwecke in einem Innenraum eine eigene, große Wage aufzustellen. Letztere durfte indessen nur in Gegenwart der städtischen Wägemeister benutzt werden, die auch zu dem Raum und den Gewichten die Schlüssel führen und in allen Fällen die üblichen Gebühren erheben sollten.[5]) Die in Antwerpen oder im Lande eingekauften Waren dagegen mußten auch weiterhin zur Stadtwage gebracht werden.[6]) Dem Kontor wurde ferner jenseit des

---

[1]) K. J. I n. 2235, 2239 f.
[2]) K. J. I n. 2243, 2257, 2265, dazu S. 537; St. A. Köln Hanse II 36 Bl. 121 b; vgl. übrigens schon N. J. I n. 684.
[3]) K. J. I S. 166 f.
[4]) St. A. Köln, Hanse III A LII 5; abgedruckt K. J. I S. 520 ff; vgl. ferner Sartorius III S. 276 ff; Ennen, Hans. GbU. 1873 S. 54; Wehrmann, ebd. S. 100 f; Häpke S. 48.
[5]) Hierzu gehört K. J. I n. 3389.
[6]) Auch nach St. A. Köln, Hanse III A LXXXV 1—3.

nach der Stadt zu liegenden Fleets, dem neuen Haufe gegenüber, ein Platz eingeräumt, „om aldaer te contraheren ende negotieren", also ein Börfenplatz[1]), wie es ihn auch in Brügge befeffen hatte. Er war 12 Ruten groß und follte feiner Beftimmung nicht durch Bebauung entzogen werden dürfen. Außerdem ließen fich die Hanfen wie in dem Vertrage von 1546 eine Reihe von Er= leichterungen für ihren Aufenthalt und Handelsbetrieb in der Stadt zuerkennen, um deren Sicherung es ihnen damals befonders zu tun war,[2]) fo Freiheit von Akzife und Impoften (Abgaben anderer Art) für die Bewohner des Haufes, freie Wiederausfuhr des von Hanfen eingeführten Korns und Befreiung von dem dabei fonft erhobenen fogenannten **Congégeld**, allerlei Hilfsmittel für den Verkehr und die Warenbeförderung, darunter Kai= und Krahnanlagen an der Schelde in der Höhe des Hanfehaufes, und dergl. mehr. Sämtliche Zugeftändniffe gewährte Antwerpen freilich nur für die Zeit, folange die neue Behaufung tatfächlich hanfifchen Kaufleuten als Refidenz diene. Eine nur vorüber= gehende Unterbrechung infolge von Krieg, Peft oder dergl. follte hierbei nicht mitzählen. Durch die neuen Abmachungen wurden übrigens die von 1546, wie wiederholte Hindeutungen beweifen, nicht hinfällig; vielmehr follte der damalige Vertrag jetzt mit der endgültigen Verwirklichung einer dauernden hanfifchen Nieder= laffung in der Stadt erft volle Kraft gewinnen.[3])

Der neue Vertrag enthielt noch eine Art Anhang (von Art. 22 an), nämlich mehrere Gegenforderungen des Antwerpener Rats an die Hanfeftädte, die wohl auf das Drängen der ein= geborenen Kaufmannfchaft zurückgingen.[4]) Man wünfchte für diefe in den Hanfeftädten einen ähnlich freien Handelsverkehr, wie man ihn felbft der Gegenfeite zugeftanden hatte oder wenigftens die Rechte von Bürgern einer Hanfeftadt in einer andern,[5]) dazu insbefondere rafche Erledigung von Rechtsfragen, vor allem Schuldforderungen. Endlich bat man das Kontor wie den ganzen Bund um Vermeidung folcher Verordnungen, namentlich mono= poliftifcher Art, die „gegen das gemeine Befte" gerichtet wären oder den Antwerpener Bürgern zu Verfang gereichen könnten Der Rat erfuchte die Städte unter Hinweis auf die von den

---

[1]) Diefe Bezeichnung war fchon damals in Gebrauch; K. J. II S. 356.
[2]) Vgl. K. J. I n. 2131, 2138, 2202, 2251; D. J. Anh. n. 19*.
[3]) K. J. I S. 521.
[4]) Vgl. den Eingang von Art. 22 (in K. J. I S. 526).
[5]) Vgl. hierzu K. J. I S. 531.

Gesandten angebotene Fürsprache um eine feste Zusage wegen dieser Punkte, zugleich um Ratifikation sowohl dieses Vertrages wie des von 1546, die noch ausstand. Dafür wollte er selbst, wie schon 1546 verabredet worden war, die Zustimmung der niederländischen Regierung zu den Artikeln, bei denen es nötig schien, einholen, alsdann über die Abmachungen den Hansestädten versiegelte Gegenurkunden ausstellen.

So rasch nun aber auch eine Verständigung zwischen Antwerpen und den hansischen Gesandten erzielt worden war, so ließ doch die Ratifikation seitens der Hansestädte auf sich warten.[1]) Kaum wurde nämlich der Vertrag bekannt, da erhob sich in ihren eigenen Reihen Widerspruch dagegen. Zwar daß kleinere Städte für das Projekt nichts übrig hatten,[2]) machte wenig aus. Der Widerstand Hamburgs, das an der geplanten Art der Aufbringung der Baukosten innerhalb der Hanse Anstoß nahm, wirkte schon störender. Nur allmählich ließ es sich gewinnen.[3]) Die meisten Schwierigkeiten machte Danzig, offenbar unter dem Einfluß seiner nach Antwerpen handelnden Kaufleute und Krämer, denen die Vollendung der Kontorreform in der bevorstehenden Weise mehr eine Belastung als ein Gewinn schien.[4]) Es hatte sich schon vor dem Abgang der Gesandtschaft gegen einen vom Kern der Stadt entfernten Bauplatz für die neue Residenz ausgesprochen.[5]) Jetzt protestierte es aus demselben und anderen Gründen gegen die ohne Beisein seiner Vertreter getroffenen Vereinbarungen.[6]) Vergebens bemühten sich das Kontor[7]) und der Kölner Rat[8]) brieflich, der Hansetag von 1566 in mündlicher Unterhandlung,[9]) Danzigs Bedenken zu zerstreuen. Immer neue Gründe brachten die Danziger vor,[10]) jetzt mehr gegen den ganzen Bau überhaupt als nur gegen die Art seiner Ausführung. Sie zogen es unter Berufung auf tatsächliche Vorkommnisse in Zweifel, daß die Privilegienbestä-

---

[1]) Vgl. St. A. Köln, Hanse III A LXVII 7; K. J. I n. 2837, 2863, 3084, 3265.
[2]) Z. B. K. J. I n. 2413, 2710, 3371, II S. 379; D. J. S. 877 unter 8, 881 unter d.
[3]) K. J. I n. 2285, 2307, 2331, 2348, S. 536, 538 f, 570; D. J. S. 881.
[4]) K. J. I n. 2322; Hans. Gbll. 1876 S. 51; vgl. Häpke S. 49.
[5]) K. J. n. 2239; D. J. n. 4376.
[6]) K. J. I n. 2275 f; D. J. Anh. n. 22 * § 2.
[7]) K. J. I n. 2291.
[8]) K. J. I n. 2306, (abgedr. Hans. Gbll. 1876 S. 48 ff); — und zwar wohl auf Anregung Sudermanns, vgl. K. J. I n. 2299.
[9]) K. J. I S. 568 ff.
[10]) Vgl. zum Folgenden besonders St. A. Köln, Hanse III A LXVII 31; D. J. Anh. n. 22 § 2; K. J. I S. 568 ff; auch Sartorius III S. 282 ff.

tigung in der erhaltenen Form genügende Sicherheit verbürge und
daß Antwerpen willens oder imstande sei, mit den bewilligten
Vorrechten Ernst zu machen; vor einer „wirklichen Erwerbung der
Privilegien" aber sei es übereilt und leichtsinnig, sich durch Einrichtung einer festen Residenz in Antwerpen an diesen Ort zu binden
und von ihm abhängig zu machen. Die Gegenforderungen des
dortigen Rats für den Verkehr seiner Bürger in den Hansestädten seien vollends unerfüllbar, weil zu weit gehend. Den
Vergünstigungen, die die Hanse ihrerseits hinsichtlich der Zölle
und Abgaben in Antwerpen genieße, ständen noch größere Abgaben an Schoß und Faktorenbesoldung gegenüber. Danzig wollte
nicht einmal die butenhansische Faktorei verwerfen, zu deren Be-
seitigung doch die Neuordnung des Kontors gerade beitragen sollte.[1]
Unter solchen Umständen erklärte es sich mit dem Stand der
Dinge nicht zufrieden und beantragte Einstellung des inzwischen
angefangenen Baues des Hansehauses, das überdies nach seiner
Meinung viel zu groß, prächtig und kostspielig angelegt sei.
Nähme der Handel in Antwerpen ab, so habe man nur Kosten
und keinen Nutzen davon; das Haus sei dann „für die Antwerpener
gebaut". Es nützte wenig, daß man demgegenüber den Danzigern
vorhielt, ihre Befürchtungen seien übertrieben; inbezug auf den
Nutzen des Hauses und die erworbenen Freiheiten sähen sie zu
schwarz. Inbetreff der Gegenforderungen Antwerpens wies man
darauf hin, daß man sich ja noch zu nichts verpflichtet habe, und
beschloß, die von Danzig beanstandeten Punkte aus dem Vertrage
wegzulassen. Dennoch wollte dieses auch weiterhin nicht nachgeben,[2]
sondern verweigerte nach wie vor beharrlich seine Zustimmung.[2]
Es bedurfte noch umfangreicher Gegenschriften Sudermanns[3]
und eines ausdrücklichen Verzichtes Antwerpens auf die gewünschten Zugeständnisse[4], bis sich die Danziger schließlich be-
ruhigten und mit der vollendeten Tatsache abfanden.

---

[1] Es gewinnt den Anschein, als ob hier eine Hauptursache für die widerstre-
bende Haltung Danzigs zu suchen sei. Seine Kaufleute gehörten offenbar zu den
Vertretern eines freieren Handelssystems, das Sudermann von seinem Standpunkt aus „eigenwillige und nit regulirte Handlung" nannte (K. J. I S. 598).
[2] St. A. Köln, Hanse III A LXXVIII 16—18; D. J. Anh. n. 25 * Eingang,
n. 26 *, vorn n. 5203, 5304, 5394, 5400; K. J. I n 3335 f.
[3] K. J. I Anh. n. 93*; St. A. Köln, Hanse III A LXXXVIII (= K. J. I
n. 3456).
[4] St. A. Köln, Hanse II 36 Bl. 122 b = K. J. II S. 380. — Nicht recht
verständlich ist, warum man trotz dieses Verzichtes später nochmals von seiten
der Hansestädte auf die Sache zurückkommen wollte, vgl. K. J. II S. 369 unter
3., ferner S. 431 unter 4 f.

Unterdes waren nämlich die Mauern der neuen Residenz bereits in die Höhe gewachsen. Sudermann hatte die Genugtuung, daß der Bau trotz aller Einwände und der noch zweifelhaften Punkte in Angriff genommen und durchgeführt wurde. Er selbst hatte gleich bei Gelegenheit der Gesandtschaft von 1563 für die erste Ratenzahlung von hansischer Seite Vorsorge getroffen. Da das Kontor selbst nicht in der Lage war, bedeutende Summen herzugeben, verfiel er auf den Gedanken, die ‚Hausgesessenen‘ oder ‚Häuslinge‘ heranzuziehen. So nannte man die Gruppe innerhalb der hansischen Kaufmannschaft in der Stadt, die sich dort angekauft und einen eigenen Hausstand begründet hatten.[1] Dieser Zustand hatte der Hanse lange mißfallen,[2] zumal die unklare Zwischenstellung der Häuslinge zwischen den Angehörigen der Hanse und denen des fremden Landes zu Unzuträglichkeiten zu führen schien.[3] Man ließ ihnen schließlich die Wahl zwischen Übersiedlung in eine Hansestadt und Übertragung ihres Antwerpener Geschäfts an unverheiratete Faktoren oder Ausschluß von den Hanserechten[4] und verfuhr tatsächlich 1556 dementsprechend gegen eine Reihe Ungehorsamer.[5] Der Hansetag von 1562 stellte sich aber milder dazu; er erklärte, die erwähnte häusliche Niederlassung habe auch ihre Vorteile für das Kontor, und man könne sie „eine Weile dulden".[6] Unter Benutzung dieses Entscheids brachten nun Sudermann und die Gesandten von 1563 in Antwerpen ein Abkommen zustande, in dem sich die Hausgesessenen bereit erklärten, gegen Wiederzulassung zur Hansefreiheit[7] Gelder für den Hausbau auf

---

[1] Dazu Häpke S. 44 f.

[2] Über Beschlüsse gegen ähnliche Erscheinungen schon im 15. Jahrh. siehe bei Stein, Beiträge usw. (wie S. 20 Anm. 10) S. 119 ff.

[3] Vgl. K. J. I n. 605, S. 357. — In ihren Händen befand sich auch großenteils der hansische Latenhandel aus England nach Antwerpen, der den Engländern ein Dorn im Auge war und bei ihrem damaligen Vorgehen gegen die hansischen Privilegien einen ihrer Hauptbeschwerdepunkte abgab; vgl. K. J. I n. 869, 1046, S. 349 f unter 2., 353, 356 f unter 2, 378.

[4] K. J. I n. 611 ff, 665, 730, 869 u. öfter; Protokollbuch I Bl. 139 (137) b. f., 174 (172), 180 (178) b u. öfter.

[5] Ennen, Hans. Gbll. 1876 S. 18; Häpke S. 45; vgl. im Protokollbuch I z. B. Bl. 265, 300 (304) b u. öfter.

[6] K. J. I S. 511.

[7] Vgl. K. J. I n. 3397. — In den Vertrag mit Antwerpen wurde ein Artikel in diesem Sinne aufgenommen, der ihnen Freiheit von Akzise, nicht allerdings auch von Imposten, zusicherte (Art. 7 des Vertrages, K. J. I S. 523; vgl. ebenda S. 602). Übrigens nahm die Hanse sie bezeichnenderweise nur unter der Bedingung wieder an, daß sie keine Faktorei für Bürger der Hansestädte betrieben (K. J. I S. 511, II S. 431 f Art. 8, 1).

zwei Jahre zinsfrei vorzuſtrecken.¹) Mit Hülfe dieſer Darlehen
gelang es dem Kontor, Anfang 1564 dem erſten Termin, wenn
auch nicht pünktlich, zu genügen. Für die weiteren, ſo hoffte
man, würden die Hanſeſtädte Rat finden. Wir werden an ſpäterer
Stelle auf dieſe für die Fortentwicklung des Kontors bedeutſame
Frage zurückzukommen haben. — Die hanſiſchen Gelder wurden
an Antwerpen eingezahlt, das dafür den Bau übernahm und
nach den Plänen des bewährten Architekten Cornelis de Vriendt
ausführen ließ.²) In den erſten Tagen des Mai begannen die
Bauarbeiten,³) am fünften wurde von den beiden derzeitigen
Bürgermeiſtern der Stadt feierlich den Grundſtein gelegt.⁴) Über
den Bau ſelbſt erfahren wir nicht viel. Mehrmals erlitt er Unterbrechungen, zum Teil wegen unregelmäßigen Eingangs der hanſiſchen Zahlungen.⁵) Der urſprüngliche Koſtenanſchlag wurde über-
ſchritten, da man an den Plänen noch Änderungen und Ver-
beſſerungen vornahm.⁶) 1567 ſtand das Gebäude anſcheinend ſchon
faſt fertig da.⁷) Am 1. Juli 1568 wurde es von Bevollmächtigten der
Stadt Antwerpen dem Kontor in Vertretung der Hanſe als Eigentum übergeben⁸) und dieſe Übertragung am 7. Juli urkundlich
beſtätigt.⁹)

Sudermann war in der Zwiſchenzeit nicht müßig. Die Frage
der Zölle¹⁰), die während der letzten Jahrzehnte eigentlich nie zur
Ruhe gekommen war, hatte auch mit der Privilegienbeſtätigung
noch keine völlig befriedigende Löſung gefunden. Ungeachtet der
danach von den Hanſen beanſpruchten Zollſätze forderten die Ein-
nehmer ihnen fortwährend mehr ab, und zwar beſonders ſeit
einer allgemeinen Zollerhöhung in den Niederlanden von 1561¹¹).
Es kam hinzu, daß die Tarife der alten Privilegien eine Reihe

---

¹) Ennen, Hanſ. Gbll. 1876 S. 18; St. A. Köln, Hanſe III A LII 1 ff,
LXXXV 40; Protokollbuch II S. 109; dazu K. J. I n. 2265, 2272, 2280/1, 2286,
S. 171 f u. öfter.
²) K. J. I S. 520 Anm. 2; Häpke, S. 49.
³) K. J. I n. 2349.
⁴) Sartorius III S. 278; K. J. I S. 520 Anm. 2.
⁵) K. J. I n. 2435, II S. 386; St. A. Köln, Hanſe III A LXXV! 9 f; Wehrmann, Hanſ. Gbll. 1873 S. 101.
⁶) K. J. I n. 2752, S. 569.
⁷) K. J. I n. 3127.
⁸) K. J. I n. 3333, II S. 386; — Der dabei den Älterleuten überreichte
Schlüſſel zur Hauptpforte befindet ſich heute im Lübecker Archiv.
⁹) K. J. I n. 3339; abgedruckt Hanſ. Gbll. 1873 S. 67; dazu K. J. I n. 3342.
¹⁰) In Antwerpen wurden zwei Zölle erhoben, nämlich neben dem brabantiſchen ſeit 1531 der ſog. ſeeländiſche Zoll (K. J. I n. 3).
¹¹) Hierzu K. J. I n. 1957.

von Warengattungen, die erst später in den Handel gekommen
waren, nicht enthielten und die Zöllner bei diesen die Höhe der
Abgabe nach Belieben ansetzten.[1]) Sudermann nahm sich der
Sache an und erreichte unter Mitwirkung des Kontors nach
längeren Bemühungen[2]) eine Berücksichtigung seiner Gesuche und
am 24. Dez. 1567 den Erlaß einer neuen, allerdings nur als
provisorisch bezeichneten Zolltafel für die am Kontor Verkehrenden
durch König Philipp II.[3]) Eine Abschrift davon wurde später im
neuen Hansehause aufgehängt, damit sich jeder danach verge=
wissern könne.

Noch ein weiterer Punkt bedurfte in dieser Zeit, wo sich die
Kontorreform ihrer Vollendung näherte, notwendig der Klärung.
Bei allen Vorarbeiten für die Erneuerung des Kontors hatte
man es unentschieden gelassen, ob sie eine Übertragung des früheren
Brügger Stapelzwangs[4]) auf Antwerpen in sich begriffe, und die
hansischen Gesandten, von ihren Auftraggebern hierüber nicht
instruiert, hatten bei den Verhandlungen in Antwerpen bindende
Zusagen wegen eines solchen Zwanges umgangen, obwohl dem
dortigen Rat natürlich viel daran gelegen gewesen wäre.[5]) Erst
der Vertrag von 1563 spricht sich offen über diesen Punkt aus,
und zwar fand man nun eine vermittelnde Formel: Die Hansen
sollten in Antwerpen ihre Residenz halten nach Art der andern
Kontore, z. B. des in London,[6]) das hieß also, daß die Hanse
fortan Antwerpen auch rechtlich als Hauptverkehrsort in den
Niederlanden ansehen wollte, war aber andrerseits von einem
Stapelzwang im früheren Sinne weit entfernt.[7]) Diese Formel
kennzeichnet zugleich die Stellung Sudermanns, der ja die Seele
der damaligen Unterhandlungen war. Dahin ging nicht einmal
des gestrengen Syndikus Meinung, den Handelsverkehr noch in
vorgeschriebene Bahnen zwingen zu wollen. Die Mißerfolge, die
man früher dabei erlitten hatte, bewiesen zu deutlich die Aus=

---

[1]) Hierher gehören D. J. n. 4482, 4678, S. 873 unter 5.; K. J. I n. 2155,
2385, 2575, 2577, 2579 ff, 2643, S. 509; Protokollbuch II S. 361 f; St. A.
Köln, Hanse III A LIX 1—8, IV 24, 26 Bl. 45b; vgl. auch Art. 17 des Vertrages von 1563 (K. J. I S. 525).
[2]) Hierher K. J. I n. 2155, 2817, 3189, 3207, 3247.
[3]) K. J. I n. 3252; das Original jetzt in der Lübecker Trese als Batavica
n. 243.
[4]) Siehe über diesen bei Rogge, Der Stapelzwang des hansischen Kontors
zu Brügge, Kiel. Diss. 1903.
[5]) St. A. Köln, Hanse II unter 16, III E III 1 f; vgl. auch K. J. I S. 509.
[6]) K. J. I S. 521, 525.
[7]) Vgl. Häpke S. 48.

ſichtsloſigkeit derartiger Beſtrebungen. Daher ſollten die Reformen
über die Stadt Antwerpen nicht hinausgehen, der direkte Handel
nach andern Orten freigeſtellt bleiben.[1]) In der Hanſe ſelbſt
herrſchte damals[2]) offenbar allgemein die gleiche Auffaſſung, denn
es erhob ſich bei Erörterungen auf der Tagfahrt von 1566 keine
Stimme für, wohl aber gegen eine etwaige Beſchränkung der
Verkehrsmöglichkeiten. Danzig, das unter der Neugeſtaltung des
Kontors auch eine Wiederbelebung des alten Zwangsſtapels ver=
ſtehen zu müſſen glaubte, proteſtierte lebhaft dagegen.[3]) Suder=
mann klärte es daraufhin über ſeinen Irrtum auf.[4])

Endlich ſchien alles bereit. Dennoch dauerte es noch eine
Weile bis zur Inbenutzungnahme des Hanſehauſes. Erſt am
16. März 1569 ſiedelten die Kontorvorſteher und eine Reihe von
Kaufleuten in ihr neues Heim über;[5]) andere folgten in den
nächſten Wochen. Nach und nach belebten ſich die Räume und
der noch unchauſſierte[6]) Zugang des Hauſes.

Der neue Kaufhof („curia emporialis“, „curia Hanseatica“[7])),
nach ſeinen Bewohnern, den „Öſterlingen“[8]), meiſt das Große
Öſterſche oder das Öſterlingen=Haus (niederländiſch auch) kurz
‚het oosterhuys‘) genannt, war rechteckig um einen geräumigen
Hof gebaut[9]) und bedeckte mit dieſem eine Grundfläche von faſt
5000 Geviertmetern. Die mit einem Turm geſchmückte Haupt=

---

[1]) Vgl. K. J. I n. 2138, S. 598.
[2]) 1552 war man noch anderer Anſicht geweſen (K. J. I Anh. n. 11*
unter 5.).
[3]) St. A. Köln, Hanſe III A LXVII 31; D. J. Anh. n. 22* § 2, unter 5;
K. J. I S. 569.
[4]) K. J. I S. 598; St. A. Köln, Hanſe III A LXXXVIII; vgl. zu dieſen
Ausführungen noch K. J. II Anh. S. 431 Art. 6, n. 83*, 5., S. 584 Art. 5, 3.
[5]) K. J. I n. 3392, 3408 = St. A. Köln, Hanſe III A LXXXV 21.
[6]) K. J. II S. 213 Anm. 1.
[7]) So öfter in lateiniſchen Schriftſtücken, z. B. St. A. Köln, Hanſe III A
XCIII 27, CXXI 1 ff und 9 ff; ebenda Briefbücher 103 S. 20; K. J. II
S. 454, 531.
[8]) Über dieſe hier im Weſten von je her gebräuchliche Benennung der
Hanſen ſ. Stein S. 15.
[9]) Der folgenden Ausführung liegen zugrunde die zerſtreuten Angaben
in den Akten, namentlich die Hausbeſchreibungen bei den verſchiedenen
Viſitationen der ſpäteren Jahre (— die von 1593 iſt gedruckt bei Ennen,
Hanſ. Gbll. 1873 S. 59 f —), ferner Grundriſſe und Zeichnungen aus dem
St. A. Lüb., beſonders unter ‚Inventaria‘ und in einem braunen Blechzylinder,
endlich die Verkaufshefte von 1857 unter ‚Privilegia‘. — Aus der Zeit des
Hausbaues ſelbſt ſind Grundriſſe in den vom Verfaſſer benutzten Archiven
nicht erhalten: doch erſetzen die genannten ſpäteren ſie durchaus.

front[1]) lag von der Schelde abgewandt nach Osten. Ihre Länge
an der Straße betrug ebenso wie die der Westfront etwas über
80 m; die kürzeren Nord= und Südseiten maßen je 62 m. —
Über zahlreichen gewölbten Kellern von ungleicher Größe[2]) erhoben
sich drei Geschosse. Zu ebener Erde lagen 24 Speicher, die soge=
nannten ‚Packhäuser‘, die zu je zwei nebeneinander die ganze
Breite einer Hausseite ausfüllten und wie die Keller je nach ihrer
Lage ihren Zugang von der Straße oder vom Hofe hatten.[3])
Das Packhaus in der Nordwestecke wurde als Wägeraum benutzt.
Vier überwölbte Torwege, an den Eingängen mit Säulen verziert
(besonders großartig das Haupttor im Osten), führten von draußen
auf den Hof. Von diesem aus war auch der Haupteingang zu
den eigentlichen, für die Allgemeinheit bestimmten Kontorräum=
lichkeiten, die im Erdgeschoß und ersten Oberstock das Südwest=
viertel des Hauses ausmachten und außer zwei Küchen und einer
Reihe mittelgroßer, zu verschiedenen Zwecken dienender Stuben
und Kammern sowohl unten wie oben nach dem Hof zu je einen
großen und einen kleineren Saal enthielten. In die oberen
Stockwerke gelangte man vom Hof und vom Innern des Erd=
geschosses auf vier steinernen, nach den hansischen Kontoren
benannten Treppen. Das erste Obergeschoß wurde, abgesehen
von den zum Kontor im engeren Sinne gehörigen Räumen, von
50 Wohnkammern eingenommen,[4]) das zweite gänzlich von 51, wo=
bei hier an die Stelle der Säle zwei große Vorplätze traten.
Die meist nach Tieren oder bekannten Gestalten aus der alten
Geschichte und Sage, der Bibel und dem Heiligenkalender be=

---

[1]) Abbildungen dieser Vorderfront finden sich in fast allen größeren hansi=
schen Archiven und an andern Orten. Sie sind in der Literatur schon ver=
schiedentlich wiedergegeben worden (zuletzt und am besten nach einer Ansicht
im Kölner Stadtarchiv bei Häpke, woselbst S. 50 auch eine anschauliche
Beschreibung; ferner bei Th. Lindner „Die deutsche Hanse" Leipzig 1898 S. 130,
und bei D. Schäfer, Die Hanse (Monographien zur Weltgesch. 19, Leipzig 1902,
S. 131), sodaß es hier genügt, darauf zu verweisen. Den besten Begriff von
dem ganzen Gebäude gibt ein im St. A. Lüb. (Inventaria) vorhandenes Bild
aus der Vogelschau (bei Schäfer a. a. O. S. 130) und ein ähnliches, aller=
dings offenbar nicht völlig genaues, bei Sartorius im Anhang zum 3. Bd.
(nach einer Handzeichnung im Braunschweiger Stadtarchiv).

[2]) Da sie vielfach in einander übergingen, wird ihre Zahl verschieden
angegeben, läßt sich aber auf etwa 40 bestimmen. 27 Eingänge führten von
der Straße und vom Hof aus hinunter.

[3]) Hierzu und zum Folgenden vgl. die Zeichnungen im Anhang.

[4]) Die Visitationsakten von 1593 geben nur 49 an, da sie eine Kammer
ohne Namen nicht mitrechnen (St. A. Köln, Hanse IV^{co} 2).

nannten Kammern[1]) waren ähnlich wie die Packhäuser, wenn
auch nicht in gleicher Regelmäßigkeit, in zwei Reihen nebeneinander angeordnet, ließen aber nach dem Hof zu rings herum
in jedem Stockwerk eine säulengeschmückte, offene Gallerie frei,
in die sie direkt oder durch Seitengänge mündeten. Im Dach-
geschoß befanden sich nochmals 32 Kammern, sodaß die Anzahl
der bewohnbaren Gemächer für die Kontorangehörigen im ganzen
133 betrug.[2]) Der Rest des Dachgeschosses bestand aus Boden-
und Vorratsräumen. Es lief in zwei parallele Dachfirste aus,
zwischen denen eine bleierne Rinne das Regenwasser ableitete.
Diese sonderbare Bauweise, die wohl die Anbringung von mehr
Fenstern ermöglichen sollte, deren Zweck jedenfalls sonst nicht
recht einzusehen ist, stellte sich später für das Haus als sehr nach-
teilig heraus. Zu erwähnen ist endlich noch an der Westseite
des Hofes eine in das Haus eingebaute Wandelhalle, die auch
als Gallerie vorkommt und von den vorher erwähnten zu unterscheiden ist.

Wie aus dem allen hervorgeht, vereinigte das neue Gebäude
in zweckmäßigster Weise in sich die Erfordernisse eines Magazins,
eines Wohn- und eines Versammlungshauses. Es bot den Antwerpener Hansen Ersatz nicht nur für ihr fortan so benanntes
„Kleines Ostersches Haus" am Alten Kornmarkt, sondern auch
für ihre bisherigen Wohnungen und Lagerräume. Seinen Zwecken
entsprechend war es in so großen Dimensionen angelegt. Die
Außenlängen sind bereits oben angegeben. Eine Vorstellung von
den Ausmaßen im Innern bekommt man, wenn man hört, daß
die zwei großen Säle, allerdings auch die größten Räume, gegen
25 m lang und 8 1/2 m breit waren. Die Packhäuser maßen
durchschnittlich 11 m in die Länge und 7 in die Breite. Mehr
als 30 Schornsteine gehörten zu den weit über 100 Feuerstellen;
die Läden der zahlreichen Fenster waren wie die Außentüren mit
dem schwarzgoldenen Wappen des Kontors geschmückt; wenn
man sich in Antwerpen erzählte, das Haus habe soviel Fenster

---

[1]) Zu der Aufzählung der Namen bei Ennen, Hanf. Gbll. 1873 S. 56 ist
zu bemerken, daß auf der ersten Gallerie die Kammer zwischen ‚Pfau' und
‚Krähe' nicht ‚Geier', sondern ‚Oyevar' (= Adebar, Storch) und die auf der
zweiten Gallerie zwischen ‚Bock' und ‚Bracke' nicht ‚Einhorn', sondern ‚Eich-
horn' hieß Außerdem ist auf der ersten Gallerie die Kammer ‚Kriegsmann'
ausgelassen worden. — Heiligennamen hatten übrigens schon die Kammern auf
dem Osterschen Hause in Brügge getragen, vgl. St. A. Köln, Hanse III E VIII 5.
[2]) Die oft vorkommende Zahl 150 ist demnach als starke Abrundung
nach oben aufzufassen.

als das Jahr Tage, so wurde dies in Wirklichkeit womöglich
noch übertroffen. Es erstaunt nicht, daß ein solches Gebäude
die Bewunderung nicht nur der Zeitgenossen erregte.[1]) Es mußte
nicht nur das Ansehen des Kontors in der Stadt heben, sondern
war auch den fremden Kaufmannschaften ein sichtbarer Beweis
dafür, daß die Hanse noch nicht gewillt war, vom Schauplatz des
Konkurrenzkampfes abzutreten.

Die Inneneinrichtung hatte das Kontor gemäß den Abmachungen
von 1563[2]) selbst übernommen und die für die Allgemeinheit seiner
Angehörigen bestimmten Räume nicht ohne Pracht ausgestattet.[3])
Waffen und Rüstungen schmückten das aus Eichenholz gefertigte
Balkenwerk; farbiger Anstrich, in einigen Zimmern Tapeten, ferner
Bilder, Wappen u. dergl. verzierten die Wände. Auch ein Teil
des im bisherigen Hansehause noch befindlichen Mobiliars wurde
wohl hier untergebracht. Ein reichlicher Hausrat, Leinenzeug,
Metall= und Holzgeräte, vor allem ein Silberschatz[4]) in Gestalt
von silbernen Weinkannen, Schalen und Krügen, Löffeln, Salz=
fässern usw., das meiste mit dem Wappen des Kontors, war vor=
handen. Ein Kronleuchter, ein Uhrwerk, eine Glocke und manches
andere werden gelegentlich erwähnt. Von den Wohnkammern
stattete man hingegen nur wenige mit dem Nötigsten aus, überließ
den größten Teil ihrer Einrichtung den neuen Inhabern. Die
von diesen angeschafften Stücke sollten in den Besitz des Kontors
übergehen und ihnen nach dem Verhältnis des Wertes durch
Abzüge an der Miete allmählich ersetzt werden.[5]) Die späteren
Inventare weisen noch eine große Zahl von Bettstätten, Schreib=
tischen, Bänken, Stühlen und dergl. auf.[6])

---

[1]) Ein Ausspruch Guicciardinis ist schon mehrfach zitiert worden (K. J. I
S. 520 Anm. 2; Häpke S. 50). Wie ihm erschien es 1604 auch dem nachmaligen
Lübecker Bürgermeister Brokes als ein „königlicher Palast" (Zf. f. Lüb. Gesch. I
S. 284); durch alle Jahrhunderte bis zu seiner Vernichtung ward es unter die
Sehenswürdigkeiten Antwerpens gerechnet.

[2]) K. J. I Anh. n. 69 * Art. 1.

[3]) Das Nächste großenteils nach den Ausgaben in den Rechenbüchern St.
A. Köln, Hanse IV 36 und 39 und den losen Rechnungen ebd. IV unter 42;
dazu zerstreute Nachrichten ebd. III A LXXXV — LXXXIX und die späteren
Inventare (ein Auszug des 1602 aufgenommenen: Hans. Gbll. 1873 S. 73 f;
vgl. ferner Wehrmann ebd. S. 102).

[4]) Er machte 1567 einen Wert von ungefähr 1000 Talern aus (St. A.
Köln, Hanse III A LXXVII 15).

[5]) Vgl. z. B. St. A. Köln, Hanse III A CXIX 41, IV 35 Bl. 36 b; Protokoll=
buch I Bl. 15. — Wer z. B. außer dem allein vorhandenen Kamin noch einen
Ofen wünschte, mußte selbst dafür sorgen (vgl. St. A. Köln, Hanse III A LXXXV
26 und 34, LXXXVI, 11; hierher K. J. I n. 3444, 3447 und öfter).

[6]) Vgl. Häpke S. 50 f.

2. Kapitel.

Die Organisation
des Kontors seit seiner Wiederherstellung.

A. Vorbemerkungen. – Erste Periode (1555–1569). – B. Zweite Periode
(1569-1578): 1. Allgemeines. – 2. Verfassung und Verwaltung. – 3. Das Finanzwesen. – 4. Das Kontorgericht. – C. Dritte Periode (seit 1578).

A. Vorbemerkungen: Name des Kontors; drei Perioden in der Entwicklung
seiner Organisation. — Die erste Periode (1555—69) eine Übergangszeit. —
Ihr Abschluß durch die eigenen Statuten des Kontors.

Die Genossenschaft, die das neue Gebäude fortan in seinen
Mauern vereinigen sollte, war der geschichtlichen Entwicklung
und der Benennung nach die gleiche wie zu Brügge. Die Hanse
scheute sich, den Namen zu ändern, teils aus Pietät gegen
ihre alte Niederlassung, teils aus praktischen Rücksichten.
Brügges Einspruch gegen eine offizielle Aufhebung der alten
und Einrichtung einer neuen Residenz war vorauszusehen und
wegen älterer, damit zusammenhängender pekuniären Verpflichtungen gegen die Stadt zu fürchten.[1]) Zugleich wollte man sich
die Möglichkeit offen halten, die an das Bestehen eines Kontors
in Brügge geknüpften Privilegien dort später aufs neue zur Geltung
zu bringen.[2]) Daher führte das Kontor bis zu seinem Untergang
die Bezeichnung „Der deutschen Hanse Brüggisches, jetzt in Antwerpen residierendes Kontor" (oder ähnlich).[3])

Dennoch nahm es jetzt eine wesentlich veränderte Gestalt an.
In Brügge hatte es sich in doppelter Hinsicht von den andern
hansischen Kontoren unterschieden: nach außen durch das Fehlen
eines geschlossenen Wohnbezirks, im Innern durch die Eigenart
seiner Verfassung, die sich besonders in der großen Zahl der
Alterleute und in der weitgehenden Gliederung in Untergenossen-

---

[1]) Sartorius III S. 253; Häpke S. 46, 48; dazu K. J. I n. 1183, S. 509,
II S. 386.
[2]) H. R. III 9 n. 598 §§ 18, 26; Ennen, Hans. Gbll. 1873 S. 52; dazu
K. J. II S. 386; Versuche, den hansischen Handel nach Brügge wiederaufzu-
nehmen, sind in der Tat in der Mitte der siebziger Jahre gemacht worden
(s. weiter unten).
[3]) Nur allmählich kommt daneben die kürzere Formel „Antwerpisches
(Antorfisches) Kontor" auf.

schaften ausprägte.[1]) Diese Besonderheiten verschwinden nun in
Antwerpen. Mit dem Hausbau kam in das Ganze die äußere
Geschlossenheit, die ihm bisher gefehlt hatte und die es jetzt den andern
Kontoren anglich. Ebenso nimmt die Verfassung eine Entwicklung
in derselben Richtung. Zwar bleiben ihre Grundzüge dieselben
wie in Brügge, aber in den Einzelheiten entfernt sie sich von den
früheren Zuständen, um schließlich planmäßig nach dem Muster
eines anderen hansischen Kontors, des Stahlhofs, gestaltet zu werden.
Schon darum ist diese Seite im Leben des Kontors trotz der kurzen
Dauer, die ihm beschieden war, von Interesse und verdient mehr
Beachtung als sie bisher gefunden hat. Sie soll im folgenden
im Zusammenhang mit der gesamten Organisation und Verwaltung
des neuen Kontors behandelt werden, die sich unter den veränderten Verhältnissen, teils unmittelbar dadurch bedingt, teils un-
abhängig davon, gleichfalls weiter ausbildete.

Die Betrachtung hat auszugehen von der Wiederaufrichtung
des Vorstands im Jahre 1555, doch brauchen wir uns mit der
Zeit bis 1569 nur kurz zu befassen, da sie bestimmter Satzungen
entbehrt und bloß als Übergangsstufe von den alten zu neuen
Formen anzusehen ist. Mit dem Einzug in das Große Ostersche
Haus beginnt ein zweiter Abschnitt. Jetzt wurden sowohl eine
klare Festlegung der Verfassungseinrichtungen wie auch genaue
Vorschriften für die Verwaltung und Benutzung des Hauses er-
forderlich. Daher glaubte das Kontor nicht auf die Fertigstellung
des großen Statuts, das Sudermann und die Hansestädte vor-
bereiteten, warten zu dürfen,[2]) sondern gab sich selbst eine Ordnung,
die bis zu dem erst 1578 erfolgenden Erlaß der endgültigen Statuten durch den Hansetag in Kraft blieb. Da das Kontor gerade
in diesem Zeitraum wieder aufzuleben schien und seine Hauptwirk-
samkeit entfaltete, während sich dann am Ende des Jahrzehnts
sein Niedergang schon deutlich ankündigt, so mußte dieser Abschnitt
den Mittelpunkt einer Darstellung der inneren Kontorverhältnisse
bilden. Es war dies um so eher angängig, als die erwähnten

---

[1]) Näheres bei Stein S. 25 ff, 31 ff, ferner S. 60, 94 ff, 105. — Eine
ähnliche Teilung der Gesamtheit findet sich allerdings auch auf dem Londoner
Stahlhof, kam dort aber nur bei den jährlichen Neuwahlen zur Geltung
(Schulz S. 177). Die Gruppierung auf dem Kontor zu Nowgorod (Riesenkampf „Der deutsche Hof zu Nowgorod" (Dorpat 1854) S. 23 ff; Daenell II
S. 392 f) war anders geartet und ist mit der Brüggischen nicht zu vergleichen.
Zudem war sie dort schwerlich so ausgebildet wie zu Brügge, wo sie sich durch
die ganze Verwaltung hierdurch erstreckte.
[2]) Ennen, Hans. Gbll. 1876 S. 21.

Hanſetagsſtatuten, deren Veröffentlichung eine dritte Periode ein-
leitet, die eigentliche Organiſation in ihrer Grundanlage beſtehen
ließen und daher, ohne nach dieſer Seite einer geſonderten Er-
örterung zu bedürfen, der Einfachheit halber zu den entſprechenden
Abſchnitten in der Behandlung der vorigen Periode gezogen
werden konnten. Die hauptſächlichſten Neuerungen, die ſie enthalten, liegen in dem Verfahren bei Neuaufnahme von Kontor-
mitgliedern und in der Wahl und Zuſammenſetzung der Vorſtandſchaft. Dieſe Punkte allein verlangten eine beſondere Berück-
ſichtigung, die dann allerdings um ſo kürzer ausfallen konnte,
als die neuen Beſtimmungen infolge der raſchen Abnahme des
Kontors nur ganz unvollkommen zur Durchführung gelangt ſind.

Bevor wir uns im Folgenden zu den Einzelheiten wenden,
bedarf es eines Wortes über die Quellen: Die Grundlinien der
Organiſation zeichnen natürlich die uns überlieferten verſchiedenen
Statuten. Um jedoch ein vollſtändiges Bild zu gewinnen, muß
man die von den Sekretären geführten Protokollbücher[1]), die
reiches Material enthalten, heranziehen. Während für die
Brügger Zeit dieſe wertvollen Quellen ganz verloren ſcheinen,[2])
ſind ſie für die Antwerpener Zeit erhalten, allerdings auch hier
mit Ausnahme gerade der wichtigſten Jahre.[2]) Doch bieten hierfür
wieder die in den andern Kontorakten zerſtreuten Angaben oder
wenigſtens Andeutungen teilweiſen Erſatz. Über das Finanzweſen
im beſonderen geben die Rechnungsbücher Aufſchluß.

Die Überſiedlung nach Antwerpen hatte an ſich den Charakter
der Organiſation des Kontors zwar nicht verändert, der ihr folgende Tiefſtand und die geringen Äußerungen des kontoriſchen
Lebens[3]) aber hatten doch die Überlieferung ſo ſtark unterbrochen,
daß in den Jahren von 1555 an bedeutende Veränderungen in
der Verfaſſung eintreten konnten. Schon die Wiederaufrichtung
der Vorſtandſchaft ſchloß ſich nur zum Teil an die früheren Verhältniſſe an. Die Zahl der Alterleute war die gleiche wie zuletzt
in Brügge, auch geſchah ihre Einſetzung, wie es einmal heißt,
nach altem Brauche für die drei Drittel der hanſiſchen Kauf-

---

[1]) S. weiter unten im Abſchnitt über den Sekretär.
[2]) Vgl. ebenda.
[3]) Sie beſchränkten ſich außer Briefwechſel, Verwaltungsangelegenheiten
und den im erſten Kapitel erwähnten Unterhandlungen mit Behörden uſw.
oder den Hanſeſtädten auf einige gerichtliche Entſcheidungen, Ausſtellung von
Zeugniſſen u. dergl. (Protokollbuch I). Verſammlungen des Vorſtandes ſind
häufiger, Berufungen der Kaufmannsgemeinde dagegen äußerſt ſelten.

38

mannschaft;[1]) aber sie stammten nicht jeder aus einer anderen
Städtegruppe, und von der erwähnten Dreiteilung ist überhaupt
in der Folgezeit nichts zu bemerken. Die Grenzen der einzelnen
Bezirke hatten sich wohl schon am Ende der Brügger Zeit verschoben und verwischt, nachdem einmal durch die Vereinigung
der Drittelskassen im dritten Viertel des 15. Jahrhunderts[2]) der
Anfang dazu gemacht worden war.[3]) In Antwerpen war zudem
der Anlaß, der die alte Gruppenordnung vor allem wieder hätte
hervortreten lassen können, nämlich die Wahl von Alterleuten
durch die Gemeinde der Kaufleute, die schon in den letzten Jahrzehnten in Brügge eine starke Einschränkung erfahren hatte,[4])
bisher ganz weggefallen,[5]) und sie wurde auch in der jetzt be-
ginnenden Periode der Kontorgeschichte nicht wieder eingeführt.
Man darf hierbei wie beim Folgenden nicht außer Acht lassen,
daß die Maßnahmen der hansischen Gesandten 1555 keine ab-
schließende Neuordnung der Verhältnisse des Kontors bezweckten
und es weder an die Beobachtung früherer noch neuer Formen
banden. Da man vielmehr mit der Schaffung fester Ordnungen
bis zur endgültigen Regelung der Lage des Kontors wartete, so
entbehrt diese Periode der Gleichmäßigkeit in der Handhabung
der Genossenschaftsleitung und bringt darin Abweichungen von
den Brügger Formen mit sich: Es gibt keine regelmäßigen jährlichen Neuwahlen des Vorstandes unter Beteiligung der Gesamtheit
der Kaufleute, sondern der leitende Ausschuß ergänzt sich selbst
nach Bedarf[6]) und wählt aus seiner Mitte die Alterleute, ohne
dabei einen festen Wahlmodus zu befolgen.[7]) Als ein dreiköpfiges

[1]) St. A. Köln, Hanse III A XXIX 27.
[2]) Stein S. 104.
[3]) Bei der Verminderung der Mitgliederzahl wird es dem Kontor kaum
möglich gewesen sein, immer eine gleichmäßige Verteilung der Vorstandsämter
auf die Drittteile innezuhalten. Nachweisen läßt sich diese Vermutung allerdings nicht, solange es nicht gelungen ist, die in den H. R. III 4—7 und 9
vorkommenden Alterleute und Kaufmannsräte nach ihrer Heimat zu bestimmen.
[4]) Sie wurde seit Anfang des 16. Jahrh. nur noch alle zwei Jahre vorgenommen; St. A. Köln, Hanse IV 11 Bl. 5 (3) u. b.
[5]) Vergl. S. 15 und 18.
[6]) Bei der ersten derartigen Zuwahl wird bemerkenswerterweise noch die
Zustimmung der Kaufmannsgemeinde eingeholt; Protokollbuch I Bl. Bl. 282
(284) b f; St. A. Köln, Hanse III A XXIX 27; seitdem hört auch das auf
(Protokollbuch II S. 3 f, 44, 68, 90, 118 und öfter).
[7]) Die Wahl geschieht 1557 durch geheime Stimmabgabe beim Sekretär
(Protokollbuch I Bl. 285 (287), 1560 und 61 zweimal „dorch gewonliche
suffragia" Protokollbuch II S. 44, 68), 1562 durch offene Abstimmung (ebd.
S. 92), 1567 zweimal in der Weise, daß unter zwei vorher vereinbarten Per-
sonen geheime Zettelwahl entscheidet (ebd. S. 238, 308), 1568 wieder durch offene
Abstimmung (ebd. S. 485 f).

Kollegium erhielten sich die Alterleute nur kurze Zeit. Von den drei zunächst eingesetzten war schon zwei Jahre darauf nach Abzug der andern nur einer übrig. 1557 wurde ihm wieder Unterstützung geschaffen; weil aber damals für die Erledigung der den Alterleuten obliegenden Geschäfte nicht mehr als zwei Personen nötig erschienen, begnügte man sich mit dieser Zahl[1]) und ging über sie auch späterhin nicht wieder hinaus, obwohl dieser Zustand ursprünglich nur provisorisch gedacht war.[1]) Der den Alterleuten nach dem Muster der ehemaligen Achtzehnmänner[2]) zur Seite stehende Ausschuß entsprach bei seiner Einsetzung weder im Namen noch in der Mitgliederzahl der genannten früheren Einrichtung; die Erinnerung daran blieb jedoch in diesem Falle so stark, daß sich neben der neuen, im niederländischen Kontor ganz ungewöhnlichen Bezeichnung der Mitglieder als ,Beisitzer' oder ,Meistermannen'[3]) allmählich wieder der alte[4]) Titel ,Kaufmannsräte' einbürgerte.[5]) Ihre Zahl stand ebensowenig fest wie die der Alterleute; sie schwankte zwischen vier und acht. — Im Gegensatz zu diesen losen äußeren Formen in der Gestaltung des leitenden Ausschusses erscheint dessen Tätigkeit von vornherein einheitlicher, wenn sie auch wie die gesamte Organisation in dieser Periode allein auf gewohnheitsmäßiger Ausübung von Verwaltungs- und Rechtsformen beruht, wie sie offenbar teils die Bedürfnisse, teils Anlehnung an Brügger Verhältnisse[6]) oder an andere bekannte Vorbilder, teils Weisungen der Hansestädte an die Hand gaben.[7]) Daneben finden wir gelegentlich in Fällen, wo sich das Fehlen fester Ordnungen besonders fühlbar machte, Ansätze zu einer Begründung und schriftlichen Fixierung solcher;[8]) aber sie blieben

---

[1]) Protokollbuch I Bl. 285 (287). — Zeitweise gab es sogar nur einen Altermann (vgl. die Liste der Alterleute im Anhang).

[2]) Darüber bei Stein S. 53 ff.

[3]) Protokollbuch I Bl. 224 (222) u. öfter; Protokollbuch II z. B. S. 225, 236.

[4]) Vgl. z. B. Hans. U. B. IX n. 229.

[5]) Z. B. schon Protokollbuch II S. 307.

[6]) Vgl. Protokollbuch I Bl. 282 (284), Protokollbuch II S. 2, 390.

[7]) Auf ihre Ableitung und ihr Wesen näher einzugehen, erübrigt sich an dieser Stelle, da wir ohnehin in der nächsten Periode, in der sie sämtlich und großenteils satzungsmäßig gefestigt wiederkehren, darauf zurückkommen müssen.

[8]) Z. B. Protokollbuch I Bl. 236 (234): Verordnung für die ,Morianskinder' (vgl. über diese weiter unten); Protokollbuch II S. 18: Festsetzung der wöchentlichen Gerichtstage; ebenda S. 74, 93, 246: Beschlüsse über rechtzeitiges und vollzähliges Erscheinen der Ratsmitglieder zu ihren Versammlungen; ebenda S. 384: Beschluß über die Teilnahme an den Gemeindeversammlungen.

vereinzelt und unzureichend[1]) und konnten eine ſyſtematiſche Kontorordnung nicht erſetzen. Die Vorſteher ſelbſt empfanden bei ihrer Amtsführung dieſen Mangel am deutlichſten. Sie baten daher im Oktober 1567 Sudermann während ſeiner Anweſenheit in Antwerpen um Ausarbeitung von Satzungen.[2]) Einen gleichen Auftrag hatte der Syndikus vorher auf der Verſammlung der Hanſeſtädte erhalten, die ſich bereits ſeit 1565 mit derſelben Frage beſchäftigten;[3]) doch iſt zweifelhaft, ob er daraufhin ſogleich ans Werk ging.[4]) Jedenfalls gedieh die Angelegenheit nur langſam vorwärts;[5]) 1569 lag von dieſer Seite ein fertiger Entwurf noch nicht vor. Die Kontorvorſteher mußten ſich daher ſelbſt helfen und erließen zunächſt gleich nach dem Einzug in die neue Reſidenz eine Hausordnung, welche die für den Anfang nötigen Beſtimmungen über Austeilung der Räume, Regelung der Miet= und Beköſtigungsverhältniſſe, Benutzung des Hauſes, Sitte und Ordnung uſw. enthielten;[6]) etwa in den letzten Monaten des Jahres ließen ſie dann ein umfaſſendes Statut folgen.[7]) Dies legte in ſeinem erſten Teil die Hauptpunkte der Organiſation des Kontors ſatzungsmäßig feſt, in einem zweiten Teil wiederholte es die obige Hausordnung in erweiterter Form. Zu einer lückenloſen Grundlage für die Einrichtung des Kontors fehlte allerdings auch hierbei noch viel. Das Statut war eben nicht mehr als ein Notbehelf und augen=

---

[1]) Bezeichnend iſt z. B. die mehrfache Wiederholung der Beſchlüſſe über das Erſcheinen zu den Ratsverſammlungen (ſ. vor. Anm.); ſie waren offenbar inzwiſchen jedesmal außer Übung geraten.

[2]) Protokollbuch II S. 372.

[3]) K. J. I Anh. n. 77 * § 14, S. 572 Art. 9, vorn n. 2932, 3115; dazu D. J. n. 5087, Anh. S. 882, 884.

[4]) K. J. I n. 3622, II n. 18.

[5]) Köln erklärte Schritte in dieſer Richtung für verfrüht, ſolange nicht das Haus vollendet und das hanſiſche Eigentumsrecht daran geſichert ſei (K. J. I S. 580 § 10).

[6]) St. A. Köln, Hanſe IV 15.

[7]) St. A. Köln, Hanſe IV 14; ebenda IV 13 iſt nur der erſte Teil dieſes Statuts von anderer Hand. — Die Überſchrift lautet: „Ordinantien, Statuten und geſatze, darnach ſich der gemeiner Kaufman, ſo ab und an reiſet aus gmeiner Erb. Hanſe Stetten, auch die ſo im Conthoir reſidiren, wie dan auch gleichfals, ſo haußlich mit Weib und Kindern hanſiſcher Freiheit gebrauchete binnen Antwerpen aus gmeiner Erb. Hanſe Stetten ſich nidergeſchlagen wonen, hinfurter zuverhalten haben bei ſtrafe dazuſtehente, zoſamen geſocht aus den alten Statuten und Receſſen der Conthoiren und gmeiner Erb. Hanſe Stetten.“ — Da der Erlaß dieſer Statuten auffallenderweiſe im Protokollbuch nicht vermerkt wird, iſt die Zeit genauer nicht zu beſtimmen: als termini post quos finden ſich das einmal (Bl. 4 b) als zurückliegend erwähnte Datum 14. Juni 1569 und die Bezugnahme auf zwei, Ende Juli erlaſſene Verordnungen (Bl. 8 b f). Andrerſeits iſt das Statut im Frühjahr 1570 offenbar ſchon einige Zeit in Gebrauch (vgl. Protokollbuch III S. 200, 203, 206).

ſcheinlich nur dazu beſtimmt, für die nächſte Zeit als Richtſchnur in den noch unſicheren Stücken zu dienen. So verbreitet es ſich ausführlich über die neuen Amter, die Schoßerhebung, den Rechts= gang vor dem Kontorgericht nnd verſchiedene Stücke der Haus= ordnung. Für die eigentliche Verfaſſung hingegen bringt es nicht viel mehr als die Beſtimmungen über Zuſammenſetung und Wahl des leitenden Ausſchuſſes. Deſſen Stellung innerhalb der Kontorgemeinſchaft, die Rechte und Pflichten ſeiner Mitglieder und der Kreis ihrer Befugniſſe werden nur hinſichtlich der Gerichtsbar= keit berührt; anderer anſcheinend als ſelbſtverſtändlich betrachteter Punkte wie der Zulaſſung zum Kontor oder der Verſammlung ſämtlicher Genoſſenſchaftsangehörigen wird garnicht oder nur neben= bei gedacht. Trotz ſolcher Unvollſtändigkeit wurde dies Statut mit einigen Zuſätzen der nächſten Zeit für faſt ein Jahrzehnt maßgebend,[1] da ſich die Veröffentlichung des von ſeiten der Hanſe= ſtädte geplanten bis Ende 1578 verzögerte. Über die näheren Umſtände bei ſeiner Aufrichtung erfahren wir nichts, doch iſt klar, daß es ſich an ſchon Vorhandenes anlehnte. Zum Teil ging es, wie die Überſchrift beſagt, auf ältere Vorlagen zurück.[2] Zu= gleich aber hielt es ſich an die zur Zeit ſeiner Abfaſſung geübten Gewohnheiten, die auf dieſe Weiſe rechtliche Geltung erlangten.[3] Daneben wirkte ferner das naheliegende Vorbild des Stahlhofs mit, deſſen Verhältniſſe denen des Antwerpener Kontors ent= ſprachen und den dortigen Kaufleuten nicht unbekannt ſein konnten. Der hierdurch bedingte Miſchcharakter der Kontororganiſation wird noch dadurch verſtärkt, daß man in den Punkten, wo die neugeſchaffenen Satzungen nicht ausreichten, auf die alten Brügger Kontorformen zurückgriff, ſoweit dieſe ſich in den neuen Rahmen einfügten. Dies Verfahren wird wiederholt ausdrücklich bezeugt,[4] iſt aber auch ohne das vielfach erkennbar. Wo in dieſer Be= ziehung ein Vergleich der Antwerpener Verhältniſſe mit den

---

[1] Über das 1570 hinaus iſt ſeine Beobachtung allerdings infolge des Verluſtes der nächſten Protokollbücher nicht genau zu verfolgen, doch zeugt die ſonſtige Überlieferung von ſeiner unveränderten Geltung bis zum Ende der ſiebziger Jahre. Der Hanſetag von 1572 erklärte ſich fürs erſte mit dem beſtehenden „Regiment" einverſtanden; K. J. II n. 210.

[2] Vgl. S. 40 Anm. 7.

[3] Man hatte, wie es heißt, nicht nur „die alte gmeiner Stett und dieſes Conthors Ordnungen und Statuten mit ſorgfeltigem fleis zuſamen= bracht", ſondern ihnen auch „nach itziger glegenheiten erheiſchligkeit ab und zuſatz getan", St. A. Köln, Hanſe III A CVII 30.

[4] Protokollbuch III S. 75, 79 f u. öfter; ſ. auch K. J. I n. 2622; St. A. Köln, Hanſe III A XCIII 1.

vorher in Brügge bestehenden möglich war, ist in der folgenden Darstellung auf die Übereinstimmungen resp. Unterschiede hingewiesen worden. Im übrigen muß es dahingestellt bleiben, inwieweit aus den neuen Feststellungen Rückschlüsse auf frühere, in der undeutlicheren Brügger Überlieferung weniger klar hervortretende Formen zulässig sind.

B. Zweite Periode (1569—78). 1. Allgemeines: Wirkungskreis des Kontors Zugehörigkeit; Zusammenleben auf dem Hansehause usw.; Fehlen der früheren Dreiteilung.

Trotz seiner damaligen Bedeutung für den Welthandel wurde Antwerpen dennoch nie in so unbestrittener Weise wie ehedem Brügge in seiner Blütezeit zum Mittelpunkt für den hansischen Verkehr in den Niederlanden. Die Hanse selbst hatte der Dezentralisation ihres Handels[1]) nachgegeben, indem sie von einer Übertragung des früheren Stapelzwangs auf ihre neue Niederlassung absah. Ihre Kaufleute konnten jetzt jederzeit nach allen niederländischen Plätzen und mit allen Warengattungen freien und direkten Handel treiben, ohne den Ort des Kontors zu berühren. Es entsteht damit die Frage, wie weit dessen Wirkungskreis und Obergewalt unter diesen Umständen reichten. War es als eine Zentrale für die Vertretung und Beaufsichtigung der gesamten hansischen Kaufmannschaft in den Niederlanden gedacht? In einer Hinsicht trifft dies zu. Es galt als selbstverständlich und wird durch zahlreiche Beispiele belegt, daß das Kontor die Interessen sowohl des ganzen Bundes wie einzelner Kaufleute im Gesamtgebiet der Niederlande und darüber hinaus nach Kräften wahrzunehmen und zu verteidigen hatte.[2]) Aber auch sonst sind Anzeichen dafür vorhanden, daß das Kontor seinen Sprengel nicht auf Antwerpen beschränkt erachtete. So reiste 1757 ein Ältermann persönlich nach Amsterdam, um den dortigen Hansen Beschlüsse der Städte zu verkünden,[3]) und zu demselben Zwecke wurden an die hansischen Schiffer in Seeland Briefe

[1]) Vgl. Häpke S. 30.
[2]) K. J. z. B. I n. 2469, 2553, 2566, 3505, S. 607, II n. 133/4, 380, 425, 435, 452, 598, 703 u. öfter, S. 356; St. A. Köln, Hanse III A CVII 30 (Beschwerde des Kontors wegen Kornausfuhrverhinderung in Amsterdam); — Dazu paßt, daß das Gebiet, für welches dem Kontor das Recht der Schoßerhebung zustand, wenigstens theoretisch über das Weichbild von Antwerpen hinausging. Näheres beim Abschnitt über den Schoß.
[3]) Protokollbuch I Bl. 287 (289) b f.

geſchrieben.[1]) Als 1574 Verſuche zur Wiederaufnahme des hanſiſchen Handels nach Brügge gemacht wurden, förderte und überwachte das Kontor dieſe.[2]) Für 1575 und 1580 ſind mit dem Kontor in Verbindung ſtehende ‚Deputierte der Nation‘ in Amſterdam bezeugt, ohne daß indeſſen erkennbar wäre, ob es ſich dabei um eine dauernde Einrichtung zu einem beſtimmten Zwecke handelt.[3]) Vereinzelt wird ein außerhalb Antwerpens ſpielender Rechtsfall zwiſchen Hanſen vor das Antwerpener Kontor gebracht.[4]) Noch 1587 ſtellt das Kontor für hanſiſche Kaufleute in Amſterdam Päſſe aus.[5]) Aus alledem aber laſſen ſich Regeln nicht ableiten, zumal jegliche amtlichen Erklärungen über dieſen Punkt fehlen und ſowohl die Statuten von 1569 wie die von 1578 ſich nicht weiter darüber ausſprechen. Dieſer Umſtand, vor allem aber die Erbauung des großen, für ſo viele Perſonen berechneten Hanſehauſes beweiſen zur Genüge, daß man auf jeden Fall als Schwerpunkt des kontoriſchen Lebens die Stadt Antwerpen ſelbſt im Auge hatte.

Hier umfaßte das Kontor wenigſtens in der Theorie alle ortsanweſenden Hanſen. Man unterſchied die Kaufleute, bezw. Faktoren, die ſtändig oder für längere Zeit in der Stadt anſäſſig waren und als die eigentlichen ‚Reſidierenden‘ den Stamm des Kontors bildeten, und ſolche, die nur vorübergehend zur Erledigung von Geſchäften dort weilten, die ſogenannten ‚an- und abreiſenden‘ (auch kurz ‚reiſenden‘ oder ‚ankommenden‘) Kaufleute.[6]) Daß freilich dieſe alle gemeinſchaftlich auf dem neuen Hauſe Wohnung nehmen ſollten, wie Sudermann in konſequenter Verfolgung ſeiner Ziele und mit ihm die Kontorvorſteher verlangten,[7]) war eine leichter aufzuſtellende als durchführbare Forderung. Durch das Entgegenkommen gegen die Häuslinge hatte man ſie bereits ſelbſt

---

[1]) Ebenda.
[2]) K. J. II n. 419, 427, 433 f, 436, 438, 453, 559 f, 578, 598, 635.
[3]) K. J. II n. 630, 1756, 1774.
[4]) Protokollbuch I Bl. 296 (299).
[5]) Protokollbuch IV zum 2. und 6. Juni 1587.
[6]) Vgl. z. B. die Überſchriften zu den Statuten von 1569 (S. 40) und die „praefatio statutorum Contorii 1576“, St. A. Lüb. Acta Batavica et Flandrica I Vol. A unter 1; dazu zahlreiche Belege in den Kontorakten, z. B. St. A. Köln, Hanſe IV 14 Bl. 3 b, 12 f; IV 15 Bl. 5 b; IV 34 Bl. 1, Bl. 51 b u. öfter; K. J. I S. 537, 602, 607, II S. 439, 585. — Die Scheidung war ſchon aus praktiſchen Rückſichten bei den Schoß- und Koſtgeldzahlungen geboten, vgl. Marquard II S. 312 f.
[7]) Hausordnung St. A. Köln, Hanſe IV 15 Bl. 3; Hanſe III E VI 7; Protokollbuch III Bl. 35; K. J. I n. 3421; Statuten von 1569, Bl. 8 b f; vgl. K. J. II S. 439, 383 Art. 11.

durchbrochen; aber auch abgesehen davon ist ihre Erfüllung, wie die Geschichte des Kontors lehren wird, niemals völlig durchgesetzt worden. Dagegen stieß der alte Grundsatz, daß kein Nichthanse Mitglied des Kontors werden und von seinen Rechten Gebrauch machen dürfe,[1]) auf keine Schwierigkeiten.[2]) War die Hansezugehörigkeit eines Neuankommenden nicht zweifelsfrei, so konnte er sich durch eine Bescheinigung seiner Heimat- oder Quartierstadt[3]) oder durch eidliches Zeugnis zweier mit ihm bekannter Kontormitglieder[4]) darüber ausweisen. Die Umgrenzung des Begriffs der Hansezugehörigkeit war allerdings nicht immer die gleiche. 1562 sprach der Hansetag einem geborenen Nichthansen, der nur einige Jahre in Hamburg gedient hatte und dessen Kontorberechtigung daher angefochten wurde, diese in vollem Umfang zu.[5]) Nach den erwähnten Heimatsausweisen aber scheint es, als wenn das Kontor selbst nach dem Vorgange des Londoners[6]) nur das auf Geburt zurückgehende Bürgerrecht in einer Hansestadt gelten ließ, und die Statuten von 1578 stellen dann dieses mit aller Schärfe als Vorbedingung auf.[7]) Eine äußere Form der Aufnahme wie in Brügge[8]) gab es während der hier zu behandelnden Zeit nicht.[9]) Da infolgedessen Aufnahmebücher und systematische Zusammenstellungen des Mitgliederbestandes fehlen,[10]) so ist es nicht möglich, sich über Zahl und Zusammensetzung der hansischen Genossenschaft im einzelnen genauer zu unterrichten. — Eine bessere Vorstellung kann man sich von dem Zusammenleben auf dem Hansehause machen. Als

---

[1]) Protokollbuch III Bl. 241 f.
[2]) Bei der Benutzung des Hauses machte man eine gewisse Ausnahme insofern, als die gerade leerstehenden Lagerräume auch an Nichthansen vermietet werden durften, aber teurer und jedesmal nur auf höchstens drei Monate, um sie dem Kontor für eintretenden Bedarf nicht zu lange zu entziehen. Statuten von 1569, Bl. 10 f.
[3]) Vgl. K. J. I n. 1199/1200; — Belege besonders im Protokollbuch I; ferner St. A. Köln, Hanse IV 26 Bl. 52 b; in Köln ausgestellte Zeugnisse: K. J. I S. 69, n 1304, 3471, II n. 107, 464, 528. — Man verfuhr so wohl gemäß früheren Hansetagsbeschlüssen, z. B. vom Jahre 1498, H R. III 4 n. 79 § 50.
[4]) Mehrfach im Protokollbuch I; K. J. I n. 2558, 2607.
[5]) K. J. I S. 510.
[6]) Schulz S. 171.
[7]) Marquard S. 302; — Verhandlungen des Hansetags von 1572 über diesen Punkt: K. J. II S. 387 unter 4. Aug.
[8]) Stein S. 21.
[9]) Wir hören davon weder in den Statuten von 1569 noch in den Protokollbüchern irgend etwas.
[10]) Das im K. J. I unter n. 3770 aufgeführte Verzeichnis enthält nur die Häuslinge, von denen einer das Kleine Osterfche Haus gemietet hatte. — Andere zufällige Einzelnachrichten werden später verwertet werden.

Haus= und Tischgenossen kamen die Bewohner täglich mit ein=
ander in Berührung. Das dadurch gesteigerte Gemeinschaftsgefühl
fand seinen Ausdruck auch in großen, gemeinsamen Banketten,
die das Kontor mehrmals im Jahre veranstaltete und an denen
jeder teilzunehmen oder sich andernfalls wenigstens Einbeziehung
in die Verrechnung der Kosten gefallen zu lassen hatte.[1] Auch
sonst war man auf dem Osterschen Hause dem Frohsinn und
geselligem Treiben nicht abhold.[2] Einmal ertönen sogar Klagen
über das Überhandnehmen der Zechgelage.[3] Für den Verkehr
auf dem Hause bestanden im übrigen die vom Kontor hierfür
neugeschaffenen Bestimmungen, die eine möglichst ausgiebige
Benutzung und gleichmäßige Verteilung der Räume und wie
auf den andern hansischen Niederlassungen ein geordnetes, fried=
sames und ehrbares Zusammenwohnen bezweckten. Auch Häus=
linge waren zur Miete berechtigt, mußten aber höhere Preise
zahlen und sollten bei größerem Andrang hinter den auf dem
Hause Residierenden zurückstehen.[4] Andrerseits durften wiederum
diese bei Strafe außer dem Hause keine Lagerräume mieten, so=
lange dort Platz war. Streitigkeiten bei der Vermietung ent=
schieden die Vorsteher, die bei Anwachsen der Gesellschaft ver=
anlassen konnten, daß niemand mehr als je eine Kammer, ein
Packhaus und einen Keller inne hatte.[5] Regelmäßige Bezahlung,
ordentliche Kündigung und Abgabe der Schlüssel wurde jedem
zur Pflicht gemacht.[6] Kaufmannsgüter durften in den Gängen
und auf dem Hof über eine kurze Frist hinaus nicht stehen
gelassen werden; eine Ausnahme machten schwer bewegliche Stücke,
für die dann aber ein Platzgeld zu entrichten war. Andere Vor=
schriften zielten auf Verhütung von Brand, nächtlicher Ruhestörung,
Streit unter den Hausbewohnern.[7] Frauen wurden außer dem
weiblichen Dienstpersonal nicht geduldet.[8] Besondere Bestimmungen

---

[1] Statuten von 1569 Bl. 13 b; Protokollbuch III S. 182, 184, 186.
[2] Noch die späteren Inventare weisen allerlei hierher passende Gegen=
stände auf, so eine Narrenkappe, eine „Pileckentafel" (= Schießscheibe? Schon
St. A. Köln, Hanse III E XI 17) und viele Musikinstrumente.
[3] St. A. Köln, Hanse III E X 15.
[4] Statuten von 1569 Bl. 10.
[5] Hausordnung Bl. 4 und Statuten von 1569 Bl. 10.
[6] Ebenda Bl. 4 b bezw. Bl. 10 b. — Bei Aufgabe eines Raums ohne
vorhergehende Kündigung lief die Miete weiter: Statuten ebenda, vgl. St. A.
Köln, Hanse IV 36 S. 175.
[7] Hausordnung und Statuten von 1569; ähnlich in den Statuten von
1578 (bei Marquard II S. 818 ff).
[8] Vgl. Protokollbuch III Bl. 88, S. 182; Statuten von 1578 (bei Marquard
S. 318); N. J. II n 175 * 14.

gab es für die Burschen, die sich viele Kaufleute für ihren persönlichen Dienst hielten und denen Wohnung und Kost auf dem Hause gewährt werden konnte [1]) Sie wurden dazu herangezogen, bei Tisch ihren Herrn aufzuwarten. [2]) Wöchentlich abwechselnd versah einer von ihnen das Amt eines ‚Schaffers‘ und hatte als solcher vor den Mahlzeiten allerlei kleine Dienste zu verrichten. [3]) Diese ‚Jungen‘ müssen dem Kontor viel zu schaffen gemacht haben, denn es erließ für sie zwei besondere, strenge Ordnungen über ihr Verhalten im Hause. [4]) Bei Verfehlungen dagegen waren zunächst ihre Herren für sie verantwortlich, doch unterstanden sie daneben auch selbst der Strafgewalt des Kontors. [5])

Die Zusammenziehung auf dem Osterschen Hause ließ die hansische Nation noch mehr als bisher nach außen als eine Einheit erscheinen. Diese Geschlossenheit wurde auch nach innen nicht gestört, da ja die in Brügge übliche Einteilung nach Städtebezirken mit ihren Nachteilen von selbst aus der Verfassung verschwunden war und für ihre Wiederbelebung wenigstens in der früheren, durch die ganze Verwaltung sich erstreckenden Form offenbar kein Bedürfnis vorlag. Die spätere, in den Satzungen von 1578 vorgesehene Quartiereinteilung war keine Gliederung im alten Sinne und galt, wie wir sehen werden, nur für die Vorstandswahlen.

2. Verfassung und Verwaltung: Selbstverwaltung unter Aufsicht der Hansestädte; Ülterleute und Kaufmannsrat; Hausmeister und Schoßmeister; die Gemeinde der Kaufleute; Sekretäre und niederes Dienstpersonal.

Als Fortsetzung des Brüggischen Kontors stand das Antwerpener wie seit dem 14. Jahrhundert alle hansischen Niederlassungen unter der Aufsicht und Verfügungsgewalt der Städte, [6]) denen

---

[1]) Statuten von 1569 Bl. 12, 14 f.

[2]) Ebenda.

[3]) Tischdecken, Glockenzeichen, Tischgebet. Statuten von 1569 Bl. 14 f.

[4]) Protokollbuch III Bl. 166 f; St. A. Köln, Hanse IV 14 Bl. 14 ff (nachträglich den Statuten angefügt).

[5]) Statuten von 1569 Bl. 12 b, 14 ff; Protokollbuch III Bl. 182, 190 f. — Nötigenfalls wurden sie „zu Gehorsam in den Keller gestellt"; St. A. Köln, Hanse IV 14 Bl. 14 b, 15.

[6]) Die Städte konnten ohne weiteres in die Verhältnisse des Kontors eingreifen (z. B. durch Statutenerlaß) oder seine Dienste und Hülfsmittel für Bundeszwecke in Anspruch nehmen, z. B. K. J. I n. 1214, 1567, 1829, II n. 2237, 2258, S. 705 f (Art. 4); St. A. Köln, Hanse III E VII 25 f; D. J. Anh. S. 886. — So bezog auch Sudermann auf Anordnung der Städte einen Teil seines Gehalts aus den Einkünften des Kontors, vgl. K. J. I n. 3488, 3590, 3610, 3622, dazu auch II S. 347 n. 29; D. J. n. 4133, Anh. n. 38 * unter 5. — Auch der Kontorbesitz galt letzten Endes als Eigentum der Städte, die darüber nach Ermessen verfügten, z. B. K. J. I n. 1738, 2883, II n. 198, S. 879 ff, 386, 432; D. J. S. 896; vgl. auch weiter unten beim Finanzwesen.

es auch verantwortlich und zur Rechnungslegung verpflichtet war,[1]) ordnete und verwaltete aber darunter seine inneren Angelegenheiten selbständig. Die Unterordnung des Kontors unter die Städte tritt in den Punkten, wo das Verhältnis beider Gewalten durch feste Rechtssätze näher bestimmt wird, deutlich hervor;[2]) aber auch sonst fühlen sich die Kontorvorsteher in allen wichtigen Schritten von den Städten abhängig und betrachten sich als deren Beamte oder ‚Diener‘.[3]) Ihre Amtstätigkeit erscheint als ein Ausfluß der städtischen Gewalt.[4])

Wie in Brügge und auf den andern Kontoren lag die Leitung der Genossenschaft nicht in den Händen der Gesamtheit, sondern nur eines kleinen Teils ihrer Angehörigen. Dieser sogenannte ‚Kaufmannsrat‘[5]) (latein. consilium oder collegium mercatorum[6]) unterschied sich aber in der Gestalt, die er nach seinen verschiedenen Wandlungen im Laufe der Zeit nunmehr unter dem Einfluß der neuen Statuten erhielt, von der gleichnamigen Einrichtung in Brügge[7]) in verschiedener Beziehung, zunächst schon äußerlich durch die geringere Zahl seiner Mitglieder.[8]) Er bestand aus

---

[1]) Z. B. K. J. I n. 1718, 2392, 2735, II S. 378 Art. 6. — Deswegen wie überhaupt zur Berichterstattung entsandte das Kontor auf die Hansetage stets einen oder zwei Vertreter.

[2]) So beim Verordnungsrecht der Genossenschaftsvorsteher und bei der Appellation (s. über beides weiter unten). Ebenso konnte das Kontor Schoß erheben nur auf Grund vorheriger Bewilligung und nach den Anordnungen der Städte, vgl. dazu die Statuten von 1578 (bei Marquard II S. 814). Auch zu größeren Anleihen bedurfte es ihrer Genehmigung, jedenfalls in der Theorie; K. J. I n. 3432, II S. 387. In den späteren Verhandlungen über die Kontorschulden (im letzten Jahrzehnt des 16. und am Anfang des 17. Jahrh.) wird wiederholt ausdrücklich darauf hingewiesen, z. B. K. J. II S. 975; ferner Schrb. Lübecks an Bremen 11. Apr. 1595 (St. A. Lüb. A. Fl. Vol. II unter 28), wo es heißt, daß „den Residierenden dero Zeit nicht gebuert hette, one vorhergehende beliebung und Consent der Erb. Stedte einige Verschreibungen under des Cunthors Insiegel auszugeben“.

[3]) Die Vorsteher sagen von sich, daß sie doch anderes nicht dan der Erb. Stedt und zu derselbigen eigen sachen wie Dienere, vorwalte sinn“, — „das dennoch in eines Ers. Kauffm. macht nicht were, solchs on bevelch, wissen und willen der Erb. Anzestedte, als deren Dienere und Stadholdere sie nur seint, an andere Orte von dar zu transferieren“. St. A. Köln, Hanse III A LXXVII 15; ähnlich A LXXXVIII, XCI 26, CX 5; Protokollbuch II S. 1, 488.

[4]) Es war ihnen nach ihren eigenen Worten das „Regiment nach gemeiner Stett bevelch mit Eidtspflichten auferlegt“. St. A. Köln, Hanse III A XCIV 1; vgl. auch K. J. II S. 693 Anm. 1, wo die dem Herausgeber nicht verständliche Ausdrucksweise wohl von diesem Gesichtspunkte aus zu erklären ist.

[5]) Statuten von 1569 und 1578 und überall in den Akten.

[6]) St. A. Köln, Hanse III A XCVI 14, E XI 1.

[7]) Darüber Stein S. 57.

[8]) In Brügge hatte er bis 1472 aus 24, danach aus 18, seit 1486 aus 12 Personen bestanden. Wehrmann, Hans. Gbll. 1873 S. 84; Häple S. 32.

8 Personen, darunter den zwei Alterleuten[1]) (Alderleuth, older-
manni, seniores, consules[2]). Letztere werden oft in bemerkens-
werter, dem heutigen Sprachgebrauch nicht mehr geläufiger Weise
unter dem Begriff „Der Altermann" zusammengefaßt.[3]) Für die
übrigen sechs Mitglieder gibt es keine feste Benennung; meist
heißen sie nach ihrem Kollegium „Kaufmannsräte".[4]) Der Name
„Beisitzer"[5]) verschwindet dagegen am Anfang der siebziger Jahre
wieder;[6]) andere Bezeichnungen sind „Ratsverwandte"[7]), „sena-
tores"[8]), „praesides"[9]) oder mit Beziehung auf ihren Eid
„Geschworene"[10].

Für die Wählbarkeit in diesen Vorstand war außer dem
selbstverständlichen Erfordernis der Hanse- und Kontorfähigkeit
nach den Bestimmungen von 1569 eheliche Geburt[11]) und Unbe-
scholtenheit Vorbedingung;[12]) Bankerott oder Betrug während
der Zeit des Amts machte seiner verlustig.[12] Es ist anzunehmen, daß die Vorsteher nur aus dem Kreise der in Antwerpen
für längere Zeit Residierenden genommen wurden, da man, wie
sich gleich zeigen wird, auf möglichst lange Führung des Amtes
Wert legte. Die Besetzung der Vorstandsämter geschah nach
dem Verfahren, das sich schon in der vorigen Periode herausgebildet hatte[13]): An die Stelle der in Brügge üblichen, regel-

---

[1]) Statuten von 1569; (nach Bl. 1 dürfen es keinenfalls weniger als
8 Personen sein).

[2]) Z. B. St. A. Köln, Hanse II 37 Bl. 407 b, III A LXIV, XCVI 14, E VI 13;
Protokollbuch III S. 246; K. J. II Anh. n. 101* 1. — Die Bezeichnung als
consules ist neu und offenbar dem bei den andern fremden Kaufmannschaften
in den Niederlanden gebräuchlichen Titel nachgebildet. Vgl. Stein S. 51.

[3]) Dieser Gebrauch läßt sich vereinzelt schon für die Brügger Zeit nach-
weisen; Hans. U. B. IX n. 399, X n. 563. In der Antwerpener Zeit heißt es
in den Akten durcheinander bald „der Altermann", bald „die Alterleute".
Daß auch mit der ersten Ausdrucksweise nicht etwa nur einer, sondern in der
Tat beide Alterleute gemeint sind, beweisen besonders deutliche Belege wie
K. J. I n. 1900 (dazu n. 1954, wo dieselben als „Alterleute"), 2695, S. 494.
Besonders anschaulich ist St. A. Köln, Hanse III A LXXXVI 15 und 17, wo
sich in Original und Abschrift beide Ausdrucksweisen neben einander finden.

[4]) Z. B. K. J. II n. 2533 (latein. consiliarii, St. A. Köln, Hanse III A
XCVI 14); ein einzelner: „Kaufmannsrat" (K. J. I n. 3103, II n. 2540;
Protokollbuch II S. 307; Statuten von 1579 (bei Marquard II z. B. S. 322)
oder „Ratmann" (K. J. II n. 103).

[5]) s. S. 19 und 39.

[6]) Protokollbuch II S. 472 stehen beide Bezeichnungen nebeneinander:
„gekaren und erwelet zo einem beisitzer und kauffmans Rath".

[7]) St. A. Köln, Hanse III A LXXXIX 57.

[8]) Protokollbuch II S. 62.

[9]) Protokollbuch III S. 246 und öfter in latein. Urkunden.

[10]) K. J. I n. 1397, II n. 2533 („geschworene Kaufmannsräte').

[11]) Wie in Brügge, s. Stein S. 31 Anm. 4.

[12]) Statuten von 1569 Bl. 1 b.

[13]) S. S. 38.

mäßigen Neuwahlen[1]) ist die Selbstergänzung des Vorstands getreten, und zwar geschieht sie nur im Bedarfsfalle und ohne Hinzuziehung der Gesamtheit der Kaufleute.[2]) Die Wahl der Alterleute richtet sich ebenfalls nach dem Bedarf und geht im Innern des Kaufmannsrats vor sich, der einen erledigten Altermannsposten in offener Abstimmung einem andern seiner Mitglieder überträgt.[3]) Vereidigt wurden nach ihrer Wahl sowohl die Kaufmannsräte wie auch die Alterleute noch besonders. In beiden Fällen bediente man sich derselben Eidesformeln wie in Brügge.[4]) Wahl und Eid galten jedoch nicht für eine begrenzte Frist, sondern jeder Gewählte hatte sein Amt während der ganzen Dauer seiner Kontorangehörigkeit zu versehen.[5]) Entfernte sich ein Altermann in Kontorangelegenheiten oder, was zulässig war, in Privatgeschäften eine Zeitlang aus Antwerpen, so wurde seine Stelle durch einen andern aus dem Kaufmannsrat vertreten, der ursprünglich von den übrigen gewählt,[6]) nach neuer Anordnung durch die Statuten von 1569 von dem Abreisenden selbst ernannt wurde.[7]) Bei den übrigen Mitgliedern des Kaufmannsrats war in gleichem Falle eine Stellvertretung offenbar nicht üblich, sondern der Kaufmannsrat tagte alsdann ohne die Abwesenden.[8]) Erst gänzliches Ausscheiden aus dem Kontor befreite endgültig vom Amt.[9])

Dies System bewirkte eine größere Stetigkeit im Mitgliederbestande des Kaufmannsrats als sie bei dem raschen Personenwechsel in Brügge[10]) möglich gewesen war, ließ aber andrerseits sicherlich die Amtsführung um so lästiger erscheinen. Da außerdem alle Kontorämter, soweit sie von den Kaufleuten selbst

---

[1]) Darüber bei Stein S. 34 f, 43, 53.
[2]) Statuten von 1569 Bl. 2 f; weitere Belege außer denen auf S. 38 Anm. 6: Protokollbuch III Bl. 46, S. 101 f, 183.
[3]) Statuten von 1569 Bl. 1 b; solche Altermannswahl: Protokollbuch III S. 104.
[4]) Statuten von 1569 Bl. 2 u. 2 b. Über die Eide s. bei Stein S. 37, 58 f. Belege für Vereidigungen wie S. 38 Anm. 6 und 7. Die Eidesformeln selbst s. im Anhang.
[5]) Statuten von 1569 Bl. 2 u. 2 b; Protokollbuch III S. 180, 192. — Doch scheint man es hiermit wenigstens bei den Alterleuten nicht immer so genau genommen zu haben; es ist wiederholt von einem Rücktritt eines Altermannes die Rede (z. B. K. J. I n. 3604, 3704).
[6]) z. B. Protokollbücher II S. 307 f, III S. 26/7, Bl. 29.
[7]) Statuten von 1569 Bl. 2.
[8]) Solche Sitzungen, an denen nicht alle Mitglieder des Kaufmannsrats teilnehmen, finden sich zahlreich in den Protokollbüchern. Verreisende nehmen und erhalten Urlaub: Protokollbuch III Bl. 37 b, S. 103.
[9]) Dazu rechnete man auch Abwesenheit von Antwerpen über 1 Jahr hinaus, Statuten von 1569 Bl. 2 u. 2 b.
[10]) Dazu Stein S. 34.

bekleidet wurden, reine Ehrenämter waren,[1] — ein Altermann, der sich eigenmächtig ein Jahrgehalt anschrieb, geriet deswegen in einen langwierigen Prozeß mit dem Kontor und den Städten[2]) — so lag die Voraussicht nahe, daß Neugewählte versuchen würden, sich der Annahme eines Amtes zu entziehen. Dies zu verhindern, wurden in die Statuten Bestimmungen aufgenommen, welche die Ablehnung einer Wahl[3]) mit Geldstrafe belegten, ohne daß die Zahlung der Strafe den Betreffenden vor der Möglichkeit einer abermaligen Wahl schützte, bei der es dann ebenso gehalten wurde. Wer eine zum dritten Male auf ihn fallende Wahl ausschlug, büßte eine Mark Goldes und verlor das Kontorrecht.[4]

Wie der oben geschilderte Hergang bei den Wahlen zeigt, fehlte dabei, im Gegensatz zu der Brügger Zeit des Kontors, jede aktive Beteiligung der Gemeinde der Kaufleute. Doch scheint diesen auch das ihnen allein bleibende passive Wahlrecht genügt zu haben; jedenfalls findet sich nirgends eine Andeutung davon, daß sie einen größeren Anteil an der Besetzung des leitenden Ausschusses und damit an der Behandlung der Kontorangelegenheiten und an der Führung der Geschäfte beansprucht hätten, als ihnen durch diese, allerdings ja auch nur als provisorisch betrachtete Anordnung geboten wurde. Zudem wurde die passive Rolle der Gesamtheit dadurch etwas gemildert, daß der Kaufmannsrat vor wichtigen Entscheidungen, für die er allein nicht die Verantwortung übernehmen zu können glaubte, eine Reihe erfahrener Männer aus der Kaufmannsgemeinde, die sogenannten ‚Zugeordneten'[5]) zu seinen Beratungen heranzog.[6] Ihre Auswahl wurde von der Gemeinde zusammen mit dem Kaufmannsrat vorgenommen.[7]

---

[1]) Nur für Reisen im Dienste des Kontors wurden die Kosten vergütet und außerdem bei größeren eine Summe zur Ausrüstung gewährt, z. B. K. J. II n. 2103, 2379, Anh. n. 177* 1; St. A. Köln, Hanse III A CXL 27, E VII 6 u. öfter, IV 39 IX. 18; St. A. Lüb. A. Fl. Vol. II unter 28 (Altermanns-rechnungen u. dergl.). — Ein Anfall der kleineren Geldbußen an die Alterleute wie in Brügge (Stein S. 46) war in Antwerpen nicht Brauch.

[2]) S. an späterer Stelle. — K. J. II n. 2718 bezieht sich für den Altermann nicht auf ein etwaiges Gehalt, sondern nur auf Auslagen und Vorschüsse.

[3]) Sowohl einer Wahl zum Kaufmannsrat als auch weiter zum Altermann.

[4]) Statuten von 1569 Bl. 2 b; vgl. Statuten von 1578 (bei Marquard II S. 307); ähnlich verfuhr man schon in Brügge (Stein S. 36, 54) und in Antwerpen vor der Niederschrift der Statuten (Protokollbuch II S. 284 f, 487).

[5]) So K. J. I n. 3265 f.

[6]) Ebenda; ferner Protokollbuch I Bl. 264 b, 267, Protokollbuch II S. 3, 344, 385 f (seitdem, 1567, als ständige Einrichtung), Protokollbuch III Bl. 35 a, S. 280; St. A. Köln, Hanse III A LXXXIII 4, 5, XCIII 1, E XI 1.

[7]) Protokollbuch II S. 386.

Die Aufgaben und Befugnisse der Kontorvorsteher waren im allgemeinen dieselben wie in Brügge: Sie erledigen aus eigener Machtvollkommenheit die Angelegenheiten des Kontors und vertreten es nach außen, einerseits der Regierung und den Behörden des Landes, andrerseits den Hansestädten gegenüber. Obwohl nur ein geringer Teil der Kontorangehörigen und in ihren Entschlüssen und Handlungen von den übrigen nicht abhängig, gelten sie doch als Träger des Gesamtwillens, und ihr Kollegium führt dementsprechend einfach auch die allgemeine Bezeichnung ‚der Kaufmann' (‚de copmann', ‚ein ersamer copmann', ‚de erbare copmann'[1]). Die innere Verwaltung und die Kontorpolizei liegen ausschließlich in ihren Händen, desgleichen die Fürsorge für die Erhaltung der hansischen Privilegien, eine Aufgabe, die in der Praxis hauptsächlich darauf hinauslief, bei Verletzung der Privilegien von irgend einer Seite her dem oder den davon betroffenen Hansen zu ihrem Rechte zu verhelfen.[2] Neben dieser als ‚protectie'[3]) bezeichneten Schutzpflicht steht dann vor allem die ‚jurisdictie',[3] die richterliche Gewalt der Kontorvorsteher. In ihrer Ausübung lag für diese eine Hauptaufgabe, wie schon ihr Eid andeutet und die Überlieferung ausweist. Es empfiehlt sich daher eine gesonderte Behandlung dieses Gebietes in einem späteren Abschnitt.

Die Ausübung der Gerichtsbarkeit ist zugleich die einzige Seite im Geschäftsbereich des leitenden Ausschusses, über die sich die Statuten von 1568 ausführlicher verbreiten.[4] Doch können wir uns im übrigen auch ohne das über die Handhabung der Kontorleitung aus den erhaltenen Büchern und Akten ziemlich gut unterrichten und haben dabei manche wesentlichen Abweichungen von den alten Brügger Formen festzustellen. In Brügge hatten zwei getrennte, wenn auch zusammenwirkende Ausschüsse nebeneinander bestanden.[5] In Antwerpen führte die Verminderung der Mitgliederzahl, die den Älterleuten den Charakter einer eigenen Ge-

---

[1]) Z. B. Protokollbuch I Bl. 279 (281); St. A. Köln, Hanse, III A LXXXIX 37; K. J. II S. 353, 397, 495 unter 7.

[2]) Z. B. Protokollbuch III S. 227, 281 f; vgl. auch die Statuten von 1578 (bei Marquard II S. 332).

[3]) Eine theoretische Unterscheidung ihrer Obliegenheiten lag allerdings den Kontorvorstehern fern. Bei den obigen Ausdrücken handelt es sich daher nicht um eine gewollte Terminologie, sondern nur um öfter wiederkehrende Bezeichnungen, z. B. St. A. Köln, Hanse IV 27 Bl. 198 b, 307; St. A. Lüb. A. Fl. Vol. II unter 28 (Schrb. Mostorfs an den Lüb. Rat vom 30. Okt. 1570).

[4]) Vgl. S. 41.

[5]) Nämlich die Älterleute und die Achtzehnmänner. Näheres bei Stein S. 31 ff, 53 ff.

noſſenſchaftsbehörde nahm, vor allem aber das veränderte Wahlver=
fahren zu einer Zuſammenziehung der beiden Gruppen. Da die
Alterleute nicht mehr direkt aus der Gemeinde hervorgingen, ſondern
ſchon vorher dem Kaufmannsrat angehört haben mußten, ſo ergab
ſich von ſelbſt die Folge, daß ſie auch mit ihrer Wahl nicht aus
ihm heraustraten, ſondern ein organiſcher Teil von ihm blieben,[1])
wenn auch ein durch Titel und beſondere Befugniſſe hervor=
ragender: ‚Alterleute und Kaufmannsrat‘[2]) iſt die ſtehende Formel
für den leitenden Ausſchuß. Die Alterleute haben bei den Rats=
verſammlungen den Vorſitz und ein gewiſſes Berufungsrecht.[3])
Sie ſind in der Kontorleitung die eigentlich ausführenden Organe,[4])
die tätigen Mittelsperſonen im offiziellen Verkehr des Kontors
mit der Außenwelt.[5]) Sie erledigen die Geſchäfte, welche die
Vertretung des Kontors nach außen mit ſich bringt,[6]) führen in
der Regel die Abordnungen an die Behörden,[7]) leiten Unter=
handlungen[8]) und machen nötige Reiſen.[9]) Ebenſo nehmen
ſie in der inneren Verwaltung des Kontors die erſte Stelle ein,
haben die Obhut über das bewegliche Vermögen der Genoſſen=
ſchaft und verfügen bis zu einem gewiſſen Grade darüber.[10]) Sie
verwahren die Schlüſſel zur Privilegienkiſte‘ und die Siegel des
Kontors,[11]) von welch letzteren ſie für weniger wichtige, nicht die
Geſamtheit betreffende Schriftſtücke, wie Beſcheinigungen und
dergl. ohne weiteres Gebrauch machen können[12]) Dazu kommt

---

[1]) Die Statuten von 1569 laſſen keinen Zweifel darüber, daß der Kaufmanns=
rat mit Einſchluß der Alterleute als ein einheitliches Ganzes gedacht war; weitere
Belegſtellen Protokollbuch I Bl. 286 (288); St. A. Köln, Hanſe II 24 Bl. 39 b.
[2]) Bezw. ‚Altermann und Kaufmannsrat‘, vgl. S. 48.
[3]) Vgl. den Abſchnitt über das Kontorgericht.
[4]) Vgl. z. B. K. J. I n. 3586, II n. 453.
[5]) Z. B. K. J. I n. 2947, 3547.
[6]) So werden z. B. die Prozeſſe des Kontors nominell durch und gegen
den geſamten Kaufmannsrat geführt (z. B. D. J. S. 900 unter 5. Jan.), die
Verhandlungen und die eigentliche Durchführung der Sache fiel den Alterleuten
zu, vgl. Protokollbuch II S. 241; K. J. I n. 2928. 3739 f.
[7]) Z. B. Protokollbuch II S. 222, 342; auch K. J. II n. 1139.
[8]) Z. B. Protokollbuch II S. 259; K. J. II n. 554.
[9]) Z. B. Protokollbuch III S. 295; D. J. n. 4928; K. J. II n. 131, 453,
516, 1983; — doch auch andere Mitglieder des Kaufmannsrats, vgl. K. J. I
n. 3096, II n. 516, 850; St. A. Köln, Hanſe III A CX 5. Die Statuten von
1578 bedrohen den Kaufmannsrat, der ſich ohne triftigen Grund weigert,
ihm zur Erledigung übertragene Geſchäfte oder Reiſen zu übernehmen, mit
ſchwerer Strafe (bei Marquard II S. 308).
[10]) Z. B. K. J. II S. 62 Anm. 1; vgl. auch weiter unten beim Abſchnitt
über das Finanzweſen.
[11]) Statuten von 1569 Bl. 2; Protokollbücher II S. 309, 521, IH Bl. 29, S. 104.
[12]) Statuten von 1569 Bl. 4. — Der Altermann Prätor wurde nach ſeiner
Amtszeit beſchuldigt, dies Recht mißbraucht zu haben (ſ. an ſpäterer Stelle).

schließlich noch die Oberaufsicht über das gesamte Kontorwesen und das Hauspersonal.[1]) Wahrscheinlich übten die Alterleute noch andere Befugnisse geschäftlicher Art, die indes in der Überlieferung nicht hervortreten.[2])

Im Zusammenhang mit der oben erwähnten Entwicklung aber steht es, wenn die Alterleute in ihrer Amtstätigkeit nicht mehr so selbständig erscheinen wie in Brügge. Zwar kennzeichnet der von dort übernommene Eid die Kaufmannsräte immer noch lediglich als Gehülfen der Alterleute. Aber ein bedeutsamer Unterschied besteht darin, daß die letzteren jetzt in weit höherem Maße als früher an die Mitwirkung ihrer Beihelfer gebunden sind. Nicht mehr die Alterleute, sondern der sie ja allerdings mitumfassende Kaufmannsrat als Ganzes steht im Vordergrunde der Kontorleitung. Diese Verschiebung der Verhältnisse findet schon äußerlich ihren Ausdruck darin, daß bei Unterzeichnung der vom Kontor ausgehenden Schriftstücke niemals mehr die Alterleute allein genannt werden,[3]) sondern stets in Verbindung mit dem übrigen Kaufmannsrat, und daß Briefe und Urkunden nicht mehr[4]) von ihnen persönlich besiegelt werden.[5]) In ihrer Wirksamkeit erscheinen die Alterleute oft geradezu als Beauftragte des Kaufmannsrats, von dem sie ihre Anweisungen empfangen.[6]) Eine Reihe von Rechten, die sie früher allein ausüben konnten, müssen sie jetzt mit den andern Ratsmitgliedern teilen, so schon infolge des veränderten Wahlverfahrens deren Einsetzung.[7]) Einberufungen der Kontorgemeinde geschehen nur noch durch den gesamten Kaufmannsrat,[8]) ebenfalls Abordnungen von einzelnen

[1]) Als ausgesprochene Pflicht allerdings erst in den Statuten von 1578 (bei Marquard II S. 308 f), doch bereits vorher in Übung. Schon nach den Statuten von 1569 (Bl. 3 b) sind z. B. säumige Zahler den Alterleuten anzuzeigen, haben abreisende Kaufleute die Schlüssel der benutzten Räume an sie abzugeben (Bl. 10 b). Ein weiterer Beleg für die Hausaufsicht der Alterleute im Protokollbuch III Bl. 33 b.
[2]) Auch die Statuten von 1578 bringen hierüber nichts Neues.
[3]) Wie dies in Brügge der Fall war, vgl. Stein S. 16.
[4]) Wie in Brügge, vgl. Stein S. 39.
[5]) Die Besiegelung geschieht in Antwerpen seit der Wiederaufrichtung des Kontors mit einem besonderen Kontorsiegel, das außer dem Kontorwappen, einem Doppeladler mit Stern auf der Brust, die Legende trägt: S[ignum] Mercatorum Hanse in Antwerpen. (Zahlreiche derartige Besiegelungen im St. A. Köln.)
[6]) Z. B. Protokollbuch III S. 295; St. A. Köln, Hanse IV 36 S. 128; K. J. II n. 554, 1983.
[7]) Über die Befugnisse der Alterleute in Brügge bezüglich der Erwählung des Achtzehnerausschusses s. bei Stein S. 43, 53.
[8]) Satzungsmäßig festgelegt allerdings erst in den Statuten von 1578 (bei Marquard II S. 308 f), aber schon vorher nie anders gehandhabt, z. B. Protokollbücher II S. 37, 92, III Bl. 36, S. 200 u. öfter; St. A. Köln, Hanse III E VI 10.

Kaufmannsräten zur Erledigung von Geschäften oder Reisen.
Nie beraten oder beschließen, soweit wir erkennen können, die
Alterleute allein. Besonders gut läßt sich dieser Übergang der
leitenden Gewalt von einem Teil des Vorstands auf den ganzen
beobachten inbezug auf die Ausübung des wichtigen Rechts, für
die Gesamtheit verbindliche Verordnungen ('Ordinancien') zu
erlassen. Die Vorsteher nahmen diese Befugnis auf Grund des
früher in Brügge geltenden Rechts für sich in Anspruch.[1]
Während es aber dort, wie die Beschlüsse der Städte von 1418
und 1447[2]) zeigen, ein Sonderrecht der Alterleute gewesen war,
das von ihnen selbständig ausgeübt werden konnte,[3]) liegt es
in Antwerpen in allen vorkommenden Fällen ausschließlich beim
Kaufmannsrat in seiner Gesamtheit,[4]) und dieser Zustand, der
die Gefahr einer einseitigen Anwendung der Befugnis, wie sie
die verminderte Zahl der Alterleute hätte mit sich bringen können,
aufhob, scheint allgemein, auch von den Alterleuten selbst, als
das Richtige empfunden zu sein. — Nicht unangefochten blieb
dagegen, wie hier gleich bemerkt sei, das Ordinancienrecht an
sich;[5]) doch wurde es 1572 bei den Hansetagsverhandlungen über
die endgültigen Statuten und dann in diesen selbst von neuem
anerkannt, allerdings mit der von je her bestehenden Einschränkung,
daß sich die Städte bei Beschwerden gegen eine Ordinanz die
oberste Entscheidung und jederzeitige Änderung vorbehielten.[6])
Im übrigen ist die Art dieser Bestätigung wiederum ein Beweis
für die oben dargelegte Verschiebung der leitenden Gewalt im
Kontorvorstand. Denn obwohl sich die Statuten der Städte ausdrücklich auf die Hansetagsbeschlüsse von 1418 und 1447 beziehen,
die für die Ausübung des Ordinancienrechts allein die Alterleute im Auge haben, wird es jetzt nur dem Kaufmannsrat
gemeinsam zugesprochen. Die Abhängigkeit der Alterleute von
dem übrigen Kaufmannsrat offenbart sich aber am deutlichsten
auf dem Gebiete des Finanzwesens. Die Alterleute sind
den Ratsmitgliedern über ihre Kassenführung Rechenschaft

---

[1]) Statuten von 1569 Bl. 7b, dazu 8b; St. A. Köln, Hanse III A
LXXXVIII, XCV 4.

[2]) H. R. I 6 n. 556 A § 74 = B § 50, II 3 n. 288 § 56.

[3]) Stein S. 44 f, 58.

[4]) Schon die Statuten von 1569 deuten dies an; ferner im Protokollbuch III passim.

[5]) S. weiter unten im 3. Kapitel.

[6]) K. J. II S. 388; Marquard II S. 327.

schuldig,[1]) und zwar haben sie bei Strafe für jeden Verzug
jährlich in der ersten Ratssitzung nach Ostern Rechnung abzulegen, außerdem jeder abtretende Altermann vor seinem Wegzug.[2])
Auch die übrigen Kontorbeamten, von denen weiter unten die
Rede sein wird, waren dem Kaufmannsrat in seiner Gesamtheit,
nicht etwa den Alterleuten allein[3]), verantwortlich.

Über die Handhabung der Kontorleitung im einzelnen ist
dem Vorhergehenden wenig hinzuzufügen. Die Regelung der
Genossenschaftsangelegenheiten geschah von den regelmäßigen
Sitzungen des Kaufmannsrats aus. Sie hießen meist Gerichts=,
seltener Ratstage und dienten, wie schon daraus hervorgeht, in
erster Linie der Rechtsprechung;[4]) doch fanden hier auch alle
gemeinsamen Beratungen und Beschlüsse statt, wurden die Ordinancien verfaßt, die Wahlen und Abrechnungen vorgenommen,
Anleihen und größere Zahlungen festgesetzt, eingegangene Briefe
verlesen, über ausgehende beschlossen und dergl.[5]) Für alle
Abstimmungen[6]), auch bei den Wahlen, galt das Mehrheits=
prinzip; bei Stimmengleichheit gab die Stimme des ältesten
Altermanns den Ausschlag.[7])

Wenig klar ist das Verhältnis der Alterleute zu einander
und die Art, wie sie sich in ihre Geschäfte teilten. Augenscheinlich
führte immer einer von ihnen, vielleicht der älteste, das Wort in
den Versammlungen und verwaltete die Hauptkasse.[8]) Im übrigen

---

[1]) In Brügge finden sich erst Anfänge einer Mitwirkung des gesamten
Kaufmannsrats an der Finanzwirtschaft der Alterleute; Stein S. 104 f. —
Rechnungslegung eines Altermanns vor dem Kaufmannsrat erscheint zum
ersten Male im Antwerpener Kontor im Jahre 1567. Protokollbuch II S. 296,
303; (für die Jahre 1564—67 zusammen, St. A. Köln, Hanse IV unter 42).

[2]) Statuten von 1569 Bl. 2; Protokollbuch II S. 296, 303, 366, 484 f; solche
schriftlichen Kassenberichte unter den losen Rechnungen St.A.Köln,Hanse IV 42 u.43.

[3]) Wie offenbar in Brügge, vgl. Stein S. 104.

[4]) S. weiter unten beim Abschnitt über das Kontorgericht.

[5]) Protokollbücher passim, z. B. I Bl. 264b, 284 (286) b, II S. 222, 248,
III S. 60, 92 ff, 196 u. öfter. Über Wahlen wie S. 49 Anm. 2 f; vgl. ferner
K. J. I n. 2766 und die Statuten von 1578 (bei Marquard S. 328).

[6]) Es wurde dabei wie in Brügge (Stein S. 56) herumgefragt: „— wirt
gewonlicher weise umb her gfragt, was yederen gefuelen und meining
sei". Protokollbuch III S. 71; ferner ähnlich Protokollbuch II S. 227, 248,
III S. 26/7, 50 b, S. 78 u. öfter.

[7]) Statuten von 1569 Bl. 1 b; Protokollbücher II S. 222, 225 u. öfter,
III S. 26/7, Bl. 27 b, 45 b u. öfter.

[8]) So in der Mitte der sechziger Jahre Thomas Neenstede (vgl. Proto=
kollbuch II S. 303, 309; Ennen, Hans. GbU. 1873 S. 55), dann in der ersten
Hälfte der siebziger Jahre Hans Prätor (vgl. bes. seinen Prozeß im 8. Kapitel).
Für einen gewissen Vorrang des ältesten Altermanns spricht außer dem Verfahren bei Abstimmungen auch die Anordnung der Statuten von 1569, daß
ein neugewählter Altermann (in Gegenwart des ganzen Kaufmannsrats) vor
dem ältesten der beiden bisherigen seinen Eid abzulegen hat (Statuten Bl. 2).

beruht es wohl auf Verabredung im Kaufmannsrat oder unter den Alterleuten selbst, wenn wir bald den einen, bald den andern in den Geschäften des Kontors tätig sehen.

Außer den Alterleuten hatten auch die meisten anderen Kauf= mannsräte neben ihrer Eigenschaft als solche noch weitere Ob= liegenheiten, indem ihnen zwei wichtige und gesonderte Fürsorge erheischende Zweige der inneren Verwaltung anvertraut waren, die Hauswirtschaft und die Schoßeinziehung. Für die erstere gab es zwei sogenannte Hausmeister, für die letztere drei so= genannte Schoßmeister, beides Einrichtungen, die in Brügge nicht bestanden hatten. Beide Posten wurden, wiederum ohne Be= teiligung der Kaufmannsgemeinde, allein durch den Kaufmanns= rat aus seiner Mitte besetzt.

Ein Bedürfnis für ein besonderes Amt der Hausverwaltung hatte bis zur Errichtung des neuen, großen Hauses nicht vor= gelegen, da das alte, kleinere ebenso wie früher das Ostersche Haus in Brügge[1]) nicht als Herberge diente. Dennoch schuf der Zufall schon einige Jahre vor dem Einzug in das neue Haus eine Vor= stufe zu dem späteren Hausmeisteramt. Der Wirt im „Neuen Morian", wo ein Teil der hansischen Kaufleute, darunter die Alterleute, zusammenwohnten, machte Bankerott, und das Kontor entschloß sich, den ihm liebgewordenen Gasthof selbst zu über= nehmen, um ihn nicht aufgeben zu müssen.[2]) Man mietete das Haus und bestimmte einen der Kaufmannsräte zu Verwaltung, Weitervermietung der einzelnen Räume sowie zur Fürsorge für die Beköstigung der Gäste.[3]) Teils in Herübernahme dieses Amtes, teils aber auch offensichtlich in Anlehnung an die Ver= hältnisse auf dem Londoner Stahlhof[4]) wurden dann beim Einzug in das neue Ostersche Haus zu ähnlichem Zwecke zwei ‚Haus= meister‘ eingesetzt.[5]) Sie kamen nach einer 1570 festgelegten Ordnung[6]) im Range gleich nach den Alterleuten. Gewählt wurden sie jährlich Mitte März auf ein Jahr[7]) und hatten das Amt bei hoher Strafe anzunehmen.[8]) Ihre Aufgaben erstreckten

[1]) Häpke S. 36 f.
[2]) Protokollbuch II S. 368.
[3]) Ebd. S. 444, 470, 510; St. A. Köln, Hanse IV 34 Bl. 135 b; vgl. K. J. I n. 3457.
[4]) Lappenberg, Urkundl. Geschichte des hans. Stahlhofs in London (Hambg. 1851) I S. 34; Daenell II S. 401.
[5]) Protokollbuch III Bl. 22 b.
[6]) Ebenda S. 206; dieselbe Rangordnung S. 233 f.
[7]) Statuten von 1569 Bl. 3 b; Protokollbuch III S. 200. — Vor der Nieder= legung der Satzungen hatte man an häufigeren Wechsel gedacht, ebenda Bl. 22 b.
[8]) Statuten von 1569 Bl. 3 b.

sich auf den gesamten Bereich des Hauswesens.[1]) Außer einer
allgemeinen Aufsicht über die Räume und die Befolgung der
Hausordnung,[2]) die sie mit den Alterleuten teilten, lag ihnen vor
allem die geschäftliche Seite der Hausverwaltung ob. Sie hatten
die Kontrolle des Inventarbestandes und sorgten für Neuan=
schaffung verbrauchter Stücke.[3]) Die Vermietung der Kammern
wie der Lagerräume ging durch ihre Hand; ebenso hatten sie die
Mieten einzuziehen.[4]) Zu ihren Pflichten gehörte ferner die Be=
aufsichtigung, Anleitung und Bezahlung der Dienstboten,[5]) die sie
mit Genehmigung des Kaufmannsrats annahmen und abdanken
konnten.[6]) Insbesondere aber führten sie die Oberaufsicht über
die ‚Haushaltung‘ im engeren Sinne, d. h. die Beköstigung der Haus=
bewohner. Es war ihre Sache, die nötigen Vorräte anzuschaffen oder
anschaffen zu lassen,[7]) den in der Haushaltung angestellten Koch,
bezw. Konciergen und die Kellerknechte[8]) zu überwachen und mit
ihnen abzurechnen, soweit diese selbständige Ausgaben machen
konnten.[9]) Andrerseits flossen alle aus der Haushaltung rüh=
renden Einnahmen zunächst wiederum den Hausmeistern zu, die
ihrerseits dem Kaufmannsrat zu regelmäßiger Rechnungslegung
verpflichtet waren.[10]) Die beiden Hausmeister versahen ihr Amt

[1]) Außer den Statuten von 1569 und 1578 (bei Marquard II S. 309 f)
geben über die Tätigkeit der Hausmeister ihre Abrechnungen vor dem Kauf=
mannsrat (St. A. Köln, Hanse IV 42 und 43) und die Rechnungsbücher
des Kontors (besonders ebd. IV 36) Aufschluß.

[2]) Protokollbuch III Bl. 22 b; besonders erwähnt wird dabei die Beauf=
sichtigung der ‚Jungen‘ (über diese S. 46).

[3]) Belege unter den losen Rechnungen St. A. Köln, Hanse IV 42; dazu
ebenda II 47 S. 208 ff. — Nach den Statuten von 1578 haben sie außerdem
Inventarverzeichnisse aufzustellen, nach denen dann beim Amtswechsel jedes=
mal die Abgabe, bezw. Übernahme erfolgen sollte. Es ist nicht unwahrscheinlich,
daß es damit schon vorher so gehalten wurde.

[4]) Rechnungsbücher und Abrechnungen wie oben Anm. 1; ferner St. A.
Köln, Hanse III A CXLII 26; Statuten von 1569 Bl. 10 b; ebenso Statuten
von 1578 (bei Marquard II S. 309 f).

[5]) Protokollbuch III Bl. 22 b; Statuten von 1569 Bl. 3 b; St. A. Köln,
Hanse, IV unter 42; ebenso Statuten von 1578 (bei Marquard II S. 309).

[6]) Protokollbuch III Bl. 22 b f; Statuten von 1569 Bl. 3 b; ebenso Statuten
von 1578 (bei Marquard II S. 309).

[7]) Protokollbuch III Bl. 22 b; St. A. Köln, Hanse IV unter 36; ebenso
Statuten von 1578 (bei Marquard II S. 309, 312).

[8]) Vgl. dazu den Abschnitt über das niedere Dienstpersonal.

[9]) Statuten von 1569 Bl. 3 b; ebenso Statuten von 1578 (bei Marquard II
S. 310); Belege unter den losen Rechnungen St. A. Köln, Hanse IV 42; 43.

[10]) Ursprünglich war eine vierteljährliche Abrechnung vorgesehen (Protokoll=
buch III S. 22 b); die Statuten von 1569 (Bl. 3 b) führen stattdessen nur
jährliche Abrechnung bei Abgabe des Amts ein, belegen gleichzeitig jede Ver=
säumnis hierin mit hoher Strafe. (Ebenso in den Statuten von 1578, bei
Marquard II S. 310). Solche Abrechnungen (auch außerhalb der satzungs=
mäßigen Termine) sind erhalten St. A. Köln, Hanse IV unter 42—44; vgl.
dazu K. J. II n. 990, 1299, 2086.

anfangs gemeinsam;[1]) später scheinen sie sich darin abgewechselt zu haben.[2]) Dementsprechend stellen es die Statuten von 1578 in das Belieben der Hausmeister, ob sie ihre Geschäfte gleichzeitig nebeneinander oder abwechselnd führen wollen.[3])

Nicht so umfangreich, aber im Organismus des Kontors nicht weniger bedeutsam war das Amt der Schoßmeister. Über den Charakter des Schosses, seine Höhe und das Gebiet seiner Erhebung wird weiter unten beim Finanzwesen der Genossenschaft zu berichten sein. In diesem Zusammenhang handelt es sich nur um die Art und das Amt seiner Einziehung. In Brügge hatten in der Regel wohl die Sekretäre den Schoß entgegen genommen[4]) und dann den Älterleuten, welche die Schlüssel zu den Kassen führten,[5]) ausgehändigt. In Antwerpen wurden 1557 zugleich mit der Wiederaufrichtung des Schoßbriefs auf Anordnung der Städte besondere Bevollmächtigte für die Einsammlung der zu erhebenden Beträge bestellt,[6]) unverkennbar nach dem Muster des Stahlhofs, wo eine solche Einrichtung schon lange bestand.[7]) Im Zusammenhang mit einer Unsicherheit in der Begrenzung des Schoßgebiets[8]) stand es, wenn solche Schoßeinnehmer anfänglich nicht nur in Antwerpen, sondern auch unter den Hansen in Amsterdam eingesetzt wurden,[9]) aber dann bald wieder verschwinden. Schoßmeister kommen seitdem unter diesem Titel nur noch in Antwerpen vor.[10]) Hier betrug ihre Zahl bei der Einsetzung zwei,[11]) doch sind seit 1560[12]) immer gleichzeitig drei nachweisbar. Über die Art, wie die Schoßmeister in Amsterdam ihres Amtes walteten, ist nichts bekannt. In Antwerpen traten sie von vornherein in der Weise in Tätigkeit, wie diese in den Statuten von

---

[1]) Protokollbuch III S. 94.
[2]) Vgl. ihre Abrechnungen St. A. Köln, Hanse IV unter 43.
[3]) Bei Marquard II S. 309.
[4]) Hans. U. B. IX n. 286 (S. 171), n. 687 §§ 12 f, 17 ff, n. 689 § 7.
[5]) Stein S. 95, 104.
[6]) Protokollbuch I Bl. 287 (289) b f.
[7]) Lappenberg a. a. O. (f. S 56 Anm. 4) I S. 34, II S. 105. — Über die Tätigkeit der dortigen Schoßmeister sind wir allerdings bisher nicht genauer unterrichtet.
[8]) S. weiter unten beim Finanzwesen.
[9]) Wie Anm. 6; hierzu gehört K. J. I n. 1395.
[10]) Bei der Wiederaufnahme des Handels nach Brügge 1574 ließ man dort Schoß durch den dortigen Hauswart einfordern, nach dessen Tode durch hansische Kaufleute, von denen einer offenbar in der nächsten Zeit die Hausaufsicht übernahm. K. J. II n. 539, 559 f.
[11]) Protokollbuch I Bl. 287 (289) b f; f. auch K. J I n. 1530.
[12]) Zuerst Protokollbuch II S. 46.

1569 genauer beschrieben wird.[1]) Es ist hierbei vorauszube=
merken, daß man mit Rücksicht auf die verschiedene Aufenthalts=
dauer der Kaufleute ein doppeltes Verfahren bei der Schoß=
zahlung anwandte; während die Antwerpen nur vorübergehend
besuchenden Hansen verpflichtet waren, jedesmal vor ihrer Abreise
dem Kontor den Schoß zu entrichten, gab es zu dem Zwecke für
für die dauernd Ansäßigen feste Termine. Diese abzuhalten, war
die Hauptaufgabe der Schoßmeister. An je drei vorher bekannt
gemachten, aufeinanderfolgenden Tage hatten sie „zu Schoß zu
sitzen", d. h. zu bestimmten Stunden, anfänglich wohl im Kleinen,
später im Großen Österschen Hause, die eingehenden Zah=
lungen entgegenzunehmen und die damit verbundenen Ge=
schäfte zu erledigen.[2]) Jeder ständig residierende Kaufmann[3])
mußte sich an einem der drei Tage mit einer schriftlichen Er=
klärung über seinen Umsatz seit dem letzten Termin, wonach dann
die Abgabe berechnet wurde, einstellen[4]) und die Vollständigkeit
seiner Angaben eidlich bekräftigen.[5]) Über die Zahlung konnte
er sich eine Quittung ausstellen lassen.[6]) Die Schoßmeister hatten
die einlaufenden Beträge zu buchen und hinterher dem Kauf=
mannsrat Bericht und Rechnung abzulegen.[7]) Gleichzeitig hatten
sie etwaige Schoßhinterziehungen zur Anzeige zu bringen.[8])
Über Unklarheiten inbetreff der Zahlungen entschieden entweder

---

[1]) Bl. 3; ähnlich in den Statuten von 1578 (bei Marquard II S. 310,
313). Außerdem geben Auskunft über die Schoßmeister die Protokoll= und
die Rechnungsbücher des Kontors, dazu die losen Rechnungen St. A. Köln,
Hanse IV unter 42 und 43.
[2]) Statuten von 1569 Bl. 3; ebenso Statuten von 1578 (bei Marquard II
S. 313)
[3]) Nach den Statuten von 1569 (Bl. 3) zu allererst die Schoßmeister selbst
und die übrigen Kaufmannsräte; ebenso Protokollbuch III S. 203.
[4]) Z. B. Protokollbuch II S. 489, 501 f, Protokollbuch III S. 201 f; St. A.
Köln, Hanse IV 34. — Erhalten sind solche schriftlichen Schoßerklärungen ebenda
IV unter 42 und 43.
[5]) K. J. I S. 537, 572 Art. 7, II S. 432 unter 5.; Protokollbuch II S. 123,
271 u. öfter; Protokollbuch III S. 201 f; ferner erwähnt St. A. Köln, Hanse IV
unter 43. — Eine Formulierung dieses Eides in den Statuten von 1578
(bei Marquard II S. 314); aus der Zeit vorher ist ein fester Wortlaut nicht
überliefert. — Übrigens wurde schon in Brügge der Schoß unter Eid bezahlt:
Sartorius II S. 532; Belege z. B. H. R. II 3 n. 349; Hans. U. B. IX n. 593;
dazu K. J. I S. 572 Art. 7; St. A. Köln, Hanse III A V 14.
[6]) K. J. I S. 454 unter 15. Aug. — Solche Quittungen K. J. I n. 2763,
2911, 3004, 3060 f, 3239 f, II n. 641, 710.
[7]) Z. B. Protokollbuch II S. 521 f. — Nach den Statuten von 1569 (Bl. 3)
und Protokollbuch III S. 203 in der ersten Ratssitzung nach den Schoßtagen,
nach den Statuten von 1578 bei einer allgemeinen großen Abrechnung am
Ende des alten und Anfang des neuen Jahres (bei Marquard II S. 315).
Solche Empfangslisten: St. A. Köln, Hanse IV 34 und unter 42. 43.
[8]) Statuten von 1569 Bl. 3.

sie selbst oder, wenn sie es nicht vermochten, der Kaufmannsrat.[1]) Die Schoßsitzungen fanden in der ersten Zeit nach der Wieder= aufrichtung des Kontors in Abständen von sechs bis acht Monaten statt.[2]) Seit 1563 begnügte man sich mit einem Termin in jedem Jahre,[3]) und diesem Modus schließen sich auch die Statuten von 1569 an, die nur eine jährliche Schoßsitzung vier Wochen nach Ostern anordnen. Aber schon wenige Jahre später kommen wieder Termine vor, die hiermit nicht übereinstimmen und darauf hindeuten, daß man zu häufigeren Schoßsitzungen zurückgekehrt war.[4]) Dies scheinen dann auch die Statuten von 1578 zu bestätigen; sie setzen als Schoßtage die drei auf St. Jakobus (25. Juli) und St. Thomas (21. Dez.) folgenden Werktage fest.[5]) Mit der Abhaltung der Schoßtermine war die Aufgabe der Schoßmeister noch nicht erschöpft. Sie hatten bei ihrer Anwesenheit auf dem Osterschen Hause auch der andern Gruppe der Schoßzahler zur Verfügung zu stehen.[6]) Waren sie jedoch alle drei in Privatgeschäften abwesend, so trat in solchen Fällen der Sekretär oder einer der Alterleute für sie ein.[6]) Unzweifelhaft gingen übrigens auch diese Schoßzahlungen abreisender Kaufleute in denselben Formen vor sich wie die der ständig Residierenden.[7])

Wahl und Amtsdauer der Schoßmeister richtete sich anfangs nach den festen Schoßterminen, vor denen sie jedesmal vom Kaufmannsrat neu erwählt wurden,[8]) seit 1563 also nur einmal jährlich. Die Statuten von 1569 setzen als Wahltag die erste Ratsversammlung nach Ostern fest, ungefähr vier Wochen vor der Schoßsitzung selbst, und erschweren zugleich die Ablehnung der Wahl ähnlich wie bei den andern Ämtern mit hoher Geld= strafe.[9]) Die einjährige Amtsdauer wurde allem Anschein nach auch fernerhin unverändert beibehalten.

Neben dem Kaufmannsrat spielte in der Kontorverfassung die Menge der übrigen Kontorangehörigen, die Kaufmannsgemeinde

---

[1]) Ebenda.
[2]) Nach dem Protokollbuch II und St. A. Köln, Hanse IV 34 und 42.
[3]) Ebenda.
[4]) St. A. Köln, Hanse IV unter 36 und 43.
[5]) Bei Marquard II S. 313.
[6]) St. A. Köln, Hanse IV unter 34, 36, 42; ebenso nach den Statuten von 1578 (bei Marquard II S. 313).
[7]) Vgl. K. J. I n. 3289 f, S. 537, II n. 1285.
[8]) Protokollbuch II z. B. S. 46, 60, 93.
[9]) Außer in den Statuten (Bl. 3) auch Protokollbuch III S. 201.

(„die gemeinen koplude van der Antze“, „de gemeine hantirende copman“, „de gemene Copman“ oder ähnlich, auch einfach die „gemeyne“ oder die „Nation“[1]), eine passive Rolle. War sie schon in Brügge im Laufe der Zeit immer mehr in den Hintergrund getreten,[2] so gilt dies in verstärktem Maße von Antwerpen, wo sie, wie schon weiter oben ausgeführt,[3] auf die Auswahl ihrer Vertreter keinen Einfluß mehr besaß, geschweige denn eine Mitbestimmung in der Entscheidung über Kontorangelegenheiten. Es ist daher erklärlich, wenn sie in den Kontorakten außer in den Protokollbüchern nur selten erwähnt wird; auch die Statuten von 1569 berühren sie nur einmal beiläufig[4]) und unterlassen eine rechtliche Formulierung ihrer Stellung.

In der Praxis erscheint die Masse der Kontorangehörigen durchaus dem Kaufmannsrat untergeordnet, der über sie das Ordinancienrecht und die Gerichtsbarkeit ausübt. Auch wo die Gemeinde als Ganzes auftritt, handelt es sich nicht um selbständige, sondern vom Kaufmannsrat anberaumte und für die Berufenen verbindliche Versammlungen, die ohne mitberatende oder beschließende Befugnisse[5]) lediglich für Bekanntgebungen bestimmt sind. Hier werden dem gemeinen Mann die Ordinancien und wichtige Beschlüsse des Kaufmannsrats eröffnet, die Gesamtheit betreffende Briefe oder Erlasse der Hansestädte verlesen und Mitteilungen ähnlicher Art gemacht.[6]). Die Zusammenberufung dieser Versammlungen war in das Belieben des Kaufmannsrats gestellt;[7]) eine Notwendigkeit dazu bestand nur für die in den Statuten von 1569 vorgesehene jährlich bald nach Ostern stattfindende Verlesung des Schoßbriefs,[8]) wodurch die Kaufleute an ihre Pflicht gegen das Kontor erinnert werden sollten. Die Statuten von 1578 setzen an die Stelle davon zwei in der Mitte und am Ende des Jahres vorzunehmende Verlesungen des gesamten Kontorrechts vor dem gemeinen Kaufmann, von denen die erste mit der wiedereinzuführenden jährlichen Vorstandswahl zusammenfallen soll.[9]) Im übrigen war die Abhaltung der Gemeinde-

---

[1]) Statuten und Protokollbücher.
[2]) Stein S. 60 ff, 112 f.
[3]) S. S. 48 ff.
[4]) Statuten Bl. 3.
[5]) So auch zuletzt in Brügge, s. Stein S. 64 f.
[6]) Protokollbücher I Bl. 300 (304); II S. 37 ff, 93, 203 u. öfter; III Bl. 36 b, S. 200 f; dazu St. A. Köln, Hanse III E VI 10.
[7]) Wie in Brügge, Stein S. 59.
[8]) Außer in den Statuten (Bl. 3) im Protokollbuch III S. 201.
[9]) Bei Marquard II S. 333.

verſammlungen ſaßungsmäßig an beſtimmte Fälle nicht gebunden.
Die Statuten von 1578, die ſich zum erſten Male näher über
dieſen Punkt ausſprechen, beſtimmen als Veranlaſſungen ganz
allgemein die „Sachen, da gemeinen Städten und dem Contor
wegen gemeiner Privilegien oder ſonſt merklich an gelegen".[1]

An Einzelheiten bieten über dieſe Gemeindeverſammlungen
die Nachrichten in den Protokollbüchern nur wenig. In der
Regel wurden ſämtliche zum Kontor gerechneten Hanſen in der
Stadt, alſo auch die Hausgeſeſſeßen, berufen, doch konnte der
Kaufmannsrat in Sachen, die nur die leßteren oder nur die
Bewohner des Großen Öſterſchen Hauſes angingen, die Teilnahme auf eine dieſer beiden Gruppen beſchränken.[2] Die Zeit
der Verſammlungen war da, wo ſie angegeben wird[3], der Vor-
mittag; ſie fanden ſtatt in geſchloſſenem Raum, bis 1569 in dem
hanſiſchen Haus am Kornmarkt,[4] ſeitdem auf dem neuen Hauſe,
und zwar wohl meiſt in einem der beiden großen, mehrere
100 Perſonen faſſenden Säle.[5] Über den Hergang erfahren wir
nur ein allerdings um ſo bemerkenswerteres Moment. Es war
der Gemeinde geſtattet, ſich nach Anhörung der Verkündigungen
zu bereden und durch ihre Sprecher (‚thallude')[6] zu dem Vorge-
tragenen Erklärungen abzugeben. Beſtehen dieſe in den vorkommenden Fällen[7] auch nur in Zuſtimmung, ſo ſchließt doch
ein derartiges Verfahren in ſich den Gedanken an die Möglichkeit
einer ablehnenden Stellungnahme.

Aber auch ſonſt war der gemeine Kaufmann den Vorſtehern
gegenüber nicht völlig rechtlos. Jeder einzelne konnte gegen eine
vom Kaufmannsrat erlaſſene Ordinanz oder einen von ihm gefällten
Rechtsſpruch Berufung an die Hanſeſtädte einlegen,[8] und man
hat von dieſem Recht oft genug Gebrauch gemacht.

Der Kontorbetrieb erforderte für die Erfüllung ſeiner mannig-
ſachen Zwecke außer den Amtsverrichtungen der Kaufmannsräte
die Dienſte eines beſoldeten Angeſtelltenperſonals. Den hervor-
ragendſten Plaß nahmen darunter wie in Brügge die Sekretäre

---

[1] Bei Marquard II S. 309.
[2] Solche Fälle im Protokollbuch II S. 224, Protokollbuch III S. 282.
[3] Protokollbuch II S. 380, 385.
[4] Ebenda S. 20, 37, 93 u. öftec.
[5] Die Statuten von 1578 nennen den oberen Saal als den Ort der
Wahlverſammlungen (bei Marquard II S. 305).
[6] So Protokollbuch I Bl. 282 (284) b.
[7] Ebenda Bl. 282 (284) b f; Protokollbuch II S. 242, 384 f.
[8] S. S. 54 und weiter unten beim Abſchnitt über das Gerichtsweſen.

ein, die fast immer unter dieser Bezeichnung, nicht mehr als
Klerks vorkommen. Ihre Stellung hatte sich gegen früher, soweit
sich Vergleichspunkte bieten, wenig geändert. Standen sie auch
nicht auf einer so hohen Stufe gelehrter Bildung wie die Sekre=
täre am Brügger Kontor — ein Magister oder Inhaber geistlicher
Würden[1] findet sich unter ihnen in Antwerpen nicht — so be=
saßen sie doch als Schreiber von Beruf[2] eine Reihe von gelehrten
Kenntnissen, z. B. Fertigkeit im Gebrauch der lateinischen Sprache.[3]
In der Kontorleitung spielten sie daher eine wichtige Rolle, und
wenn sie auch als Vermittler der Tradition bei der größeren
Stetigkeit der Vorstandschaft nicht in demselben Maße in Betracht
kamen wie ehedem in Brügge[4], so hatten sie doch ohne Zweifel
oft einen tieferen Einblick in die zu behandelnden Fragen als die
auf dem Gebiete des Rechts und der Diplomatie weniger be=
wanderten und durch ihre Privatgeschäfte abgelenkten Mitglieder
des Vorstands und waren, zumal sie an dessen Sitzungen teilnahmen,
imstande, auf die Entscheidungen Einfluß auszuüben.[5] Kenn=
zeichnend für ihre persönliche Beteiligung an der Fürsorge für das
Kontor ist der selbständige Briefwechsel, den sie über seine An=
gelegenheiten führen, insbesondere mit Sudermann.[6]

Über ihre Anstellung und Amtstätigkeit sind wir bei der
reichhaltigeren Überlieferung genauer unterrichtet als für die
Brügger Zeit. Obwohl sie nach dem Willen oder unter Mit=
wirkung der Hansestädte oder aber wenigstens unter dem Vor=
behalt ihrer nachträglichen Zustimmung angenommen wurden,[7]
galten sie speziell als Beamte des Kontors, dem sie vereidigt

---

[1] Wie in Brügge, Stein S. 74 f.

[2] Bis zum Ende der fünfziger Jahre gingen sie aus der Lübecker Stadt=
kanzlei hervor (vgl. S. 14 und die Liste im Anhang); von den späteren waren
zwei, Johann von Langen und Adolf Osnabrück, vorher Schreiber im Dienste
Sudermanns gewesen.

[3] K. J. 1 Anh. n. 94*, II Anh. n. 6* (S. 353), 24*, 27* ff, 196*
(S. 805 ff).

[4] Darüber Stein S. 72.

[5] Dazu z. B. K. J. II Anh. n. 17* (S. 398).

[6] K. J. I n. 3698, 3702, 3713 ff u. öfter, II n. 95, 97 f u. öfter.

[7] St. A. Köln, Hanse IV 26, 15; K. J. I n. 3509, II n. 173, 1581, 1740,
1935; vgl. auch die Statuten von 1569 Bl. 3 b; Protokollbuch IV unter
5. Dez. 1585; Schrb. Lübecks an Bremen 16. Okt. 1579, St. A. Lübeck A. Fl.
Vol. II unter 28. Bei der Anstellung Johann von Langens, den das Kontor
selbständig annahm, hielt man die „Ratifikation in forma debita et solemni"
durch Lübeck oder den Hansetag für nötig (St. A. Köln, Hanse III A XCIX 18;
Protokollbuch III S. 216), ähnlich bei einer Verlängerung der Amtsdauer
Laffartens 1579 (erwähnt in einem Schrb. des Kontors vom 29. Mai 1582,
St. A. Köln, Hanse III A CXL 32; Sartorius III S. 299).

wurden[1]) und das sie besoldete. Das Gehalt eines Sekretärs
betrug seit 1561[2]) jährlich 50 Pfd. vlämisch, dazu freie Wohnung
auf dem Kleinen, später auf dem Großen Osterschen Hause und
gewisse mit der Ausstellung von Dokumenten für Kaufleute verbundene Gebühren.[3]) 1579 wurde dem damaligen Sekretär auf
seine Bitte sein Gehalt auf 60 Pfd. jährlich aufgebessert.[4]) Gelegentlich wurde auch wohl eine „extraordinary erkentnus"
gewährt.[5])

Es ist in diesem Zusammenhang auf eine in den späteren
Jahren auftauchende, offenbar von Sudermann ausgehende Anregung hinzuweisen, die darauf abzielte, die Stellung des Sekretärs
als eines allein dem Kontor vereidigten Beamten zu verändern
und ihn fortan auch dem ganzen Bund zu verpflichten. Es
sollten auf diese Weise Nachlässigkeiten, wie sie in der Kontorverwaltung vorgekommen waren, verhütet werden, indem der
Sekretär nicht mehr wie bisher dazu stillschweigen, sondern, nunmehr auch den Städten gegenüber verantwortlich, diesen Anzeige
erstatten sollte.[6]) In welche Zeit dieser Gedanke fällt, ist genau
nicht festzulegen, da keine näheren Angaben darüber zu
Gebote stehen.[7]) Zur Ausführung gekommen ist er jedenfalls
nicht; 1588 spricht Sudermann darüber sein Bedauern aus.[8])

Die Dauer der Anstellung der Sekretäre war verschieden. Sie
beruhte entweder auf vorheriger Vereinbarung zwischen dem

---

[1]) Protokollbuch II S. 116; Statuten von 1569 Bl. 4. — Die Eidesformel war die gleiche wie in Brügge (ebenda), sie stimmte ungefähr mit der
der Kaufmannsräte überein.

[2]) Damals zuerst fest beschlossen, Protokollbuch II S. 67; Belege für dieselbe Höhe des Gehalts in der nächsten Zeit unter den losen Rechnungen
St. A. Köln, Hanse IV 42, ferner z. B. ebenda III E VI 29.

[3]) Hierzu St. A. Köln, Hanse III A LXXXIX 56 = K. J. I n. 3539.

[4]) St. A. Lüb. A. Fl. Vol. II unter 29; St. A. Köln, Hanse IV 36 S. 211.

[5]) St. A. Köln, Hanse III E XI 9, 23; St. A. Lüb. A. Fl. Vol. II unter 29
(Schuldverschreibung des Kontors an Sekretär Laffarten, 29. Mai 1579).

[6]) Auf einem nicht näher bezeichneten Blatt mit der Überschrift „Summaria
Propositio", St. A. Lüb. A. Fl. Vol. II unter 29, heißt es über diesen Punkt:
„— das die Conthorischen darzu uhrsach geben, weil sie die Rechnungen
nicht ubergesandt, den vorrat angegriffen, und die Secretarien solichs
unter dem schein, das sie dem Conthor allein geschworen, verholen
halten müssen"; daher ist jetzt die Einführung eines neuen Eides für die
Sekretäre ratsam, durch den sie „den Stetten fuernemblich und daneben Ald.
(ermann) und K. (aufmanns) Rhat verpflicht sein solten".

[7]) Doch wird man damit nicht vor den Anfang der achtziger Jahre zurückgehen dürfen, da die erwähnten Unregelmäßigkeiten in der Kontorverwaltung
erst damals bekannt wurden, s. weiter unten im 3. Kapitel.

[8]) K. J. II Anh. n. 246* bei Punkt 7 (S. 911).

Kontor und dem Sekretär[1]) oder war fortlaufend mit gegen-
seitiger Kündigungsmöglichkeit.[2]) Den Grundsätzen des Kontors
entsprechend mußten die Sekretäre ehelich geboren sein; [3]) Hansezugehörigkeit und Ehelosigkeit war satzungsmäßig nicht für sie vor-
geschrieben, aber jedenfalls in dieser Periode tatsächlich die Regel.[4])

Die Obliegenheiten der Sekretäre werden in den Statuten[5])
nur zu einem sehr geringen Teil festgelegt. Sie waren so viel-
seitig, daß der eine Sekretär, mit dem sich das Kontor in den
Jahrzehnten seines Darniederliegens hatte begnügen können, ihnen
jetzt unter den veränderten Verhältnissen allein nicht mehr gewachsen war. Nachdem man ihm daher schon längere Zeit einen
Bedienten zur Seite gestellt hatte,[6]) wurde 1570 ein ausgebildetes
Untersekretariat begründet,[7]) das bis zum Ende der siebziger Jahre
bestand,[8]) dann allerdings infolge des Rückgangs in den Finanz-
verhältnissen und der ganzen Lage des Kontors wieder einging.[9])
Innerhalb der Kontorgemeinschaft erscheinen die Sekretäre natur-
gemäß in erster Linie als Beamte des Kaufmannsrats, in dem sie
ihre ‚Herren‘ oder ‚Meister‘ sehen.[10]) In ihrem Auftrage und
Namen erledigen sie die Korrespondenz und den größten Teil der
sonstigen Schreibarbeit des Kontors. Ihre Sache ist die Abfassung
der beschlossenen Briefe, Urkunden und dergl., sowie die Ausfertigung von Dokumenten anderer Art, für die es nicht erst jedesmal eines Beschlusses im Kaufmannsrat bedurfte. Besondere Er-

---

[1]) Z. B. K. J. I n. 2381, II n. 1740; Protokollbuch II S. 116; die Statuten
von 1569 wollen auf eine Probezeit von ¼ Jahr eine Verpflichtung des
Sekretärs auf mindestens vier Jahre folgen lassen (Bl. 4).
[2]) St. A. Köln, Hanse III A CXL 32; Protokollbuch II S. 215 (halbjährliche
Kündigungsfrist!); K. J. II n. 1581.
[3]) Statuten von 1569 Bl. 5 b.
[4]) Während Johann von Langen bei seiner Verheiratung aus seinem
Amt ausschied (K. J. II n. 298), blieb allerdings Laffarten nach seiner Heirat
noch einige Jahre im Dienste des Kontors, wenn auch nicht in seiner Wohnung
auf dem Hansehause. K. J. II S. 618, vorn n. 1740, dazu 1947.
[5]) Sowohl in denen von 1569 wie in denen von 1578.
[6]) K. J. I. S. 439; St. A. Köln, Hanse III E IV 5, VI 12; ebenda Hanse IV
unter 34, 36 S. 103 u. öfter.
[7]) Protokollbuch III S. 216; vgl. K. J. I n. 3513 f; St. A. Köln, Hanse IV 35
Bl. 59, 36 S. 79.
[8]) Der Untersekretär bezog ein geringeres Gehalt, nur 21 Pfd. jährlich,
St. A. Köln, Hanse III E VII 6; ebenda Hanse IV 36 IV. 16; Protokollbuch III
S. 257, 259. — Er wurde vereidigt wie der ordentliche Sekretär (vgl. K. J. I n.
3590) und hatte offenbar dieselben Funktionen.
[9]) Vgl. K. J. II. n 1740. — Die Statuten von 1578 lassen die Zahl der
Sekretäre unbestimmt („so viel dern nach gelegenheit des Cunthors ge-
schefften angesetzt werden", bei Marquard II S. 311).
[10]) Protokollbuch I Bl. 69 (68) b; St. A. Köln, Hanse III A XCII 8; K. J. II
Anh. n. 6 * (S. 352).

wähnung verdienen darunter die jogenannten ‚**Certifikationen**‘[1] und die ‚**Akzijezettel**‘. Unter erſteren verſtand man die Bejcheini= gung des alleinigen hanſiſchen Eigentumsrechtes an näher bezeich= neten Gütern oder Schiffen (daher auch) ‚**Vereignungen**‘ genannt), die das Kontor hanſiſchen Kaufleuten oder Schiffern auf ihre eidliche Verſicherung hin zu verſchiedenen Zwecken ausſtellte, ins= beſondere als Ausweis an den Zollſtätten.[2] In Anbetracht ihres Wertes in letzterer Beziehung und um einen Mißbrauch der hanſiſchen Zollvergünſtigungen durch Fremde zu verhüten, durfte der Sekretär dieſe Certifikationen nur mit Wiſſen der Alterleute oder zweier anderer Mitglieder des Kaufmannsrats ausgeben.[3] Aus dem= ſelben Grunde verlangte die Landesregierung ihrerſeits ſeit 1568, daß jeder Kontorſekretär einem ihrer Beamten in Antwerpen, dem Schultheißen oder ſogenannten ‚**Markgrafen**‘, ſchwören ſollte, keine unrechtmäßigen Vereignungen vorzunehmen.[4] Bei den Akzise= zetteln handelte es ſich um eine Einrichtung, die zur geregelten Handhabung der hanſiſchen Akziſefreiheit ſchon ſeit langem zwiſchen der Nation und der zuſtändigen Behörde in Übung war.[5] Freier Einkauf ſonſt akziſepflichtiger Lebensmittel war einem Hanſen nur möglich gegen vorherige Einreichung eines für jeden Einzelfall vom Kontorſekretär auszuſtellenden, beſiegelten Scheines an die Akziſe= beamten, worin bezeugt wurde, daß der Betreffende das Anrecht auf die Akziſefreiheit habe und das einzukaufende Quantum nur für ſeinen Eigenbedarf verwenden wolle.[6] Dies Verfahren wurde zwar durch die Einrichtung der gemeinſamen Tafel im Großen

---

[1] Statuten von 1569 Bl. 4; St. A. Köln, Hanſe IV 24 Zuſatz, 26 z. B. Bl. 60 b.
[2] Solche Vereignungen ſind zahlreich regiſtriert St. A. Köln, Hanſe IV unter 26 und 27, im K. J. z. B. I n. 2438, 2765, 3156, 3158, II S. 44—46, 48 ff u. öfter; vgl. ferner St. A. Köln, Hanſe III E IV 7 a. — Der Zweck iſt nur in wenigen Fällen deutlich angegeben, z. B. St. A. Köln, Hanſe IV 27 Bl. 300, 302 f, 307 b, 353, ebenſo offenbar K. J. II n. 519, (: als Frachtſchein und Zoll= ausweis); K. J. II n. 469, 799, (: als Seebrief für hanſiſche Schiffer); St. A. Köln, Hanſe IV 27 Bl. 301 b, 310, 313, ebenſo offenbar K. J. II n. 387, 420, 715, 718, 794, (: als Beglaubigung bei Rückforderung geraubter Waren).
[3] Nach den Statuten von 1569 Bl. 4; ähnlich nach denen von 1578 (bei Marquard II S. 311); aber ohne Zweifel war es ſo oder ähnlich ſchon vorher Brauch, vgl. St. A. Köln, Hanſe IV 24 (Zollordnung König Philipps) Zuſatz vom 6. Mai 1568.
[4] Zuſatz zur Zollordnung wie in voriger Anmerkung; auch in den Sta= tuten von 1569 Bl. 3 b. — Eine ſolche Vereidigung K. J. I n. 3328.
[5] Schon der Vertrag von 1546 erwähnt ſie (bei Marquard II S. 283); ferner z. B. St. A. Köln, Hanſe II 16 Bl. 18 b; Protokollbücher I Bl. 174 (172), II S. 220, 236 u. öfter; K. J. I n. 1054.
[6] Infolge ihrer Ablieferung an die Akziſebeamten haben ſich ſolche Zettel oder ‚**Brieflein**‘ (St. A. Köln, Hanſe IV 36 S. 160) unter den Kontorakten nicht erhalten. — Über ihre Beſiegelung K. J. II S. 975.

Ofterfchen Haufe bedeutend vereinfacht, mußte aber für die Häuslinge in der alten Weife beibehalten werden.[1]) Zur Ausgabe von
Akzifezetteln war der Sekretär anfcheinend ohne weiteres befugt.

Alle unter dem Siegel des Kontors ausgehenden Schriftftücke
(mit Ausnahme der Akzifezettel) hatten die Sekretäre dem Wortlaut nach in befonderen Kopienbüchern zu regiftrieren,[2]) eingehende
Briefe fowie die andern Kontorakten zu fammeln und zu be-
wahren[3]) und aus dem fo entftandenen Archiv auf Verlangen die
nötigen Stücke hervorzufuchen, Angaben zu machen oder Ab-
fchriften zu liefern.[4]) Ferner hören wir von Inventarifierung der
vorhandenen Archivbeftände[5]) und Anlegung von Privilegien-
büchern.[6])

Eine wichtige Aufgabe beftand für die Sekretäre in ihrer fchon
erwähnten Teilnahme an den Sitzungen des Kaufmannsrats[7])
und in der ihnen dabei obliegenden Führung des Protokolls.[8])
Schon für die Brügger Zeit find Protokollbücher bezeugt, aber
offenbar verloren.[9]) Sie werden, nach den vorhandenen Einzel-
zeugniffen[10]) zu fchließen, ebenfo oder doch ähnlich eingerichtet ge-
wefen fein wie die noch heute vorliegenden Protokollbücher aus
der Antwerpener Zeit,[11]) zumal auch die Bezeichnung als „des

---

[1]) Protokollbuch III S. 298.

[2]) Erwähnt im Protokollbuch II S. 225 (als ‚liber copiarum'), S. 248
(als ‚Copeiboch'); Protokollbuch III S. 160 f, 178 (als ‚Protocollbuch'); dazu
ebenda S. 278; ferner Statuten von 1578 (bei Marquard II S. 311). — Erhalten find von diefen Kopienbüchern in St. A. Köln das von März 1564—
März 1568 (Hanfe IV 26) und das von Okt. 1573—Okt. 1583 (Hanfe IV 27).

[3]) Bezeichnet als „des Kaufmanns Schriften" (Protokollbuch II S. 206);
jetzt im St. A. Köln, Hanfe unter Abt. III E.

[4]) Protokollbuch II S. 353, 375; K. J. I n. 1214, 1337, II n. 97.

[5]) Protokollbuch II S. 366. — Im Archiv des Antwerpener Kontors wurde
feit 1557 auch eine Reihe von Urkunden aus dem Stahlhof aufbewahrt, K.
J. I n. 1396 f, 2936, II n. 2523; vgl. Hanf. Gbll. 1875 S. 49.

[6]) K. J. I n. 3530, II n. 150; Ausgabe für ein folches St. A. Köln,
Rechnungen St. A. Köln, Hanfe IV 43. — Solche Privilegienbücher finden fich
St. A. Lüb. unter ‚Privilegia'.

[7]) Hierauf bezieht fich auch wohl das Amtsgeheimnis, das ihnen ihr Eid
auferlegte. St. A. Köln, Hanfe III A LXXXIX 56; dazu K. J. I n. 3590.

[8]) Sie mußten bei den Verhandlungen „alles zu buch ftellen", St. A.
Köln, Hanfe III A XCI 39; doch gefchah dies wohl zunächft nur im Konzept
und erft hinterher in Reinfchrift, vgl. ebenda III A LXXXIX 35.

[9]) Vgl. K. J. I S. 118 Anm. 1; Stein S. 114; Marquard II S. 329.

[10]) Stein S. 122.

[11]) Über das (in diefer Arbeit als Protokollbuch I angeführte) von 1539—
1557 im St. A. Lüb. fiehe S. 12 Anm. 2. Die nächften befinden fich im
St. A. Köln, nämlich eins von Ende Oktober 1558 — Mitte Juni 1568
(Hanfe IV 28, aufgeführt im K. J. I n. 1672, hier zitiert als Protokollbuch II),
eins von Anfang Januar 1569—Ende Dezember 1570 (Hanfe IV 29, im K. J. I
n. 3545, zitiert als Protokollbuch III), eines von Anfang März 1585—Ende
Dezember 1590 (Hanfe IV 30, zitiert als Protokollbuch IV), und das letzte von

Kaufmanns Buch" oder ‚liber causarum‘ in beiden Fällen die=
selbe ist.[1] In Antwerpen heißen sie daneben auch ‚Akten=
buch‘[2], ‚Gerichtsbuch‘[3], ‚wytscops bok‘[4], ‚Protokollbuch‘[5] oder
endlich häufiger ‚Memorial-‘ oder ‚Denckelbock‘[6]). Ihren Haupt=
inhalt machen die Berichte über die Sitzungen des Kaufmanns=
rats aus. Wie diese zugleich der Rechtsprechung und der allge=
meinen Kontorleitung dienten, so sind auch in den Protokoll=
büchern Rechtshandlungen und Erledigungen allgemeiner Verwaltungsangelegenheiten nicht getrennt.[7] Je nach der Bedeutung
der einzelnen Fälle und Fragen sind die Berichte bald ausführ=
lich, bald kürzer zusammengedrängt. Die Bücher enthalten außer=
dem noch mancherlei andere Eintragungen, die zum Teil mit den
Ratssitzungen nicht unmittelbar zusammenhängen, so tagebuchartige
Aufzeichnungen über wichtige Vorkommnisse, Verhandlungen,
Reisen u. dergl. sowie Vermerke über Certifikationen, Pässe usw.[8]
Bei alledem wurde ein bestimmtes Schema nicht beobachtet, son=
dern war der Eigenart des Schreibers Spielraum gelassen. Andrer=
seits war bei der Bedeutung der Protokollbücher Sorgfalt in
ihrer Führung geboten, und die Statuten von 1578 machen dem=

Anfang 1591—März 1593 (Hanse IV 31, zitiert als Protokollbuch V). Der
Verlust der dazwischen liegenden aus den Jahren 1571—1584 ist im Interesse
der Kontorgeschichte sehr zu bedauern. Sie wurden schon 1595 in Köln ver=
mißt (Schrb. Kölns an Lübeck vom 4. Aug. 1595, St. A. Köln, Briefbuch 109
Bl. 305 b), doch ist wahrscheinlich, daß sie überhaupt nie dort gewesen sind,
sondern, wie schon damals richtig vermutet wurde, zu einem Teil des Kontor=
archivs gehört haben, den der letzte Altermann in seinem Privatbesitz behielt.
[1] Stein S. 121; Protokollbücher I Bl. 42 b, 247 (245), II S. 26, 249 u.
öfter, III S. 231, 309; K. J. I S. 118 Anm. 1, n. 3545, 3564, II n. 2084; St.
A. Köln, Hanse IV 30.
[2] ‚Des kopmans actebok‘, Protokollbuch I Bl. 274 b.
[3] Protokollbuch III S. 65.
[4] Protokollbuch I Bl. 297 (301) b.
[5] Protokollbuch II S. 484.
[6] Protokollbücher I Bl. 18, 50 (49). II S. 68, 88 u. öfter.
[7] Nur im Protokollbuch II werden sie bei den Jahren 1567 und 68 in
den Randbemerkungen als ‚privata‘ und ‚publica‘ unterschieden. — Über die
Protokollbücher als rechtliche Beweismittel siehe weiter unten beim Abschnitt
über das Kontorgericht.
[8] Die Mannigfaltigkeit des Inhalts kennzeichnen auch die vorkommenden
Überschriften zu einzelnen Jahren. Die zum Jahre 1567 lautet z. B.: „Ge=
richtes hanteling in sachen, so taglich vorkamen, des Bruggischen
deutschen Hanse Conthoirs, itz binnen Anthwerpen residirende, und
sunst was durch Alderman und kauffmans Rath bowilligt und geschloßen
wert“ (Protokollbuch II S. 233); ähnlich, aber kürzer zum Jahre 1569 (Pro=
tokollbuch III Bl. 1); für 1570 heißt es: „Gerichts acten und sunst was
van certificatien, obligationen und ordnungen van Alderman und kauff=
mans Rath gemachet und paßeret wirt, van Anno 1570“ (Protokollbuch III
S. 158); das Protokollbuch IV trägt außer dem Titel liber causarum am
Anfang die allgemeine Überschrift „acta diurna“.

entfprechend den Sekretären Gewiffenhaftigkeit und deutliche
Schrift bei den Eintragungen zur Pflicht.[1]

An dem Finanzwesen des Kontors waren die Sekretäre nicht
immer gleichmäßig beteiligt. Während zeitweise, in den sechziger
Jahren, der jeweilige Sekretär das Hauptkaffenbuch geführt hatte,[2]
hört dies mit dem Einzug in das neue Haus auf.[3] Der Anteil der
Sekretäre am Kaffenwesen beschränkt sich seitdem hauptsächlich auf
die ihnen neben den Alterleuten zustehende Befugnis, in Abwesenheit der Schoßmeister von den abreisenden Kaufleuten den Schoß
einzunehmen.[4] Von dem gesammelten Vorrat und aus eigenen
Mitteln machten sie für die Zwecke des Sekretariats und des Kontors
ohne weiteres kleinere und wohl auf besondere Anordnung für
Reisen und dergl. auch größere Ausgaben,[5] über die sie dann
ebenso wie über ihre Einnahmen dem Kaufmannsrat Rechnung
abzulegen hatten.[6] Inwieweit die Sekretäre bei den großen
Kontorabrechnungen gegenüber den Hansestädten, auf die wir noch
später zurückkommen, mitgewirkt haben, ist für diese Periode nicht
zu erkennen. Auch der offenbar größere Anteil, den dann die
Statuten von 1578 ihnen dabei zuweisen,[7] bleibt unbestimmt und
läßt Schlüsse auf die vorhergehende Zeit nicht zu. Zu den
Pflichten der Sekretäre gehörte ferner wie in Brügge[8] eine Reihe
formaler Dienstleistungen. Sie hatten den Kaufmannsrat wie auch
die Gemeinde zu den Versammlungen zu entbieten,[9] bei Eides-
leistungen die Schwurformel vorzulesen,[10] Bescheide des Kaufmannsrats an einzelne Kaufleute zu übermitteln;[11] im Kontorgericht vertraten sie die Stelle eines Büttels oder Frohnen, indem

---

[1] Bei Marquard II S. 311.
[2] Offiziell damit beauftragt wurde er allerdings erst im Mai 1567 (Bl. 134
des Rechenbuchs, Hanse IV 34).
[3] Vgl. weiter unten beim Abschnitt über das Finanzwesen.
[4] Vgl. S. 60.
[5] Lose Rechnungen St. A. Köln, Hanse IV unter 42 ff; ebenda III E VI 29;
vgl. K. J. I n. 3753, II n. 245, 349, 1648, 2090.
[6] Diese Abrechnungen sollten nach den Statuten von 1569 (Bl. 4) jährlich am 1. März aufgestellt und in der ersten Ratssitzung danach vorgelegt
werden; doch sind den entgegen die (St. A. Köln, Hanse IV unter 42, 43) erhaltenen meist vom Schluß des Jahres datiert. — Eine Abrechnung nach Be-
endigung einer längeren Reise K. J. II n. 245, ähnlich n. 666.
[7] Bei Marquard II S. 316; dazu K. J. II S. 586.
[8] Darüber Stein S. 76.
[9] Z. B. St. A. Köln, Hanse III A XCVI unter 22; Protokollbücher II
S. 246, 352 u. öfter, III Bl. 85, 86 u. öfter; Statuten von 1569 Bl. 1b f.
[10] Protokollbuch I Bl. 149 (147)b, 194 (192); Statuten von 1569 Bl. 1b f.
[11] Protokollbuch II S. 134, 139, 471; Protokollbuch III S. 87, 101 u. öfter

sie die Angeklagten vorluden,[1] Verhängung von ‚Arreſten‘ über Güter und Perſonen ausführten,[2] die verwirkten Geldbußen ankündigten bezw. einzogen[3]) und Zwangsvollſtreckungen in die Wege leiteten.[4])

Erſcheinen in den bisher beſchriebenen Verrichtungen die Sekretäre als Beamte des ganzen Kaufmannsrats, ſo gelten ſie daneben noch im beſonderen als Diener oder Gehülfen der Alterleute, von denen ſie, wie die Statuten von 1569 ausdrücklich beſagen, ihre Anweiſungen empfangen, denen ſie in ihrem Amt Beiſtand zu leiſten und bei Strafe unbedingt zu gehorchen haben.[5]) Die Alterleute ſind ſatzungsmäßig berechtigt, nachläſſige Sekretäre aus eigener Machtvollkommenheit zu entlaſſen.[6]) Vor allem unterſtützten die Sekretäre die Alterleute in ihrer diplomatiſchen Arbeit für das Kontor. Mit den Alterleuten gemeinſam unternehmen ſie Geſandtſchaften und Reiſen, verteidigen die hanſiſchen Privilegien und verhandeln mit den Behörden.[7]) Auch wo ſie in ſolchen Fällen allein tätig ſind,[8]) kann man ſie gewiſſermaßen als Stellvertreter der Alterleute anſehen. Kleinere Aufträge dieſer Art pflegte man faſt ohne Ausnahme den Sekretären allein zu überlaſſen. Nur kurz berührt zu werden braucht endlich die Tätigkeit der Sekretäre für einzelne Kaufleute. Als mit Wort und Feder vertraute Leute wurden ſie gern für Privatgeſchäfte, z. B. in Rechtsſachen und zur Beitreibung von Außenſtänden in Anſpruch genommen.[9]) Ob ſie zur Übernahme ſolcher Leiſtungen von Amts wegen verpflichtet waren oder ob es ſich dabei um private Dienſte handelt, iſt nach den Quellen nicht zu entſcheiden.

Die Sekretäre ſtanden nach alledem, obwohl rechtlich bloße Untergebene des Kontors, im Vordergrund der Kontorleitung und erfreuten ſich ohne Zweifel eines großen Anſehens. Die Statuten

[1]) St. A. Köln, Hanſe III A XCI 39; Protokollbücher II S. 144, 192 u. öfter, III Bl. 1, 2 u. öfter; Statuten von 1569 Bl. 6 b.

[2]) St. A. Köln, Hanſe III A XCIII 1; Protokollbücher II S. 125, 191, 197 u. öfter, III Bl. 13 b, 43 b u. öfter; Statuten von 1569 Bl. 4, 5 b. — Zur Sache vgl. den Abſchnitt über das Kontorgericht.

[3]) Protokollbücher II S. 128, III Bl. 37 b, 43 b u. öfter. Ebenſo nach den Statuten von 1578 (bei Marquard II S. 311).

[4]) Protokollbuch III S. 188, 191 u. öfter; vgl. K. J. II n. 585/6, 655.

[5]) Statuten von 1569 Bl. 4; vgl. auch ihren Eid, ebenda.

[6]) Ebenda.

[7]) Protokollbücher II S. 224, III S. 244, 282; K. J. I Anh. S. 568, vorn n. 2862, 3547, II n. 95. 245, 453, 1967.

[8]) Z. B. Protokollbuch III S. 243 ff; K. J. I n. 2304, 2660, 2967, 3725, II n. 642, 660, 1253, 1538/9, Anh. n. 2*, 6* u. öfter.

[9]) Z. B. K. J. I n. 3541, 3673, 3712, 3746, II n. 1, 400 u. öfter; Protokollbuch III S. 91.

von 1578 schützen sie in der gleichen Weise wie die Kontorvor=
steher durch Androhung von Geldstrafen gegen Ehrenkränkung
und Schmähungen von seiten der Kaufleute.[1]) Ebendort wird
ihnen ein gewisses Aufsichtsrecht über die Hausgenossen, z. B.
während der Mahlzeiten, zugewiesen. — Im Vergleich zu den
Sekretären treten erklärlicherweise die übrigen Angestellten des
Kontors in den Akten sehr zurück. Im neuen Osterschen Hause
sorgte für die Beköstigung der Bewohner unter Aufsicht der Haus=
meister ein verheirateter ‚Koncierge‘, der mit seiner Familie gegen
freien Unterhalt die Speisen zubereitete und bei Tisch aufwartete[2]).
Anfangs versah diesen Posten einer der Häuslinge, der zu diesem
Zwecke auf dem Großen Hause Wohnung nahm,[3]) nach seinem
baldigen Tode[4]) ein Antwerpener Bürger[5]). Die Bewahrung und
Ausgabe der Getränke war Sache der sogenannten ‚Kellerknechte‘
oder ‚Spenser‘.[6]) Der Koncierge, neben ihm auch die Keller=
knechte, besorgten den Einkauf der nötigen Vorräte, waren andrer=
seits auch an der Einziehung der Kostgelder beteiligt, indem sie
über die Tischgäste Buch führten, im Auftrage der Hausmeister
die regelmäßigen Rechnungen (‚Kost=‘ oder ‚Monatszettel‘[7]) ver=
teilten und die Beträge einsammelten. Den Hausmeistern waren
sie dann auch über ihre Einnahmen und Ausgaben zur Abrechnung
verpflichtet.[8]) — Das System dieser ‚Haushaltung‘ erfuhr 1579
eine Änderung. Da die Eigenwirtschaft des Kontors dabei
mehrere Jahre hintereinander zu Unterschüssen geführt hatte, trennte
man nach verschiedenen Besserungsversuchen die Bespeisung der
auf dem Hause Wohnenden gänzlich von der übrigen Kontor=
verwaltung ab und übertrug sie Häuslingen und anderen Leuten,

---

[1]) Bei Marquard II S. 322.
[2]) St. A. Köln, Hanse III A LXXXIX 56; Protokollbuch III S. 23 f, 241 f,
255; Statuten von 1578 (bei Marquard II S. 312).
[3]) Protokollbuch III S. 23 f.
[4]) Seiner Witwe wurde eine Jahresrente ausgesetzt, K. J. I n. 3540;
dazu ihre Quittungen K. J. II n. 2, 154, 273 u. öfter.
[5]) Der Tuchbereiter Anton Milich, St. A. Köln, Hanse III A LXXXIX
56; Protokollbuch III S. 241 f, 255; erwähnt K. J I n. 3590 (unzutreffend als
‚Hausverwalter‘), 3659 (als ‚Wirt‘).
[6]) St. A. Köln, Hanse III A LXXXIX 35, Protokollbuch III Bl. 24, 27;
Statuten von 1578 (bei Marquard II S. 312). — ‚Spenser‘ mit offenbar den=
selben oder ähnlichen Funktionen gab es auch auf dem Stahlhof, vgl. Hans.
U. B. IX n. 439 § 6; Marquard II S. 224.
[7]) Z. B. St. A. Köln, Hanse IV 36 S. 176; Abrechnung des Hausmeisters
Bergen für 1576, ebenda IV unter 44.
[8]) Lose Rechnungen St. A. Köln, Hanse IV 42—44; Rechnungsbücher
ebenda z. B. IV unter 36; Statuten von 1569 Al. 3 b, auch 12 b; ebenso
Statuten von 1578 (bei Marquard II S. 312).

die sich dazu bereit fanden, als selbständigen Erwerbszweig.[1] Die
seitdem vorkommenden Konciergen[2] sind daher nicht mehr wie
bisher Wirtschafter im Dienste des Kontors, sondern Wirte auf
eigene Rechnung, allerdings an bestimmte Preise gebunden und
genötigt, von ihrem Verdienst einen festgesetzten Anteil an die Kontor=
kasse abzuführen.[3] Das sonstige Haus= und Küchengesinde auf dem
Großen Osterschen Hause ist für die Verwaltung des Kontors von
keiner Bedeutung. Gelegentlich erwähnt werden ein Pförtner,[4]
ein Haus= und ein Stallknecht,[5] Stuben= und Küchenmägde,[6]
die außer freiem Unterhalt einen geringen Jahrlohn erhielten.[7]
Sie entstammten, wie auch das Beispiel des zweiten Konciergen
annehmen läßt, wohl meist der Einwohnerschaft Antwerpens.
Sicher ist dies für die beiden Gruppen von Bediensteten, die das
Kontor außerhalb des Osterschen Hauses beschäftigte. Wie in
Brügge[8] vermittelten Boten oder Läufer den Brief= und zum
Teil auch den Geld= und Warenverkehr der Genossenschaft.[9]
Das Kontor nahm sie im Einverständnis mit der Stadtver=
waltung aus der Antwerpener Bürgerschaft[10] und verlieh ihnen
zum Gebrauch auf den Reisen eine ‚Botenbüchse‘[11]. Offenbar
wurden sie vereidigt und mußten eine Bürgschaft oder eine Kau=
tion stellen.[12] Ob sie zugleich im Dienst der Stadt Antwerpen
tätig waren, was aus deren Beteiligung an ihrer Anstellung zu
vermuten wäre, muß bei dem Fehlen weiterer Nachrichten dahin=
gestellt bleiben.

---

[1] St. A. Köln, Hanse III E XI 1 = K. J. II n. 1423.

[2] Z. B. St. A. Köln, Hanse III A CXLII 26, E XI 23, IV 40 S. 87 u. öfter;
Protokollbuch IV z. B. unter 14. Juli 1587; K. J. II n. 2087, 2822, 2695.

[3] Hierher gehört K. J. II n. 2143; vgl. ferner Protokollbücher IV unter
14. Juli 1587, V unter 16. März 1591; Abrechnungen der Hausmeister Vol=
greve (St. A. Köln, Hanse III A CLIV 29) und tho Westen (ebd. IV unter 45);
auch „General Bericht des empfangs und außgaben" (ebd. zum Jahre 1593).

[4] St. A. Köln, Hanse IV 36 S. 39; Protokollbuch III Bl. 38; ebenso in
den Statuten von 1578 (bei Marquard II S. 321).

[5] St. A. Köln, Hanse III E XI 17; ebenda Hanse IV unter 36, 43, 44;
K. J. II n. 721. — Ein Pferdestall wurde am Anfang der siebziger Jahre im
Keller des Hauses eingerichtet.

[6] St. A. Köln, Hanse III E XI 17; ebenda Hanse IV 27 Bl. 128 b; ebenda
IV unter 36; Statuten von 1578 (bei Marquard II S. 309).

[7] St. A. Köln, Hanse IV 36 S. 208, 218 u. öfter, IV 39 VIII. 39.

[8] Stein S. 77.

[9] K. J. II n. 111, 406; St. A. Köln, Hanse IV 27 Bl. 305; Protokoll=
buch III S. 160, 164 u. öfter.

[10] St. A. Köln, Hanse IV 27 Bl. 206 f = K. J. II n. 1756; dazu K. J. II
n. 588.

[11] K. J. II n. 538, 562; Protokollbuch III S. 160, 164 u. öfter.

[12] St. A. Köln, Hanse IV 27 Bl. 206 f; K. J. II n. 538, 562.

Von eigentümlichem Interesse, weil auf den andern hansischen
Kontoren ohne Entsprechung,[1] ist die zweite der oben erwähnten
Gruppen, die eigenen Arbeiter der hansischen Nation. In Antwerpen handelt es sich dabei um eine schon in den Privilegien
von 1315 und 1409 erwähnte, also althergebrachte Einrichtung.[2]
Nach der langjährigen Herberge hansischer Kaufleute wurden diese
Arbeiter im 16. Jahrhundert die ‚Moriansknechte‘ oder ‚Morianskinder‘ genannt.[3] Um keinem Stadtfremden ihren gewiß nicht
unbeträchtlichen Verdienst zukommen zu lassen, hatte der Antwerpener Rat mit dem Kontor vereinbart, daß es nur solche
Leute, die das Bürgerrecht in der Stadt besäßen, zu Arbeitern
annehmen solle. Andrerseits durfte es sie vereidigen[4] und ihnen
für ihre Tätigkeit genaue Vorschriften geben.[5] Ihr Eid[6] ver-
pflichtete sie zu alleinigem Dienst für die hansischen Kaufleute;
dafür waren diese gehalten, ausschließlich ihnen die Verladung
und Beförderung ihrer Güter am Hafen und in der Stadt zu
übertragen.[7] Die Morianskinder bildeten eine eigene Körperschaft
mit einem Oberhaupt, dem sogenannten ‚Moriansklerk‘, den ihnen
das Kontor aus ihrer Mitte setzte, um die Aufträge der hansischen
Kaufleute entgegenzunehmen, über die Arbeiten Buch zu führen
und den Verdienst zu verteilen.[8] Er schwor hierfür dem Kontor
einen besonderen Eid.[9] Außer zur Warenbeförderung wurden
die Arbeiter auch zu anderen kleineren Diensten, Botengängen,

---

[1] jedenfalls bisher für keines von ihnen nachgewiesen. Möglich ist, daß
die im K. J. II n. 321/2 und 377 vorkommenden Lastträger des Stahlhofs in
ähnlicher Weise organisiert waren.

[2] Es war „von alters alzo gwest, dat se er egenen gesworen ar-
beider hedden“, Protokollbuch I Bl. 242 (240).

[3] Genauer unterrichtet sind wir über sie nur aus dem Protokollbuch I;
doch deutet von den späteren Erwähnungen keine auf eine Veränderung ihrer
Stellung, z. B. Protokollbücher II S. 41, 103, 303, III Bl. 36b; St. A. Köln,
Hanse III A C 27; ebenda Hanse IV unter 36; Statuten von 1578 (bei Marquard II S. 321 f), N. J. n. 318; K. J. I n. 3604, II n. 1468, 1814/5.

[4] Protokollbücher I Bl. 149 (147)b, 194 (192), II S. 103, 303.

[5] 1556 wird eine ins einzelne gehende Dienstanweisung für sie aufgestellt: „Informatie, eede und plichte der Natie arbeidere genoempt de
Morianskinder“, Protokollbuch I Bl. 236 (234).

[6] Protokollbuch I Bl. 40b und (mit geringen Abweichungen) Bl. 235 (233).

[7] Protokollbuch I Bl. 70 (69) u. öfter; ebenso in den Statuten von 1578
(bei Marquard II S. 322).

[8] Protokollbücher I Bl. 228 (226), II S. 41, III Bl. 36b. — Auch der „Klerk
im Morian“ im K. J. I n. 2927 ist kein anderer als ebendieser „Moriansklerk“, vgl. Protokollbuch I S. 145.

[9] Protokollbücher I Bl. 228 (226), II S. 145. — Die Eidesformel im Protokollbuch I Bl. 23. (232).

Beerdigungen, Reinigungsarbeiten usw. verwendet,[1]) ihr Klerk insbesondere bei Abwesenheit des Sekretärs im Gerichtsdienst des Kontors.[2])

Zu den Angestellten des Antwerpener Kontors gehörte endlich noch der Kastellan, der die hansischen Häuser in Brügge gegen freie Wohnung auf dem dortigen großen Hause und ein geringes Jahrgehalt vermietete und beaufsichtigte und für die nötigen Ausbesserungen sorgte. Erwähnt wird dieser Posten in den Kontorakten außer bei Notwendigkeit einer Neubesetzung[3]) auch sonst gelegentlich[4]), hauptsächlich im Zusammenhang mit der Übersendung der Abrechnungen.[5])

3. Das Finanzwesen: Einnahmen und Ausgaben; Rechnungsführung.

Ein wichtiger Zweig in der Selbstverwaltung der hansischen Niederlassungen war das ihnen unentbehrliche eigene Finanzwesen. Über seine Handhabung sind wir für das Antwerpener Kontor dank der Erhaltung der hauptsächlichsten Rechenbücher und eines großen Teils anderer damit zusammenhängender Zeugnisse gut unterrichtet.[6]) Wir behandeln im folgenden gesondert die Einnahmen und Ausgaben, sodann die Kassen- und Rechnungsführung.

Unter den Einnahmen stand der Schoß an erster Stelle. Er wurde in der auf den hansischen Kontoren üblichen Weise von den das Land besuchenden Kaufleuten nach dem Verhältnis ihres Umsatzes erhoben, gleichsam als ein Entgelt für die Vorteile aus Schutz und Privilegien des Kontors und zugleich wiederum als ein Beitrag zu dessen Unterhaltung. In Brügge war der Schoß

---

[1]) Z. B. St. A. Köln, Hanse III A CXLIII 29; Protokollbücher II S. 140, III S. 78 f, 251; K. J. I n. 2517.
[2]) Z. B. St. A. Köln, Hanse III A XXXII 1, E IV 5, XI 12; Protokollbücher I Bl. 300 (304), II S. 192, 218, 426.
[3]) K. J. II n. 576, 635.
[4]) Ebenda n. 419, 537, 559, 1135, 1171.
[5]) Protokollbuch I Bl. 206 (204)b; St. A. Köln, Hanse IV unter 42 ff; K. J. II n. 402, 419, 560. — Den S. 12 Anm. 3 Genannten folgte im Kastellansamte August Rüdinger (bis 1574, vgl. K. J. II n. 559 f), seit 1575 die Familie Haberecht, K. J. II n. 635, 1483. Eins ihrer Mitglieder, Hans Haberecht, war vorübergehend Koncierge auf dem großen Österschen Hause in Antwerpen, vgl. K. J. II n. 175.), 2087.
[6]) Ein geordnetes Finanzwesen mit Kassen- und Buchführung war natürlich nicht erst eine Errungenschaft des Antwerpener Kontors, sondern bestand schon in Brügge und auf den andern großen Kontoren, vgl. Stein S. 80 ff, 104 f; Daenell II S. 395 Anm. 4; Hans. U. B. IX S. XVI, n. 439 f, 540, 590, 638 f; K. J. z. B. I n. 874, 2961 u. öfter, II n. 143.

nicht immer in gleicher Höhe und gleichem Umfang gefordert worden.[1]) Bei der Wiederaufrichtung des Schoßbriefs für das Antwerpener Kontor handelte es sich nun darum, ob man die Erhebung auf den Ort der Residenz beschränken oder, wie es mit Rücksicht auf die zunehmende Dezentralisation des Handels schon um die Mitte des 15. Jahrhunderts für das Brügger Kontor geschehen war[2]), auf ein größeres Gebiet ausdehnen wollte.[3]) Eine weitere Frage war, ob man unter den neuen Verhältnissen auch die sogenannten ‚Ventewaren'[4]) mit Schoß belegen sollte, d. h. die Güter, die, wie früher vom Brügger Stapelzwang, so noch jetzt von dem Verbot außenhansischer Faktorei ausgenommen waren.[5]) Der Schoßbrief von 1554 selbst schlug (im Anschluß an einen früheren von 1540[6])) einen Mittel= weg ein: Die Erhebung sollte nur für den westlich der Maas betriebenen Handel gelten, und zwar blieb dabei ein Teil der alten Ventewaren, nämlich Korn, Bier und Wein, dazu Heringe, schoßfrei.[7]) Nichtsdestoweniger, offenbar über die Beschlüsse falsch berichtet, bestellte das Kontor im Juli 1557 auch in Amsterdam Schoßeinnehmer,[8]) erhielt aber durch den bald darauf statt= findenden Hansetag desselben Jahres auf seine Anfrage die nötigen Anweisungen[9]) und verfuhr in der Folgezeit nach den oben beschriebenen Bestimmungen.[10]) Diese liefen allerdings, da west= lich der Maas Antwerpen der vor allem in Betracht kommende

---

[1]) Stein S. 83 ff; Daenell II S. 67 ff, dazu 138 f, 401 u. 402 Anm. 1 u. 2.
[2]) Daenell I S. 397, II S. 66 ff.
[3]) Hierzu und zum Nächsten K. J. I S. 874.
[4]) vom franz. vendre.
[5]) Darüber Rogge a. a. O. (f. S. 30 Anm. 4) S. 18 ff.
[6]) St. A. Köln, Hanse III A VII 2.
[7]) Das Original des Schoßbriefs jetzt in der Lübecker Trese als Batavica n. 239; Abschriften: St. A. Köln, Hanse III A XXV 22—26; Sartorius III S. 274; K. J. I S. 396, 424, 434; f. dazu Anm. 10.
[8]) S. S. 58 mit Anm. 9.
[9]) St. A. Köln, Hanse III A XXXV 24 = K. J. I n. 1528, ferner ebenda S. 434, 439.
[10]) Protokollbuch I Bl. 292 (295). — Nicht ganz zweifelsfrei bleibt der Punkt der Ventewaren. Der Hansetag von 1555 gestand den Danzigern über die Be= stimmungen des Schoßbriefs hinaus die Schoßfreiheit auch für die früheren Ventewaren Pech, Teer, Asche und Holz zu (K. J. I S. 396); andrerseits scheint es nach den Erklärungen auf der Tagfahrt von 1557, als ob man damals sämtliche Ventewaren wieder in die Schoßzahlung einzubeziehen gedachte (K. J. I S. 434). Indessen deuten Zeugnisse aus dem Kontor (Protokollbuch I Bl. 286 (288) b, 292 (295)) darauf hin, daß man jedenfalls in der Praxis (dem Wortlaut des Schoßbriefs gemäß) davon Abstand nahm. Ebenso sprechen dafür die Festsetzungen in den Statuten von 1578, welche die Be= stimmungen des Schoßbriefs ohne weiteres als maßgebend ansehen und bestätigen (bei Marquard II S. 313).

Umschlagsplatz war, auf eine Schoßerhebung allein von den
dortigen Kaufleuten hinaus.[1] Eine Ausnahme bildet das Jahr
1574, wo das Kontor bei vorübergehender Wiederaufnahme des
Handels nach Brügge auch dorther Schoß bezog.[2]

Der Schoß wurde in der bereits früher[3] behandelten Weise
eingezogen. Er galt für die verkauften sowie für die neu ein=
gehandelten Waren, außerdem für Geldüberweisungen im Wechsel=
verkehr.[4] Seine Höhe betrug wie in Brügge im vorhergehenden
Jahrhundert[5] 1 Groten von jedem Pfund Groten (also $1/_{240}$[6]
des Wertes[7]), woraus sich auch seine oft vorkommende Bezeich=
nung als Pfundgeld erklärt.[8] Trotz dieses geringen Prozent=
satzes warf der Schoß dem Kontor jährlich mehrere 100 Pfd. ab,
in guten Jahren (1559 und 60) bis und über 1000 Pfd.,[9] ein
Beweis für die Stärke des hansischen Handels in Antwerpen.
Es ist klar, daß das Kontor das größte Interesse daran haben
mußte, diese Hauptgeldquelle nicht versiegen zu lassen.

Dennoch war das Kontor seit dem Besitz des großen Hauses
in Antwerpen nicht in demselben Maße wie früher in Brügge
auf den Schoß angewiesen. Nicht viel dahinter zurück standen
die Einnahmen, die es aus der Vermietung der zahlreichen
Räumlichkeiten erzielen konnte. Die Mieten waren je nach
Größe und Lage der Räume abgestuft.[10] Im Durchschnitt zahlte

---

[1] Vgl. auch R. J. II S. 971, wo es heißt „im Westen der Maas" und
als nähere Bestimmung hinzugefügt wird: „in loco residentiae", (entsprechend
ebb. S. 952 bei Art. 4).

[2] Vgl. S. 58 Anm. 10.

[3] Beim Abschnitt über die Schoßmeister, s. S. 58 ff.

[4] R. J. I S. 396, 434; Protokollbuch III S. 217, 220, 260. — Bloß Durch=
fuhrwaren und weitergehende Geldwechsel blieben frei. R. J. ebenda.

[5] Sartorius II S. 532.

[6] 1 flämisches Pfund (Pfund Grote, libra grossorum) enthielt 20 Schil=
linge zu je 12 Groten (gr.) oder Pfenningen. Daneben rechnete man in den
Niederlanden nach Karlsgulden (Gl., fl.), von denen 6 auf ein fläm. Pfund
gingen und die wieder je 20 Stüver enthielten. — 1 Pfd. war gleich 4 Lübischen
Talern (also 1 Gl. = $2/_3$ Lüb. Taler); 1 Goldgulden hatte 28 Stüver; 42 Stüver
entsprachen damals einem Reichstaler.

[7] Protokollbuch I Bl. 282 (284); oft St. A. Köln, Hanse IV unter 36;
R. J. I S. 570, II n. 177, 2182, S. 761 unter 3; dazu die nächste Anmerkung.

[8] „daß alt gewonlich Pfundgelt, einen d (= gr.) vom Pfund, Schoß
genandt", St. A. Köln, Hanse III E XII 23 f; ferner besonders ebenda
Hanse III A CXIX 30; vgl. auch R. J. I n. 2643, 2763, II n. 2182; — übrigens
nicht zu verwechseln mit einem Pfundgeld, das die Stadt Antwerpen erhob,
vgl. z. B. R. J. I n. 761, 9 4, 3663, 3680.

[9] St. A. Köln, Hanse IV unter 34; vgl. R. J. II S. 379.

[10] Die bei den Veranschlagungen St. A. Köln, Hanse III A LXXXIV 30
und R. J. II S. 503 (unter 4. Juni) angenommenen Einheitspreise entsprechen
nicht den tatsächlichen Verhältnissen.

man monatlich für ein Packhaus 4—5 Gl., für einen Keller oder
eine Kammer 2—4 Gl.[1]) Das gesamte „Einkommen des Hauses"[2])
war danach bei Benutzung aller Räume auf rund 750 Pfd. jährlich zu veranschlagen.[3]) Die tatsächlichen Einnahmen haben allerdings diese Höhe nie erreicht, sondern blieben von vornherein
etwa um die Hälfte dahinter zurück,[4]) da das Kontor für den
größten Teil seiner Wohnkammern keine Mieter finden konnte.
— Abgesehen von seinem Großen Haus bezog aber das Kontor
seit dem Ende der fünfziger Jahre Miete auch aus dem Kleinen
Osterschen Hause, das gegen jährlich 400, zeitweise 600 Gl. an
Häuslinge überlassen wurde.[5]) Dagegen brachten die baufälligen
und fortwährend reparaturbedürftigen Häuser in Brügge von
ihren ohnehin geringen Erträgen dem Kontor so gut wie keine
Überschüsse.[6])

Zu den Mieteeinkünften kann man in gewissem Sinne auch
die später noch genauer zu behandelnde[7]) sogenannte ‚Zulage‘
rechnen, freiwillige, geregelte Beiträge, die die Häuslinge zur Ab-
lösung des auch auf sie ausgedehnten Benutzungszwangs des
Großen Osterschen Hauses zahlten.[8]) Sie beliefen sich anfangs
auf rund 60, später 80 Pfd. jährlich.[9])

---

[1]) Hausordnung und Statuten von 1569; ferner nach St. A. Köln,
Hanse IV 36 und den Mietequittungen ebd. Hanse IV unter 27, im K. J. z. B.
II n. 444, 449 u. öfter. — Ungenau spricht Ennen, Hans. Gbll. 1873 S. 57,
von „täglicher Zimmermiete". Es handelt sich dabei nur um die vorübergehend anwesenden Kaufleute, die 1 Stüver ‚Schlafgeld‘ für jede Nacht entrichten mußten (Statuten von 1569 Bl. 12). Die Mieten wurden im übrigen
monatlich oder auch jährlich gezahlt.

[2]) So meist in den Rechnungsbüchern, ferner K. J. II Anh. n. 96*.

[3]) Die auf S. 76 Anm. 10 erwähnten Aufstellungen geben die (offenbar
absichtlich) zu reichlich bemessene Summe von 930 Pfd. an.

[4]) Die Rechnungslisten St. A. Köln, Hanse IV unter 36 und 43 ver-
zeichnen für die erste Hälfte der siebziger Jahre einen Mietertrag von durchschnittlich 350—400 Pfd.

[5]) St. A. Köln, Hanse III A XXXV 24; ebd. Hanse IV 34 Bl. 112 b u. öfter;
Protokollbücher II S. 55, 84, III Bl. 21; vgl. z. B. auch K. J. I n. 2727, 2908.
— Ausgenommen von der Vermietung blieben dabei bis zum Einzug in das
neue Haus die Kammer für den Sekretär und der Versammlungssaal.
Protokollbuch II S. 55, 84.

[6]) Die Miete aus den sieben kleineren Häusern betrug z. B. 1574 im ganzen
nur 16 Pfd. 2 Sch. Davon blieben dem Kontor nach Abzug der Ausbesserungs-
kosten, der Vergütung für den Kastellan und einiger auf den Häusern lastenden
Renten kaum wenige Gulden. St. A. Köln, Hanse III E VII 36. Nicht günstiger
schließen alle andern Jahre ab, vgl. die Rechnungen des Brügger Kastellans
ebenda Hanse IV 35 Bl. 57, IV 36 S. 101, IV 40 S. 16 f u. öfter, und IV unter
42 ff; vgl. Ennen, Hans. Gbll. 1873 S. 45.

[7]) S. 3. Kapitel.

[8]) St. A. Köln, Hanse IV 36 S. 20; K. J. II n. 432, 1032/3, 1213 u. öfter.

[9]) St. A. Köln, Hanse IV 36 S. 63, 145, 163 u. öfter.

Außer der Vermietung war dem Kontor mit der Beköstigung der Hausbewohner, der sogenannten ‚Haushaltung‘[1]), die Möglichkeit nicht unerheblicher Einnahmen gegeben. Das Kostgeld für zwei tägliche Mahlzeiten betrug anfangs 6, später 7 Stüver (für die ‚Jungen‘[2]) die Hälfte); für 1 Stüver wurde ein bestimmtes Quantum Bier dazu geliefert; ein Frühstück von den Resten des vorigen Tages kostete 1 Stüver.[3]) Die Getränke mußten besonders bezahlt werden, desgleichen alle außerhalb der gemeinsamen Essenszeit geforderten Speisen.[4]) Der Gewinn für das Kontor entsprach anfänglich den darauf gesetzten Hoffnungen[5]); er betrug allein auf Getränke jährlich gegen 100 Pfd.[6]) Indessen nahm er bald ab, und in der Mitte der siebziger Jahre stellten sich sogar, wie schon früher berührt[7]), Unterschüsse heraus.[8]) Die daraufhin erfolgende Neuregelung[9]) bewahrte das Kontor vor weiteren Verlusten und verhalf ihm daneben zu einem prozentmäßigen Anteil an den Bezügen des neu eingesetzten, selbständigen Konciergen.

Von untergeordneter Bedeutung für die Kontorkasse waren die Bußgelder. Fehlte ihnen schon an sich der Charakter einer regelmäßigen Einnahmequelle, so machten sie in der Praxis nur einen verschwindenden Teil der Einkünfte aus, da man bei ihrer Einziehung große Nachsicht walten ließ.[10])

Den Einnahmen standen mannigfache Ausgaben gegenüber. Sie waren teils der Art, wie sie der Betrieb eines hansischen Kontors überhaupt erforderte,[11]) teils wurden sie durch die besonderen Verhältnisse des Antwerpener Kontors bedingt. Laufende Ausgaben waren die Gehälter für die Sekretäre und die übrige

---

[1]) So immer in den Rechnungsbüchern, ferner z. B. K. J. II S. 521.

[2]) S. S. 46.

[3]) Hausordnung (Bl. 6) und Statuten von 1569 (Bl. 12 b); Ennen, Hans. Gbll. 1873 S. 56 f.

[4]) Statuten von 1569 Bl. 12.

[5]) St. A. Köln, Hanse III A LXXXIV 30.

[6]) Ebenda III A CXLI 6; ferner ebb. Hanse IV unter 39.

[7]) S. S. 71.

[8]) Zur Deckung mußte man die Mieteeinnahmen heranziehen, St. A. Köln, Hanse IV 39 V. S. 42, 44.

[9]) S. S. 71 f.

[10]) Näheres beim Abschnitt über das Kontorgericht.

[11]) Vgl. Stein S. 81 f (über das Brügger Kontor), Schulz S. 187 (über das Londoner), Riesenkampf a. a. O. (s. S. 36 Anm. 1) S. 43 (über das Nowgoroder).

Dienerſchaft, Rentenzahlungen, Botengelder und dergl.[1]) Eine faſt ſtändige Belaſtung der Kaſſen bildete daneben der Aufwand, den das Kontor zu Repräſentationszwecken machen mußte. Ge- legenheiten, ſich an allgemeinen feſtlichen Veranſtaltungen in der Stadt zu beteiligen,[2]) hochgeſtellte oder um hanſiſche Angelegen- heiten wohlverdiente Perſonen mit Ehrengaben zu bedenken und vor allem Gäſte zu bewirten, boten ſich genug und durften vom Kontor im eigenen Intereſſe nicht unbenutzt gelaſſen werden.[3]) Weit mehr noch fielen allerdings die mit Reiſen und Geſandt- ſchaften verknüpften Koſten ins Gewicht. Die Beſendung der Hanſetage oder einzelner Bundesſtädte, ebenſo die in den unruhigen Zeiten oft nötigen Reiſen im Gebiet der Niederlande zur Wahrung von Rechten und Sicherheit der hanſiſchen Kaufleute verſchlangen beträchtliche Summen. Dazu kam, daß das Kontor ſeit Anfang der ſiebziger Jahre dauernd mit Prozeſſen zu ſchaffen hatte; ihre Koſten nahmen einen ſolchen Umfang an, daß man im Bilanz- buch ein beſonderes Konto dafür einrichtete. — Der Beſitz der eigenen Häuſer brachte mancherlei Ausgaben mit ſich. Die Innen- einrichtung des Großen Öſterſchen Hauſes ſtellte an die Finanz- kraft des Kontors hohe Anforderungen; der Poſten für die In- ſtandhaltung der Gebäude wie des Inventars bedeutete demgegen- über weniger, kehrte aber ſtändig wieder. Daß auch das Be- köſtigungsweſen zeitweiſe, wie wir geſehen haben, auf das Verluſt- konto geſetzt werden mußte, lag allerdings nicht im Sinne des Kontoretats und bewirkte die erwähnte Aufgabe dieſes Wirt- ſchaftszweiges.

Fragen wir bei einer Zuſammenfaſſung des Ganzen nach greif- baren Zahlenwerten, ſo ſtehen dafür die genauen Angaben der Rechnungsbücher und der Abrechnungen auf den Hanſetagen zu Gebote. Sie zeigen, daß die Finanzverhältniſſe des Kontors bis zum Ende der ſechziger Jahre an ſich nicht ungünſtig lagen.

---

[1]) Hierher gehören auch die 100 Taler, die Sudermann auf Anordnung der Hanſeſtädte längere Jahre aus dem Kontor bezog, vgl. K. J. I S. 475 (unter 17. April), vorn n. 3474, 3610, 3622, II S. 347 unter 29., vorn n. 307/8, 599 f, 756.

[2]) So an den beliebten Illumi ationen („Feuern und Triumph“).

[3]) Belegſtellen im einzelnen anzuführen, iſt bei ihrer Fülle hier wie im folgenden überflüſſig. Es ſei allgemein auf die Rechnungsbücher im St. A. Köln, beſonders Hanſe IV 34, 36, 40 verwieſen, ferner auf die loſen Rech- nungen ebd. unter 42 ff und die Zuſammenſtellungen ebd. Hanſe III A CLIV 29, E XI 17, 20 f. Einzelne Beiſpiele aus dem K. J.: I n. 745, 3721, 3747, II n. 81, 280 (‚Schale‘ oder ‚Schalie‘ — Schiefer), 349, 489, 666, 669, Anh. S. 433 unter 6, n. 177 * unter 1.

Eine Zusammenstellung aus dem Jahr 1562 ergibt als Einnahme der letzten fünf Jahre die Summe von

$$2984 \text{ Pfd. } 15 \text{ Sch. } 6 \text{ ₰,}$$

als Ausgabe 2802 „ 19 „ 6 „

Überschuß 181 Pfd. 16 Sch.;[1])

für die Zeit von da bis Mitte 1565 betrug die

Einnahme[2]) 2400 Pfd. 16 Sch. 9 ₰,

die Ausgabe nur 1623 „ — „ 9½ „,

sodaß ein Überschuß von 777 Pfd. 15 Sch. 11½ ₰ vorhanden war.[3]) Von 1566—68 wurden

eingenommen 1568 Pfd. 15 Sch. 10 ₰,

ausgegeben 1192 „ 3 „ 7 „

Überschuß 376 Pfd. 12 Sch. 3 ₰.

Wenn seitdem trotz der hinzukommenden Mieterträge des neuen Hauses die Ausgaben in wachsendem Maße die Einnahmen zu übersteigen begannen[4]) und die Finanzverhältnisse immer mehr ins Arge gerieten, so beruht dies auf einem hier noch nicht berücksichtigten Faktor, nämlich der mit dem Hausbau einsetzenden Verschuldung des Kontors. Sie verhinderte, wie wir sehen werden, eine gesunde Fortentwicklung der Finanzen des Kontors und schwächte seine Widerstandskraft gegenüber dem Ansturm äußerer Gefährdungen.

Über die Kassen und ihre Führung bringen die Statuten nur indirekte Nachrichten, indem sie die Abrechnungspflicht der in den verschiedenen Verwaltungszweigen tätigen Personen erwähnen.[5]) Eine Heranziehung dieser Abrechnungen selbst[6]) gibt weiteren Aufschluß. Man kann eine Hauptkasse und mehrere Nebenkassen

---

[1]) K. J. I S. 509.

[2]) Es handelt sich dabei um die reine Einnahme aus Schoß + Miete des kleinen Osterschen Hauses. Die Gelder, die den verschiedenen größeren und kleineren Anleihen für den Hausbau entstammten, sind nicht einbegriffen, ebenso auf der andern Seite nicht die Zahlungen an Antwerpen. Eine Einrechnung der Baugelder erhöhte natürlich beiderseits die Summe ganz bedeutend, vgl. K. J. II S. 386.

[3]) St. A. Köln, Hanse III E IV 5 · ebb. Hanse IV unter 42.

[4]) Einnahme von 1569 bis Mitte 1572:

3238 Pfd. 13 Sch. 8 ₰,

Ausgabe 3878 „ — „ 1 „

Überschuß 639 Pfd. 6 Sch. 9(?) ₰ (K. J. II S. 379).

[5]) Statuten von 1569 Bl. 2—4; ebenso Statuten von 1578 (bei Marquard II S. 315 f).

[6]) Sie sind zum Teil erhalten St. A. Köln, Hanse IV unter 42 ff.

unterscheiden. Letztere entstanden dadurch, daß sich in den Händen der Haus- und der Schoßmeister, auch der Sekretäre, bei ihrer Amtstätigkeit bare Gelder ansammelten. Jeder von ihnen machte dann offenbar ohne weiteres aus seinem Vorrat kleinere, in seinen Geschäftskreis gehörige oder sonst unumgängliche Ausgaben für die Bedürfnisse des Kontors, größere wohl nur mit Wissen oder nach den Anweisungen des Kaufmannsrats.[1]) Die Überschüsse, die sich bei den Rechnungsabschlüssen ergaben, wurden den Alterleuten ausgeliefert und bildeten mit andern Posten zusammen die Hauptkasse.[2]) Hierhinein flossen auch die Zahlungen, welche die Alterleute in Vertretung der Haus- oder Schoßmeister jederzeit entgegenzunehmen berechtigt waren[3]), ferner die Strafgelder und andere nicht aus regelmäßigen Quellen stammenden Eingänge, vor allem die zahlreichen Anleihen, die der Bau des Großen Osterschen Hauses nötig machte.[4]) Über die Hauptkasse hatten die Alterleute augenscheinlich eine weitgehende Verfügungsfreiheit.[5]) Doch waren sie, was schon früher betont worden ist,[6]) ebenso wie die übrigen Verwaltungsbeamten des Kontors dem Kaufmannsrat in seiner Gesamtheit Rechenschaft schuldig.

Über Soll und Haben des Kontors wurde genau Buch geführt. Hatte man sich bis zum Einzug in das neue Haus mit nur einem Hauptrechenbuch begnügt,[7]) in das durch den Sekretär vorn die damals ja hauptsächlich in Schoß bestehenden Einnahmen, weiter hinten die Ausgaben eingetragen wurden,[8]) so veranlaßten die neuen Verhältnisse, in die das Kontor 1569 eintrat, den Übergang zu einem ausgebildeteren Buchungsverfahren.

---

[1]) Die Abrechnungen selbst lassen es im Unklaren, ob in dieser Hinsicht feste Grenzen beobachtet wurden; auch die Statuten und Protokollbücher bieten darüber nichts.

[2]) St. A. Köln, Hanse IV unter 42 ff und nach den Rechnungsbüchern, bes. ebb. IV 36; Protokollbuch III S. 521 f. — Gelegentlich wurden allerdings auch die Endsummen „auf Rechnung einbehalten", d. h. auf die nächste Rechnung übertragen. Lagen Mehrausgaben vor, so wurden sie aus der Hauptkasse erstattet oder durch die nächstfolgenden Einnahmen gedeckt; ebenda.

[3]) Statuten von 1569 Bl. 10 b; inbezug auf den Schoß vgl. S. 60.

[4]) Abrechnungen der Alterleute St. A. Köln, Hanse IV unter 42 ff.

[5]) Vgl. z. B. Ennen, Hans. Gbll. 1873 S. 55; Zeugnisse aus dem K. J. II n. 126, 180.

[6]) S. S. 54 f.

[7]) Daß es das einzige war, beweisen seine Erwähnungen als ‚das Rechenbuch' (Protokollbuch II S. 303) oder ‚das Kontorbuch' (St. A. Köln, Hanse IV unter 42).

[8]) St. A. Köln, Hanse IV 34 = K. J. I n. 1530. Die Bezeichnung als ‚Schoßbuch' deckt sich also nicht mit dem Inhalt und war auch nicht die im Kontor gebräuchliche.

Nach sogenannter italienischer Art[1]) diente ein ‚**Memorial**‘ oder ‚**Journal**‘ zur Anzeichnung der täglichen Rechnungsposten in zeitlicher Aufeinanderfolge und mit genauen Angaben über Ursprung und dergl.[2]) Gleichzeitig stellte man sie in einem ‚**Schuldbuch**‘[3]) nach einzelnen Konten zusammen.[4]) Geschrieben wurden beide Bücher anfänglich von einem der jeweiligen Alter-leute.[5]) Indessen machte man damit gleich bei dem ersten schlechte Erfahrungen[6]) und mußte daraufhin einige Jahre später für längere Zeit einen besonderen Buchführer annehmen, der die bisherigen Bücher abschrieb und in Ordnung brachte,[7]) ein Buch für die Jahresbilanzen anlegte,[8]) und ein neues Journal und Schuldbuch einrichtete.[9]) Nach ihm wurden die Bücher wieder von Kontorangehörigen geführt,[10]) insbesondere wohl von den Hausmeistern.

Außer diesen Gesamtrechenbüchern gab es weitere für die ein-zelnen Abteilungen der Verwaltung. Häufig erwähnt wird das ‚**Küchenbuch**‘,[11]) daneben ein ‚**Kamer, packhauß und Kellerbuch**‘[12]);

---

[1]) „General Bericht des empfangs und außgaben — — —“, St. A. Köln, Hanse IV unter 45 (zum Jahre 1593); K. J. II S. 586.

[2]) St. A. Köln, Hanse IV 38 (für die Jahre 1569—79).

[3]) Nur so bezeichnet, z. B. St. A. Köln, Hanse III A CXLIII 29; ebenda Hanse IV 36 S. 234, IV 40 S. 113; bei Höhlbaum im K. J. I n. 3461 in moderner Weise als ‚Hauptbuch‘.

[4]) St. A. Köln, Hanse IV 37 (ebenfalls für die Jahre 1569—79).

[5]) Z. B. K. J. II S. 586.

[6]) Es war Hans Prätor aus Danzig. Er hatte, wie es heißt, „sein bucher verirret“ und „die rechnungen gar unverständlich gestellet“ (Schr. des Kontors an Lübeck 19. Nov. 1581, St. A. Lüb. A. Fl. Vol. II unter 28). Unter anderm hatte er die Anleihen „so onordentlich zu Buch gestelt wegen des Emphangks und außgabe. das sich auch befindet, die Leuth ir Capitall mit sampt dem Intereße gut gethan ist, ehe den urspronck der schult — — zu Buch gestelt sein“. St. A. Köln, Hanse IV 39 IX. 36. — Seine Amtstätigkeit in dieser und anderer Hinsicht wurde deshalb nachträglich beanstandet. über den daraus entstehenden Prozeß s. im 3. Kapitel.

[7]) Es sind dies im St. A. Köln, Hanse IV 35 und 36 = K. J. I n. 3459 f. — Die von Höhlbaum gewählten Bezeichnungen als ‚Kladde‘ und ‚Reinschrift‘ (ebenda n. 3459 ff) sind nach den obigen Ausführungen unzutreffend.

[8]) St. A. Köln, Hanse IV 39 = K. J. I n. 3463. — Es reicht indessen nur bis zum Jahre 1582; die späteren Bilanzen finden sich auf losen Zetteln St. A. Köln, Hanse IV unter 45.

[9]) St. A. Köln, Hanse IV 40 und 41 (von 1579—90). — Über die Tätig-keit dieses Buchführers s. auch Protokollbuch IV unter 2. Juni 1587.

[10]) Die Handschriften wechseln ab.

[11]) St. A. Köln, Hanse IV unter 42—44; offenbar identisch ist damit das ‚Zettelbuch‘ (ebd. unter 43), nach dem die Rechnungszettel über die Beköstigung ausgestellt wurden, vgl. dazu S. 71.

[12]) Also ein Buch über die Vermietungen; St. A Köln, Hanse IV 36 S. 142, ähnlich S. 224; Protokollbücher III S. 229, IV unter 20. Febr. 1586.

die Statuten von 1578 sprechen auch von besonderen Schoßbüchern,[1]) deren Vorhandensein freilich sonst nirgends bezeugt ist.[2]) Erhalten ist von diesen allen nur eins der oben an zweiter Stelle genannten Vermietungsbücher.[3])

Bevor wir dies Gebiet verlassen, müssen wir noch kurz auf die Kontrolle der Kontorfinanzen durch die Hansestädte eingehen. Die Pflicht der Kontorvorsteher, ihnen von Zeit zu Zeit eine Übersicht über die Verwaltung und den Kassenstand vorzulegen, galt hier wie bei den anderen Kontoren als selbstverständlich. Da es jedoch zunächst keine festen Vorschriften darüber gab, fanden solche Kassenberichte nur gelegentlich, zumeist auf den Hansetagen statt.[4]) Den Städten war es allerdings darum zu tun, einen regelmäßigeren Einblick in die Finanzlage des Kontors zu erhalten.[5]) Sie beschlossen daher 1572, die Rechnungen des Kontors sollten fortan jährlich nach Lübeck eingesandt, von dort den anderen drei Quartierstädten übermittelt werden.[6]) In die damals zur Beratung stehenden neuen Statuten wurde ein entsprechender Artikel aufgenommen.[7]) Dennoch wurde auch weiterhin das frühere Verfahren unverändert beibehalten,[8]) da sich das Kontor den Anordnungen der Städte nicht anbequemte. Ein neuer Beschluß von 1579[9]) blieb gleichfalls wirkungslos;[10]) der Verfall des Kontors ließ ohnehin bald die Schuldenlast die zusammenschrumpfenden Einkünfte derart überwuchern, daß eine Rechnungsablage über letztere überflüssig erschien.[11])

---

[1]) Bei Marquard II S. 314.

[2]) Bei der Erwähnung von Schoßbüchern K. J. II n. 2376 (St. A. Köln, Hanse III A CLI 36) liegt ein Irrtum des Herausgebers vor. Es handelt sich um die oben erwähnten Hauptrechenbücher, die hier mit Hinsicht auf Schoßzahlungen ausgezogen sind. Dagegen findet sich ein Bericht über die Zahlungen der Residierenden an dem Schoßtermin von 1570 im Protokollbuch III S. 201 ff.

[3]) St. A. Lüb. A Fl. Vol. III n. 44. Es beginnt erst mit 1584 und reicht bis 1604, also über die eigentliche Zeit des Kontors hinaus.

[4]) K. J. I S. 509, II S. 379, 386.

[5]) Köln über diesen Punkt: K. J. II S. 343 unter 6.

[6]) K. J. II S. 386.

[7]) Ebenda; Statuten von 1578 (bei Marquard II S. 315 f). Einen ganz ähnlichen Artikel enthielten schon die 1554 erlassenen neuen Statuten für den Stahlhof (bei Marquard II S. 221 f).

[8]) K. J. II S. 444.

[9]) K. J. II S. 586.

[10]) Vgl. K. J. II n. 2065.

[11]) Vgl. K. J. II S. 909 unter 8.

4. Das Kontorgericht: Gerichtsfitzungen des Kaufmannsrates; nähere Beſtim-
mung feiner Rechtsgewalt; Verfahren in Zivilfachen; Disziplinargewalt;
Inſtanzenzug; freiwillige Gerichtsbarkeit.

Wenn wir auf die Gerichtsbarkeit des Kontors, der wir uns
nunmehr zuwenden, nicht bereits oben in dem Abſchnitt über den
Kaufmannsrat näher eingegangen ſind, obwohl deſſen gemein-
ſchaftliche Tätigkeit gerade auf dieſem Gebiet hauptſächlich zur
Erſcheinung kommt, ſo liegt die Rechtfertigung in eben dieſer
Tatſache; denn durch ſie wurde nicht nur in den Statuten eine
ausführliche Darlegung der geltenden Rechtsformen bedingt, ſondern
ſie hat auch in den Kontorakten, vor allem natürlich in den
Protokollbüchern, einen ſo ſtarken Niederſchlag hinterlaſſen, daß
wir daraus ein bis in Einzelheiten klares und eine geſonderte
Betrachtung beanſpruchendes Bild gewinnen. Die Gerichtsbarkeit
des Kontors war von deſſen Umgeſtaltung am wenigſten berührt
worden; ſie weiſt daher im Vergleich zu der Brügger Zeit, ſoweit
wir dieſe kennen, von allen Kontoreinrichtungen die geringſten
Veränderungen auf und iſt ſich auch in den drei Verfaſſungs-
perioden ſeit 1555, abgeſehen von Kleinigkeiten,[1]) in ihren Formen
gleichgeblieben. Ausgeübt wurde ſie durch den Kaufmannsrat in
ſeinen gemeinſamen Sitzungen,[2]) wo gleichzeitig, wie ſchon früher
bemerkt,[3]) die allgemeinen Genoſſenſchaftsangelegenheiten geregelt
wurden. Beide Materien wurden trotz ihrer Verſchiedenheit ungetrennt nebeneinander erledigt, wobei allerdings die zuletzt genannte bei weitem den kleineren Raum einnahm. Die Sitzungen
fanden in den erſten Jahren nach der Wiederaufrichtung des
Kaufmannsrats zunächſt noch unregelmäßig ſtatt,[4]) ſeit April 1559
gemäß einer Anordnung[5]) des Kaufmannsrats wöchentlich zweimal,
Dienstags und Freitags, allerdings nur ſofern etwas vorlag. Da
dies nicht immer der Fall war, finden ſich in den Protokollbüchern oft längere oder kürzere Unterbrechungen in der Reihe

---

[1]) Wir treffen dabei, wie ſchon früher, wiederum auf Entlehnungen aus
dem Stahlhof: Eine Reihe von Zuſätzen, wodurch man die Statuten von 1569
(Bl. 16 f) nachträglich inbezug auf das Gerichtsverfahren erweiterte, ſtimmen
wörtlich mit Beſtimmungen der Stahlhofsſtatuten von 1554 überein; ſtatt
„der Altermann" iſt mit Rückſicht auf die Antwerpener Verhältniſſe die Mehrzahl
„die Älterleute" eingeſetzt.
[2]) Schon in Brügge war die Rechtspflege im Laufe des 15. Jahrhunderts
von den Älterleuten auf den geſamten Kaufmannsrat übergegangen, vgl.
Stein S. 41 ff., 112 f.
[3]) S. S. 55.
[4]) Protokollbücher I und II Anfang.
[5]) Protokollbuch II S. 18.

der Sitzungstage.[1]) Aus demselben Grunde erklärt es sich wohl, wenn die Statuten von 1569 die vorige Bestimmung wieder lockern, indem sie nicht mehr auf der Durchführung z w e i e r regelmäßigen Gerichtstage bestehen, sondern dafür nur wöchentlich mindestens eine Sitzung an einem der bisher üblichen Wochentage fordern.[2]) Bald fiel aber die damit immer noch verbundene Notwendigkeit, sich für beide Tage bereit zu halten, einem Teil der Ratsmitglieder lästig. Sie setzten Ende 1570 eine Neuregelung durch,[3]) die für jede Woche nur einen, regelmäßigen Gerichtstermin, den Dienstag, festlegte; war es ein Feiertag oder hielten die Älterleute aus anderen Gründen eine Verschiebung für angebracht, so sollte dafür der Freitag eintreten. Ob in späteren Jahren noch wieder Veränderungen erfolgten, ist nicht feststellbar; die Statuten von 1578 halten jedenfalls den Dienstag als regelmäßigen Gerichts- tag fest, während der Freitag nur zur Aushülfe dienen soll.[4])

Daneben blieb in allen Fällen die hergebrachte[5]) Berufung der einzelnen Versammlungen durch die Älterleute bestehen: In ihrem Auftrag hatte jedesmal am Tage zuvor der Sekretär den Ratsmitgliedern die Sitzung anzukündigen.[6]) Dies Verfahren war von praktischer Bedeutung, so lange noch in der Abhaltung der Gerichtstage größere Beweglichkeit herrschte; es wurde durch die Neuordnung von 1570 mehr zur Formalität, war aber mit Rücksicht auf die den Älterleuten anheim gestellte Entscheidung über eine Verschiebung, wahrscheinlich auch über den etwaigen Ausfall einer regelmäßigen Sitzung nicht überflüssig.

Als Versammlungsort diente bis 1569 das Kleine Ostersche Haus, das dazu vor allem bestimmt war und wo zu diesem Zwecke stets ein besonderer Saal, wohl derselbe wie für die Ge- meindeversammlungen, in Ordnung gehalten werden mußte.[7])

---

[1]) Nach dem Protokollbuch III fanden z. B. im Juni 1569 Verhandlungen statt am 3. (Freitag), — 17. (Freitag), 21. (Dienstag), — im Juli am 11. (Montag, außerordentliche Sitzung, an anderer Stelle durch den Bemerk ‚extraordinarie‘ gekennzeichnet), 12. (Di.), — 26. (Di.), — im August am 2. (Di.), 5. (Fr.), 9. (Fr.), — 19. (Fr.), 23. (Di.), — im September am 2. (Fr.) 6. (Di.), 9. (Fr.), 13. (Di.), 16. (Fr.) — 27. (Di.), 30. (Fr.).
[2]) In besonderen Fällen kann daneben auch ein anderer Tag gewählt werden; Statuten Bl. 4 b.
[3]) Protokollbuch III S. 301.
[4]) Bei Marquard II S. 328.
[5]) Vgl. Stein S. 58 f.
[6]) Protokollbuch III Bl. 35 b, S. 77, 160 u. öfter; Statuten von 1569 Bl. 4 b f; St. A. Köln, Hanse III A XCVI unter 22; als von je her üblich be- zeichnet im Protokollbuch IV unter 11. Juni 1587.
[7]) Protokollbuch II S. 55, 84.

Mit dem Einzug in das neue Haus verlegte man die Sitzungen dorthin und zwar in den kleineren oberen Saal, die sogenannte „Ratskammer‘[1]). Sie fanden des Morgens vor der Börsenzeit statt, im Sommer um 7 oder 8, im Winter um 9 Uhr.[2]) Auf möglichste Vollzähligkeit oder Gegenwart wenigstens der Mehrzahl der Ratsmitglieder wurde Wert gelegt; bei geringerer Beteiligung galt die Versammlung nicht für beschlußfähig.[3]) Um so störender wirkte es, daß Verspätungen oder gänzliches Ausbleiben an der Tagesordnung waren. Schon frühzeitig hatte man hiergegen Geldbußen eingeführt;[4]) die mehrfache Erneuerung dieser Strafbestimmungen[5]) zeugt von ihrer Notwendigkeit. Die Statuten von 1569 befassen sich dementsprechend gleichfalls mit dem erwähnten Übelstand. Unter ausdrücklicher Bezugnahme darauf[6]) belegen sie im Anschluß an den bestehenden Brauch[7]) jedes Ausbleiben mit einem Taler, jede Verspätung über eine halbe Stunde mit ½ Taler.[6]) Die Strafen sollten, wie es damals gleichfalls schon gehandhabt wurde,[8]) am nächsten Sitzungstage entrichtet werden[9]); erlassen wurden sie nur, wenn ein triftiger vom Kaufmannsrat anerkannter Entschuldigungsgrund vorgebracht werden konnte, der außerdem eiblich zu bekräftigen war.[10]) Die Neuordnung von 1570, die auch hieran ändert, mildert den Strafsatz auf die Hälfte und läßt ihn in der vorigen Höhe nur für die Alterleute bestehen.[11]) An deren Anwesenheit war besonders viel gelegen, da sie den Vorsitz führten und die Verhandlungen leiteten.

Die von den Kontorvorstehern in ihren Versammlungen geübte rechtliche Gewalt können wir in eine jurisdiktionelle und eine notarielle scheiden; erstere, die Gerichtsbarkeit im engeren Sinne,

---

[1]) Protokollbuch III S. 76, 309.

[2]) Protokollbücher passim; Statuten von 1578 (bei Marquard II S. 328).

[3]) „Dieweil aber von kauffmans Rath mehr theil ausgeblefen, is dißen tag nichtes vorrichtet“, Protokollbücher II S. 412, ebenso S. 481, III S. 86 f, 176, 239, 243; dazu Statuten von 1569 Bl. 5.

[4]) Protokollbuch II S. 18.

[5]) S. S. 39 unter Anm. 8.

[6]) Statuten von 1569 Bl. 5.

[7]) Protokollbuch III Bl. 35 b f.

[8]) Protokollbuch II S. 93.

[9]) Statuten von 1569 Bl. 4 b.

[10]) Ebenda; ebenso in den Statuten von 1578 (bei Marquard II S. 328).

[11]) Protokollbuch III S. 299 ff. — Schon in Brügge zahlten die Alterleute bei Ausbleiben oder Verspätung doppelte Brüche (Stein S. 41), desgleichen in Antwerpen vor Niederlegung der Statuten (Protokollbuch II S. 246, 341). — Die Statuten von 1579 setzen die Strafsummen noch weiter herab, staffeln sie andrerseits für die Fälle wiederholten Ausbleibens (bei Marquard II S. 328); auch sie bestimmen für einen Altermann stets den doppelten Betrag (ebenda S. 309).

entſprach nach ihrem Charakter und ihrer Kompetenz dem da=
maligen Begriff des Niedergerichts. Sie hatte eine zivil= und
eine disziplinarrechtliche Seite.[1]) Es unterſtanden ihr die in Ant=
werpen dauernd anſäſſigen Hanſen, ſowie die vorübergehend an=
weſenden für die Zeit ihres Aufenthalts.[2]) Eine Ausdehnung des
Gerichtskreiſes des Kontors über das Weichbild der Stadt hinaus,
etwa auf das Geſamtgebiet der Niederlande, wäre undurchführbar
geweſen und iſt weder vom Kontor ſelbſt noch von den Hanſe=
ſtädten angeſtrebt worden. Für die Hanſen in Antwerpen war
das Kontorgericht freilich Zwangsgericht. Der auf den Privilegien
beruhende Vorzug eigener Rechtſprechung durch Berufsgenoſſen
und nach bekanntem Recht ſollte voll ausgenutzt werden, und wie
auf den andern hanſiſchen Kontoren[3]) galt daher auch hier als
ſelbſtverſtändlicher, überdies durch frühere Hanſetagsbeſchlüſſe[4])
geſtützter und in den Statuten[5]) aufs neue betonter Grundſatz,
daß ein Hanſe den andern nur vor dem Kaufmannsrat belangen
dürfe. Auf Anrufung einer niederländiſchen Gerichtsbehörde ſtand
von Anbeginn eine beträchtliche, allerdings zunächſt nicht immer
gleich hohe Geldſtrafe.[6]) Die Statuten von 1569 fixieren ſie,
offenbar im Anſchluß an den Brauch der letzten Jahre[7]) auf
5 Pfd. ſowohl für den Kläger, wie für den Beklagten, falls er
ſich auf einen derartigen „fremden Prozeß“ einließ; außerdem
mußte dieſer zurückgezogen werden.[8]) In dieſelbe Strafe von
5 Pfd verfiel, wer mit Stadtrecht, d. h. unter Inanſpruchnahme
der ſtädtiſchen Gerichtsgewalt, einen ‚Arreſt‘[9]) vornehmen ließ.
Dies durfte vielmehr nur ‚mit Kontorrecht‘[10]) (oder ‚Kaufmanns=
recht‘[10]) geſchehen; ausgenommen waren beſondere Fälle, in denen
die Älterleute vorher ihre Erlaubnis erteilt hatten.[11]) Einer Zu=

[1]) wie in Brügge, vgl. Stein S. 114 ff., der aber dieſe Unterſcheidungen
nicht völlig durchgeführt hat.
[2]) Statuten von 1569 Bl. 5.
[3]) Vgl. Stein S. 110 f (für Brügge); Rieſenkampf a. a. O. (ſ. S. 36 Anm. 1)
S. 70 (für Nowgorod); Schulz S. 18 (für London).
[4]) D. h. aus der Brügger Zeit des Kontors; z. B. H. R. III 4 n. 79 § 58.
[5]) Statuten von 1569 Bl. 5 b; Statuten von 1578 (bei Marquard II
S. 328 f).
[6]) Z. B. 4 Pfd. (Protokollbuch I S. 307 (311)), 1 Pfd. Gold (Protokollbuch II
S. 28).
[7]) Protokollbuch II S. 119.
[8]) Statuten von 1569 Bl. 5 b; die von 1578 ſind bedeutend ſtrenger, vgl.
an ſpäterer Stelle.
[9]) Über dieſen Begriff ſiehe weiter unten.
[10]) Öfter in den Protokollbüchern. — Über dieſelbe Ausdrucksweiſe ſchon
in Brügge Stein S. 116.
[11]) So ſchon in Brügge, vgl. Stein S. 41, 110.

ſtimmung der Alterleute beburfte es gleichfalls, wenn ein Hanſe
einen andern verhaften (‚**apprehendieren**‘) laſſen wollte, was nur
durch die ſtädtiſchen Gerichtsorgane möglich war.[1]) Wurde jemandem
die Genehmigung verſagt und handelte er dennoch dem zuwider,
ſo ſollte nach den Statuten von 1569 der Kaufmannsrat ihn mit
1 Mark lötigen Goldes beſtrafen[2]) und ſich des von ihm Be-
brängten annehmen.[3]) War nur die eine Partei hanſiſch, ſo gab
es verſchiedene Möglichkeiten der Prozeßführung. War der Nicht-
hanſe Kläger, ſo ſtand es ihm frei, ob er ſeinen hanſiſchen Gegner
vor den Kaufmannsrat oder vor die ſtädtiſchen Richter, die ‚**Wet-
houders**‘, fordern wollte. Wählte er das erſtere, ſo mußte er
zuvor dem Kaufmannsrat geloben, im Hanſerecht zu bleiben, d. h.
neben dem Kontorgericht kein anderes anzurufen und bei einer
Appellation den für Hanſen vorgeſchriebenen Inſtanzenzug innezuhalten.[4]) Derartige Fälle kamen häufiger vor.[5]) Man ſchlug
dieſen Weg offenbar ſchon deswegen gern ein, weil er einfacher
war als der zweite. In dem Vertrage von 1546 hatte ſich nämlich
das Kontor, um bei Klagen von Nichthanſen gegen ſeine Angehörigen vor dem Stadtgericht nicht gänzlich ausgeſchaltet zu
werden, ausbedungen, daß in ſolchen Fällen die ſtädtiſchen Richter
die vor ihnen erſcheinenden Parteien zunächſt anhören, dann aber
an das Kontorgericht verweiſen ſollten, welches ſich um Schlichtung
des Streites bemühen wollte. Erſt nach einem Fehlſchlagen dieſes
Verſuchs ſollte der Prozeß vor dem Stadtgericht ſeinen Fortgang
nehmen.[6]) Dieſes umſtändliche Verfahren ſcheint ſelten in Anwendung gekommen zu ſein; aus den Protokollbüchern iſt nur
ein einziger Fall bekannt.[7]) Er war, da zugleich eine gefängliche
Einziehung des Schuldigen bevorſtand, auf ſeiten des Kontors
von einer nicht näher beſtimmbaren Formalität begleitet,[8]) womit
dieſes ſeine Einwilligung kundgab. — Ohne Zuſtimmung des

---

[1]) Statuten von 1569 Bl. 5 b; ebenſo Statuten von 1578 (bei Marquard II
S. 330); Protokollbücher II S. 47, 187, 205, 207, III Bl. 18 b, S. 200. (Hier
wie im folgenden bedeuten Hinweiſe auf die Protokollbücher Belege aus der
Praxis.)

[2]) So ſchon in Brügge, vgl. Stein S. 110.

[3]) Statuten von 1569 Bl. 6; ſo ſchon Protokollbuch III Bl. 18 b.

[4]) Statuten von 1569 Bl. 6; ebenſo nach den Statuten von 1578 (bei
Marquard II S. 331); Protokollbücher II S. 192 f, 196, 204 u. öfter, III Bl. 34 a,
S. 183; vgl. auch K. J II n. 796.

[5]) Vgl. vorige Anmerkung.

[6]) Vertrag von 1546 (bei Marquard II S. 286).

[7]) Vgl. Protokollbuch III Bl. 11.

[8]) „und is die Acte getekent“ heißt es an der betreffenden Stelle kurz.

Kontors durfte ein Hanse durch einen Nichthansen nicht arrestiert oder verhaftet werden.[1])

Die umgekehrte Möglichkeit, daß ein Hanse gegen einen Nichthansen prozessierte, war weder im Vertrage von 1546 noch in den Kontorstatuten vorgesehen. Da auch in den Protokollbüchern mit wenigen gleich zu erwähnenden, besonderen Ausnahmen solche Fälle nicht vorkommen, so ist anzunehmen, daß sie in der Regel vor dem Stadtgericht erledigt wurden, gelegentlich wohl mit Unterstützung der hansischen Partei vom Kontorvorstand aus.[2]) Nur zweimal findet sich ein Versuch, einen Antwerpener Bürger zur Verantwortung vor das Kontorgericht zu ziehen. Leider schweigt das Protokollbuch über den Ausgang der ersten Sache;[3]) das zweite Mal mißlang der Vorstoß in dieser Richtung, da der Antwerpener sich weigerte, vor dem Kaufmannsrat zu erscheinen.[4])

Die vor dem Kontorgericht zur Verhandlung kommenden Zivilsachen waren in ihrer überwiegenden Mehrzahl kommerzieller Natur, zumeist strittige Schuldforderungen eines Kaufmanns an einen andern, daneben ähnliche Zwistigkeiten zwischen Kaufleuten und ihren Frachtschiffern oder Boten. Der Rechtsgang vor dem Kontorgericht war dabei folgender. Entweder erschienen beide Parteien nach vorheriger Vereinbarung gemeinsam vor dem Kaufmannsrat,[5]) oder der Beklagte wurde auf Veranlassung des Klägers durch den Sekretär zitiert.[6]) Blieb er aus, so konnte er ein zweites Mal bei Geldstrafe und ein drittes Mal 'peremptorie', bei Verlust seiner Sache, geladen werden.[7]) Eine schärfere Form der Geltendmachung von Ansprüchen, die man namentlich bei größeren Schuldforderungen anwandte, war der 'Arrest'. Er konnte auf Antrag beim Kaufmannsrat[8]) oder von den Alterleuten

---

[1]) St. A. Köln, Hanse IV 27 Bl. 353 b; vgl. K. J. I n. 3293.

[2]) In Brügge hatten die Alterleute solche Klagen vertreten; Stein S. 39.

[3]) Der Schreiber, offenbar unterbrochen, hört mitten im Wort auf und läßt über eine Seite frei. Protokollbuch II S. 231.

[4]) Er ließ dem hansischen Kläger durch den Sekretär, der ihn zitieren sollte, sagen: 'so er nicht wil zofrieden sein, muge er in convenieren vor die wette van Antwarpen als seine hern, dar wil er anthwarten und nargen anders, dan er wiße nicht, was der kauffleuthe Recht sei dißer orther', Protokollbuch II S. 475.

[5]) Zahlreiche Belege in den Protokollbüchern.

[6]) Z. B. Protokollbuch II S. 47, 110, 144 u. öfter, III Bl. 1, 2b, 11 u. öfter; Statuten von 1569 Bl. 6b; St. A. Köln, Hanse III A XCIII 1; vgl. K. J. I n. 3172, wo offenbar schriftliche Zitierung.

[7]) Z. B. Protokollbücher II S. 523, III Bl. 2, 7b u. öfter; Statuten von 1569 Bl. 6b.

[8]) In den Protokollbüchern und sonstigen Kontorakten, z. B. Protokollbuch II S. 7, 191 u. öfter; St. A. Köln, Hanse IV 27 Bl. 347.

allein verhängt werden[1]) und bestand entweder darin, daß dem
Betreffenden verboten wurde, bis zum Austrag der Sache zu
verreisen,[2]) oder daß bis dahin zugleich ein Teil seines Vermögens
oder seiner Güter in Höhe der von seinem Gegner beanspruchten
Summe beschlagnahmt wurde.[3]) Den Arrest nahm in der Regel
der Sekretär vor.[4]) Wann stattdessen die in den Statuten von
1569 auch erwähnte Arrestation durch städtische Gerichtsdiener
eintreten konnte oder mußte, ist aus den wenigen derartigen
Fällen in den Protokollbüchern[5]) nicht zu erkennen. Jedenfalls
geschah auch dann der Arrest „mit Kontorrecht".[6]) Entzog sich ein
Arrestierter der Entscheidung durch die Flucht, so verfiel sein
etwa beschlagnahmtes Geld oder Gut dem Kontor; sein Gegner
aber war befugt, ihn, allerdings auf eigene Kosten, innerhalb
des brabantischen Gebiets verfolgen und zurückholen zu lassen
oder, wenn er entkam, ohne weiteres beim Kontor seine Verurteilung und zwecks späterer Fortsetzung der Sache einen Bericht
über die Begebenheit an die Heimatstadt des Flüchtigen zu
erwirken.[7])

Das Prozeßverfahren selbst gestaltete man im Kaufmannsrat
möglichst einfach und kurz, um den streitenden Parteien Zeit-
verluste und Kosten zu ersparen.[8]) Advokaten und Notare
wurden nicht zugelassen,[9]) sondern der Kläger hatte selbst oder
durch einen bevollmächtigten Vertreter seine Sache mündlich vor-

---

[1]) Z. B. Protokollbücher II S. 184, 192, 295; III Bl. 184; Statuten von
1569 Bl. 5 b; St. A. Köln, Hanse III A XCIII unter 1 (= 2). — Der Arrest
wird regelmäßig im Protokollbuch vermerkt.

[2]) Z. B. Protokollbücher II S. 187, 218, 424, III Bl. 13 b; vgl. Statuten
von 1569 Bl. 5 b, ferner K. J. II n. 1189.

[3]) Z. B. Protokollbuch II S. 7, 50, 125 u. öfter, III Bl. 34 b, S. 160 u. öfter.
Höhlbaum im K. J. gebraucht für diese Art des Arrestes auch den Ausdruck
„Pfändung", z. B. K. J. II n. 684, 690, 833.

[4]) Vgl. S. 70 Anm. 2.

[5]) Protokollbücher II S. 226, 372, III S. 90.

[6]) Statuten von 1569 Bl. 5 b.

[7]) Statuten von 1569 Bl. 5 b. — Diese Bestimmungen machen freilich
einen etwas papierenen Eindruck; von ihrer Anwendung hören wir in der
Tat nichts. Immerhin kehren sie in ähnlicher Form in den Statuten von
1578 wieder (bei Marquard II S. 330); nur die Einziehung des beschlag-
nahmten Vermögens durch das Kontor ist weggelassen.

[8]) „dar doch ein kopmansradt umb schleuniger expedition willen in
vorfallenden gebreken under den Ansischen kopluden ingesettet und
voorordent weren", Protokollbuch II S. 10; „und geschicht vor den olter-
leuthen kurtze Expeditie des Rechtens, in wenig tagen ohne alle Gerichts-
uncosten", St. A. Köln, Hanse I 24; ähnlich in den Statuten von 1569
Bl. 6 b; ebenso wird in den Statuten von 1578 dem Altermann Fürsorge für
schleunige Erledigung der Prozesse zur Pflicht gemacht (bei Marquard II
S. 309, dazu S. 328).

[9]) Protokollbuch III S. 77; Statuten von 1569 Bl. 6 b.

zutragen, der Beklagte sich sofort oder am nächsten Gerichtstage in derselben Weise zu verantworten.[1]) Schriftliche Verhandlung wird wiederholt ausdrücklich abgelehnt.[2]) Doch war es beiden Parteien gestattet, nach der ersten Verhandlung einen kurzgefaßten Bericht einzureichen, um dem Sekretär die richtige Darstellung ihrer Erklärungen im Protokollbuch zu erleichtern.[3]) Als Beweismittel dienten Zeugenaussagen[4]) und schriftliche Belegstücke, deren Wortlaut dem Protokoll einverleibt[5]) und von denen der Gegenpartei auf Verlangen Abschrift gegeben wurde.[6]) Bevor aber der Kaufmannsrat auf Grund des vorliegenden Materials ein Urteil fällte, suchte er fast regelmäßig eine gütliche Einigung zwischen den Parteien herbeizuführen; sie wurden vor ‚gute Männer‘ verwiesen, die, jedesmal besonders erwählt, sich als Schiedsmänner um einen Vergleich zu bemühen hatten.[7]) Auf Begehr der Parteien oder auf Anordnung des Kaufmannsrats konnten hierzu auch Ratsmitglieder bestimmt werden.[8]) Die Parteien durften sich dem Vermittlungsversuch der Schiedsmänner nicht entziehen; doch behielt man ihnen ausdrücklich für den Fall seines Mißlingens den Rechtsweg vor.[9])

Über das Zustandekommen eines Urteils sagen die Protokollbücher nichts aus; doch steht fest, daß die Beratung darüber in Abwesenheit der Parteien stattfand, die dann zur Verkündigung wieder in den Saal gerufen wurden.[10]) Es ist ferner nicht zu bezweifeln, daß nach Analogie der Beschlüsse über allgemeine Kontorfragen auch hier bei Meinungsverschiedenheit abgestimmt

---

[1]) Belege überall in den Protokollbüchern; dazu Statuten von 1569 Bl. 6 b f.

[2]) Protokollbuch II S. 514; Statuten von 1569 Bl. 6 b.

[3]) Protokollbuch III Bl. 3, 11 b u. öfter; Statuten von 1569 Bl. 7; vgl. K. J. I n. 3382 f; St. A. Köln, Hanse III A XCI 26.

[4]) Protokollbücher II S. 29, 49, 52 u. öfter, III S. 273; vgl. K. J. II n. 529/30. — Die Zeugen konnten vereidigt werden, z. B. Protokollbuch II S. 49, 194, 200 u. öfter; St. A. Köln, Hanse IV 26 Bl. 37.

[5]) Protokollbücher II S. 9, 100, 105 u. öfter, III Bl. 5, 6 u. öfter.

[6]) Protokollbuch II S. 413.

[7]) Protokollbücher I Bl. 264, II S. 2, 25, 28 u. öfter, III Bl. 7 b, 55 b u. öfter; Statuten von 1569 Bl. 6 b; dazu Statuten von 1578 (bei Marquard II S. 309, 328); St. A. Köln, Hanse III A XCIII 1 (= 2); vgl. K. J. I n. 3373, II n. 1162/3.

[8]) Statuten von 1569 Bl. 6 b; Protokollbuch III S. 184, 191, 194.

[9]) Z. B. Protokollbuch II S. 272: „Ein Ersam Alderman und kauffmans Rat willen diße sache vor guthe Menner vorwesen haben; kunen sich parthei dar nicht vorgeleichen, als dan will ein kauffmans Rath parteien forder Recht thuen“; ähnlich ebd. S. 242 („doch ein yederen parthei unbefangen seins Rechtes“); Protokollbuch III S. 191 u. öfter; Statuten von 1569 Bl. 6 b.

[10]) Z. B. Protokollbuch III S. 309 f.

wurde. War ein Mitglied des Kaufmannsrats selbst Partei oder sonst an der Entscheidung irgendwie persönlich interessiert, so blieb es von der Beratung darüber ausgeschlossen.[1]) Zur Ausübung kam, wie in den Statuten von 1569 bezeugt wird und wie es für ein hansisches Kontor das Gegebene war, Lübisches Recht.[2]) Nach den Statuten von 1569 war jedes Urteil schriftlich zu formulieren, den Parteien vorzulesen und ihnen auf Wunsch abschriftlich mitzuteilen.[3]) Ebenso wurde es im Protokollbuch am Schluß des Berichts über den Verlauf der Verhandlung verzeichnet.

Eine große Rolle spielte im Gerichtsverfahren des Kontors die Bürgschaftsleistung. Konnte z. B. eine Sache nicht an einem Tage erledigt werden, so ließ man vielfach die Parteien einander für ordnungsmäßige Fortsetzung des Prozesses am nächsten Gerichtstermin Bürgen stellen.[4]) Ebenso konnte sich die obsiegende Partei von der unterliegenden die Ausführung eines Urteils durch Bürgschaft gewährleisten lassen.[5]) Im übrigen wurde die Ausführung eines Urteils nötigenfalls auch vom Kontor selbst veranlaßt.[6])

In allen Fällen, wo der Kaufmannsrat von sich aus gegen Kontorangehörige vorging, handelt es sich um ein Inkrafttreten seiner Disziplinargewalt.[7]) Dieser Ausdruck, obwohl modern,[8]) ist am Platze, da wie in Brügge die höhere Strafgewalt über „Leib und Glied" den Landesgerichten vorbehalten blieb[9]) und sich die Zuständigkeit des Kontorgerichts daher nur auf leichtere Verfehlungen und zwar in erster Linie Verstöße gegen die Kontorordnung erstreckte. Die dem Vorstand obliegende Aufsicht über deren Befolgung war gleichbedeutend mit der Anwendung der in den

---

[1]) Protokollbücher II S. 204 f, 251 ff u. öfter, III S. 162, 173, 222; Statuten von 1569 Bl. 7.

[2]) „wie von alters gewonlich"! Statuten von 1569 Bl. 6 b; dazu auch Protokollbuch II S. 423.

[3]) Statuten von 1569 Bl. 7 f; vgl. K. J. I n. 2759.

[4]) Protokollbuch II S. 198: „das der eine dem anderen will zu Rechte steen und dem geweß fullendoen"; ferner z. B. ebenda S. 134, 872; Protokollbuch III Bl. 34, S. 273.

[5]) Protokollbücher z. B. II S. 15 f, 134, III Bl. 10 b.

[6]) Protokollbuch II S. 128, 134, 138 u. öfter.

[7]) Hierzu Sudermanns Ausführungen St. A. Köln, Hanse III A XCVI 14.

[8]) Das Kontor selbst kannte keine festen Begriffe für die verschiedenen Seiten seiner Gerichtsgewalt; es unterscheidet sie nur gelegentlich, z. B. als ‚Civil- und Injuriensachen' oder ‚sowoll Criminal- als Civell sachen'.

[9]) Nach den Privilegien Johanns und Antons (bei Marquard (in der Bestätigung durch Philipp II.) II S. 291, 297) und nach dem Vertrage von 1546: „behoudelyck den Heere ende der Stadt heuren Rechte in allen saecken aengaende Lyff ende Let" (bei Marquard II S. 283). — Über die gleichen Verhältnisse in Brügge s. Stein S. 109, 114.

Satzungen den Einzelvorschriften angefügten Strafbestimmungen[1]) gegen Ungehorsame.[2]) Fast ausnahmslos handelte es sich dabei um Geldbußen ('Brüche'), deren Höhe je nach der Art und Schwere der Übertretung verschieden war (von wenigen Schillingen bis zu 1 Mark Gold[3]) und sich in den einzelnen Perioden nicht gleich blieb.[1]) Daneben konnte der Kaufmannsrat seinen Verordnungen für die Allgemeinheit oder Befehlen an einzelne durch Androhung einer beliebigen Eventualstrafe Nachdruck verleihen.[4]) Anscheinend traten die Brüche bei offenkundiger Übertretung ohne weiteres in Wirkung; wo Zweifel bestanden oder sonst besondere Umstände vorlagen, wurden sie vom Kaufmannsrat durch Beschluß verhängt.[5]) Wurde zur Feststellung des Tatbestandes oder aus andern Gründen vorher ein Verhör für gut befunden, so machte der Kaufmannsrat von einem alten Rechte Gebrauch, das ihm erlaubte, von sich aus jeden Kontorangehörigen bei Strafe vorladen.[6]) Die Form der Ladung, welche durch die Älterleute allein veranlaßt werden konnte[7]), sowie die der Verhandlung entsprachen denen im Zivilprozeß. Sache des Sekretärs war es, die verwirkten Bußen von den Schuldigen „einzumahnen".[8]) Man konnte die Summe entweder dem Sekretär einhändigen[9]) oder sie persönlich der Ratsversammlung überbringen. Dabei hatte sich aus der Brügger Zeit des Kontors[10]) der alte Brauch erhalten, daß dem Betreffenden, wenn er um Verzeihung und

---

[1]) Vor 1569 gab es infolge des Fehlens von Satzungen nur einzelne feste Pönfälle; im übrigen richtete man sich offenbar teils nach dem früheren Brügger Strafentarif, teils mußte der Kaufmannsrat zugleich mit einem Gebot vorher die Höhe der Strafe festsetzen (letzteres z. B. Protokollbuch I Bl. 266, 295 (298) b). Doch bestand hierfür ein (nicht näher angegebenes) Höchstmaß („bei der hogsten poenae, so ein kaufman yeien die ungehorsam hatt", Protokollbuch II S. 139).

[2]) Die Statuten von 1578 machen für nachlässige Handhabung der Bestimmungen den Kaufmannsrat selbst verantwortlich (bei Marquard II S. 322).

[3]) Die im K. J. II n. 577 erwähnten 6 Mark Gold gehen nicht auf die Statuten von 1569, sondern eine später erlassene Verordnung der Hansestädte zurück (K. J. II S. 385).

[4]) In den Statuten nicht erwähnt, aber oft in den Protokollbüchern.

[5]) Die Statuten von 1578 unterscheiden demgemäß „öffentlich verwirkte" und „vom Kaufmannsrat decernierte" Brüche (bei Marquard II S. 311, dazu auch S. 332).

[6]) Protokollbuch II S. 24, 60, 91, 123 u. öfter, III Bl. 36, 37, 42, S. 88 u. öfter.

[7]) So war es in Brügge, wenigstens im 14. Jahrhundert, die Regel gewesen, vgl. Stein S. 43. Beispiele für die Antwerpener Zeit im Protokollbuch III S. 160, 200.

[8]) Vgl. S. 70 mit Anm. 3.

[9]) Vgl. bei Marquard II S. 311.

[10]) Siehe darüber Stein S. 128 ff.

Nachsicht („gratie') bat, die ganze Summe oder ein Teil zurück-
erstattet werden konnte;[1]) doch bedang sich dafür der Kaufmannsrat
von dem Begnadigten Stillschweigen aus,[1]) um nicht eine Kritik
seines Verfahrens herauszufordern und nach außen die Gleichmäßigkeit zu wahren. Auch von den Beträgen, die den Schuldigen
wirklich abgenommen wurden, floß nur ein Teil in die Kontorkasse, da die kleineren Summen meist an die Armen der Stadt
weitergegeben wurden.[2]) In allem tritt deutlich der Charakter
der Geldbußen hervor, nicht als einer Einnahmequelle, sondern
als eines Hülfsmittels, um die Kontorordnung und die Autorität
des Vorstands aufrecht zu erhalten. — Glaubte sich jemand zu
unrecht gepönt, so konnte er nachträglich, binnen Jahresfrist,
seine Entschuldigung dagegen geltend machen und erhielt, wenn
sie anerkannt wurde, den Betrag zurück; erst mit Ablauf des
Jahres erlosch jeder Anspruch auf Rückvergütung.[3]) Gänzliche
Verweigerung von Brüchezahlung hatte in der Regel für den
Verweigerer zunächst eine Erhöhung der Summe[4]), nötigenfalls
auch schärfere Maßnahmen zur Folge.[5]) Besondere Erwähnung
verdient das Pönverfahren in zwei speziellen, häufiger vorkommenden Fällen. Waren Kontormitglieder tätlich aneinander
geraten, so schritt der Kaufmannsrat ein. Er ließ den Beteiligten
Frieden gebieten und nahm beiden Parteien zunächst je 10 oder
5 fläm. Pfd. ab. Die Seite, welche aus der am nächsten Gerichtstage folgenden Verhandlung als schuldlos oder weniger schuldig
hervorging, erhielt die Summe ganz oder teilweise zurück, die
andere verlor sie.[6]) Augenscheinlich war diese Gepflogenheit

---

[1]) „und wante he sik kegen den kopman gedemodigt — — und gnad
begert, is eme de helfte und ichwes daraver wedder gerestituert, pacto
silentio", Protokollbuch I Bl. 279 (281); „— is eme der broke gerestituert,
by also sulchs an sich toholden", ebenda Bl. 303 (307) b; ähnlich z. B.
Protokollbücher II S. 21, 39, 42 u. öfter, III S. 196, 274, 299, 306; St. A. Köln,
Hanse IV 35 Bl. 18 u. öfter.

[2]) Statuten von 1569 mehrfach; Protokollbücher II S. 455, III S. 199, 299,
306; St. A. Köln, Hanse IV 36 .S. 188, 195 u. öfter; ebenda IV unter 43.

[3]) Protokollbuch III S. 171; St. A. Köln, Hanse III E VI 10; ebenso nach
den Statuten von 1578 (bei Marquard II S. 332). Fälle aus der Praxis
außer in den Rechnungsbüchern in einem „Extract und nachrichtung aus
des Antorfischen Cunthors büchern" Bl. 4 b, 5 b f, St. A. Lüb. A. Fl. Vol. II
unter 28.

[4]) Öfter in den Protokollbüchern; ebenso nach den Statuten von 1578
(bei Marquard II S. 332).

[5]) Siehe über diese weiter unten.

[6]) Protokollbücher II S. 1 f und 5, 24, 74 f und 78 f, 431; III Bl. 53 b
und 60 f, S. 296; ebenso nach den Statuten von 1578 (bei Marquard II S. 320).
Diese bestimmen die Höhe der Summe auf 10 Pfd. in Fällen, wo Blut floß,
in weniger schlimmen auf 5 Pfd.

allein dem Antwerpener Kontor eigen und hatte sich in seiner Rechtspflege selbständig herausgebildet. Im Gegensatz dazu ging das Verfahren bei Schoßhinterziehungen, der zweite hierher gehörige Punkt, auf Hansetagsbeschlüsse aus älterer sowie jüngster Zeit zurück, die nicht für das Antwerpener Kontor allein galten.[1] Danach verfiel, wer das Land verließ, ohne der Schoßpflicht zu genügen, in die Strafe doppelten Schosses und überdies eines Pfundes. Abgenommen werden sollte dem Schuldigen die Buße bei seiner Rückkehr in seine Heimatstadt, die zu dem Zwecke von den Alterleuten zu benachrichtigen war. Sie selbst sollte dabei für ihre Bemühung ½ Pfd. behalten, das übrige dem Kontor einsenden. Oft genug mußte das Kontor von diesem Mittel Gebrauch machen;[2] indes hing ja der Erfolg von dem guten Willen der betreffenden Stadt ab und scheint mehr als einmal ausgeblieben zu sein.[3] Nicht anwendbar war außerdem dies Verfahren den ständig Residierenden gegenüber. Hier mußte sich das Kontor bei Schoßverweigerung selbst helfen und tat dies durch Arrest[4] oder Pfändung[5].

Wir kommen damit zu den Zwangsmitteln, deren sich das Kontorgericht neben und außer den Geldbußen bediente, wenn diese ihre Wirkung verfehlten oder nicht angebracht schienen. Hierher gehört zunächst die einmal vorkommende Entziehung der Wagebenutzung,[6] ferner die Entziehung der Akzisefreiheit, die man gegen ungehorsame Häuslinge anwandte.[7] Die oben erwähnte Pfändung geschah in der Praxis, wie sie uns in den Protokollbüchern entgegentritt, nur zur Beitreibung von Schoß=rückständen;[8] sie sollte nach den Statuten von 1578 auch in

---

[1] Vergl. Sartorius II S. 533 f; Schulz S. 188; H. R. II 3 n. 288 § 96, II 5 n. 717 § 16; danach im Schoßbrief von 1554. Die Statuten von 1569 (Bl. 3) streifen diesen Punkt nur, indem sie sich auf den Inhalt des Schoß=briefs beziehen, die von 1578 verbreiten sich ausführlicher darüber (bei Marquard II S. 313).

[2] Z. B. Protokollbücher II S. 500, III S. 211 f, 217 u. öfter; St. A. Köln, Hanse IV 34 z. B. Bl. 112b; ebenda IV 26 Bl. 115b = K. J. I n 3283; ferner ebenda n. 3057, 3072, 3157 u. öfter.

[3] Dazu St. A. Köln, Hanse III A LXVII 7.

[4] Protokollbücher II S. 205, III S. 224 f, 231 u. öfter.

[5] Protokollbuch II S. 60; St. A. Köln, Hanse IV 27 Bl. 78b, 113 (= K. J. II n. 757).

[6] Protokollbuch II S. 21.

[7] Z. B. Protokollbücher II S. 236, 338, 487, III S. 298.

[8] Für diesen Zweck besonders erwähnt auch in den Statuten von 1578 (bei Marquard II S. 314); die Pfändung wegen nichtbezahlter Miete K. J. II n. 417 gehört nicht in diesen Zusammenhang.

allen Fällen dauernder Brücheverweigerung Platz greifen.[1]) Daß
sie schon früher zu diesem Zwecke verhängt wäre, ist nicht belegt;
jedenfalls war es nicht die Regel, denn wiederholt findet sich
stattdessen Hausarrest bis zur Bezahlung der Buße.[2]) Waren
keine pfändbaren Güter vorhanden oder schien sonst die Art
einer Verfehlung[3]) eine Verhaftung und Gefangensetzung zu
erfordern, so konnte das Kontor auf Grund des Vertrages von
1546[4]) die städtischen Exekutionsbeamten und Gefängnisse in
Anspruch nehmen.[5]) Die schärfste Strafe, die das Kaufmanns-
gericht verhängen konnte, war der Ausschluß aus der ‚Kontor-
gerechtigkeit‘, d. h. aus der Kontorgemeinschaft und den hansischen
Privilegien im Lande. Ob diese Strafe wie in Brügge[6]) zugleich
den Ausschluß aus den andern hansischen Kontoren nach sich
ziehen sollte, bleibt fraglich,[7]) ebenso, ob der Kaufmannsrat in
ihrer Anwendung auf die wenigen in den Statuten genannten
Fälle[8]) beschränkt war.[9]) Jedenfalls wurde selten oder nie davon
Gebrauch gemacht,[10]) sei es, daß kein Anlaß dazu vorlag, sei es,
daß die Schuldigen einlenkten, ehe sie es zum Äußersten kommen
ließen. Die gut durchgebildete Disziplinatgewalt des Antwerpener
Kontors hatte indes im Vergleich zu der Brügger Zeit einen
Mangel. Damals hatte der Vorstand in der jährlichen, sogenannten ‚Audienz‘ ein Mittel besessen, jeden Genossenschaftsangehörigen zum eidlichen Bekenntnis etwaiger nicht bekannt
gewordener Verstöße gegen die Kontorordnung zu zwingen.[11])
Diese Audienz war nach der Übersiedlung des Kontors während

---

[1]) Statuten von 1578 (bei Marquard II S. 332).

[2]) Protokollbuch III Bl. 42, S. 72 ff.

[3]) Z. B. wenn sie außerhalb des Bereichs der Kontorordnung im engeren
Sinne lag, wie Unterschlagung im Dienste der Genossenschaft (Protokollbuch III
S. 90) oder dergl.

[4]) Bei Marquard II S. 283.

[5]) Protokollbücher II S. 6, 108, öfter in III, z. B. S. 79, 188, 191, 197;
Statuten von 1569 Bl. 5 b; K. J. II n. 801; vgl. auch Statuten von 1578
(bei Marquard II S. 314, 332).

[6]) Stein S. 128.

[7]) Vgl. dazu K. J. I n. 3602.

[8]) Nach den Statuten von 1569 (Bl. 2 b) nur bei fortgesetzter Weigerung,
das Amt eines Kaufmannsrats oder Altermanns anzunehmen.

[9]) Vor Niederlegung der Satzungen findet sich nur einmal, 1565, ein Fall,
wo Verlust des Kontorrechts angedroht wird, und zwar wegen Ungehorsam
gegen eine gerichtliche Zitation. Protokollbuch II S. 192.

[10]) Aus den Kontorakten ist kein Fall bekannt.

[11]) Näheres in den Mitteilungen aus dem Stadtarchiv von Köln, Bd. 6,
Heft 17 S. 130.

feines darauf folgenden Tiefstands in Wegfall geraten.[1] Mehr=
mals dachten die Städte daran, sie gleichzeitig mit der Auf=
richtung der endgültigen Statuten wiedereinzuführen.[2] Aber das
eine verzögerte sich wie das andere. Ob die 1578 nach Ant=
werpen abgehende Gesandtschaft, der auch dieser Punkt anheim
gestellt war, eine Wiederaufrichtung der Audienz wirklich betrieben
hat, erfahren wir nicht. An eine Durchführung war jedenfalls
damals bei der fortschreitenden Auflösung des Kontors nicht
mehr zu denken.

Dagegen wahrte der Kaufmannsrat in alter strenger Weise[3]
die Autorität seines Gerichts. Wer sich über einen in Zivil=
oder Disziplinarsachen ergangenen Spruch abfällig äußerte
(„dagegen sprach"), zahlte jedem Mitgliede des Kaufmannsrats
hohe Buße.[4] Andrerseits konnte man natürlich ein Urteil
‚schelten', vorausgesetzt, daß man den nach hansischem Recht[5]
vorgeschriebenen Instanzenzug innehielt.[6] Die Appellation ging
zunächst nach Lübeck[7] oder an das ganze lübische Quartier, die
sogenannten Wendischen Städte. Stammten beide Parteien aus
derselben Stadt, so konnte bei beiderseitigem Einverständnis auch
dort appelliert werden.[8] Der Gerichtshof erweiterte sich ohne
Zutun der Parteien, wenn Lübeck oder die Wendischen Städte
den Fall als zu schwierig nicht allein entscheiden zu können

---

[1] Wo das Wort ‚Audienz‘ vorkommt (z. B. Protokollbuch III S. 74; St. A.
Köln, Hanse III A XCIII 1), bedeutet es nichts weiter als gerichtliches Verhör.
[2] K. J. II Anh. S. 370, 6 u, S. 434 n. 19, n. 83* unter 30.
[3] Vgl. Stein S. 126.
[4] in der Zeit vor Festlegung der Statuten von 1569 einmal im ganzen
20 Pfd. (Protokollbuch II S. 57), ein anderes Mal 1 Mark Gold (Protokoll=
buch III S. 75); die Statuten selbst setzen 10 Pfd. fest, nämlich je 2 Pfd. an
die Älterleute und je 1 Pfd. an die übrigen Kaufmannsräte, doch konnte die
Summe in jedem Fall nach Gutdünken erhöht werden. Die Statuten von
1578 (bei Marquard II S. 329) fordern nur 5 Pfd. Sie wollen die Buße
offenbar nicht mehr den Mitgliedern des Kaufmannsrats, sondern der allge=
meinen Kasse zufließen lassen.
[5] Vgl. Daenell II S. 390; ferner z. B. H. R. III 4 n. 79 § 58.
[6] Zum Folgenden Statuten von 1569 Bl. 7 b f; Statuten von 1578 (bei
Marquard II S. 329 ff); dazu die im einzelnen anzuführenden Belege aus den
Protokollbüchern; Appellationsakten ferner St. A. Köln, Hanse IV unter 90. —
Ein ausdrückliches Verbot der Appellation an einen nichthansischen Gerichts=
hof bringen allerdings erst die Statuten von 1578 (bei Marquard II S. 329);
daß aber schon vorher die Hansestädte und das Kontor nie einen andern
Standpunkt einnahmen, beweisen Belege wie St. A. Köln, Hanse IV 36 S. 104,
177, ferner die Selbstverständlichkeit, mit der in den Statuten von 1569 nur
von einer Appellation innerhalb der Hanse die Rede ist.
[7] Siehe dazu Protokollbuch II S. 13, 217 u. öfter; K. J. I n. 3059, 3199,
3276 u. öfter, II n. 18, 34 u. öfter.
[8] Nach den Statuten von 1578 kann dies auch vom Kaufmannsrat
verfügt werden (bei Marquard II S. 330).

glaubten, sondern ihn vor den Hansetag verwiesen.[1]) Wir sind ohne Zweifel zu der Annahme berechtigt, daß alle dort verhandelten Appellationen den beschriebenen Weg durchlaufen haben, wenn wir sie auch nicht im einzelnen verfolgen können.[2]) Die Appellation selbst hatte, um gültig zu sein, in bestimmten Formen vor sich zu gehen. Zunächst mußte die Absicht, zu appellieren, innerhalb eines Monats dem Kontorgericht angezeigt werden.[3]) Dieses setzte alsdann eine Frist, während der die Appellation bei Lübeck bezw. der gemeinsamen Heimatstadt beider Parteien anhängig zu machen war.[4]) Bei Zivilsachen mußte außerdem die verurteilte Partei vor der Appellation dem ergangenen Spruche des Kaufmannsrats genug tun; [5]) sie erhielt dafür von der Gegenpartei Bürgschaft, daß diese sich ihrerseits einem etwaigen anderen Erkenntnis in der höheren Instanz unterwerfen werde. Um mutwilliger Appellation vorzubeugen, mußte die appellierende Partei schwören, daß sie die Sache nicht aus böser Absicht, sondern in gutem Glauben an ihre Gerechtigkeit weiter verfolge.[6]) Endlich hatte sie — wohl zu demselben Zwecke — beim Kaufmannsrat einen Rosenobel (= 1 Pfd.) zu hinterlegen,[7]) den sie nur zurückerhielt, wenn sie in der höheren Instanz durchdrang. Waren die Vorbedingungen erfüllt, so übernahm seit mindestens 1569 das

---

[1]) Siehe dazu K. J. II n. 25, Anh. S. 384 unter 12. Juli, S. 388.

[2]) Von einer direkten Appellation an den Hansetag hören wir nirgends; auch die ausführlichen Statuten von 1578 kennen sie nicht. Sie wäre schon deswegen unzweckmäßig gewesen, weil die Hansetage zu unregelmäßig, oft in großen Zwischenräumen, stattfanden; auch hatten solche Vollversammlungen Wichtigeres zu tun, als sich mit jedem beliebigen privaten Rechtsstreit zu befassen.

[3]) Nach den Statuten von 1578 innerhalb von 10 Tagen (bei Marquard II S. 330).

[4]) Z. B. Protokollbücher II S. 13, 217 u. öfter, III S. 291 f, 305; vgl. K. J. I n. 3576. — Nach den Statuten von 1578 betrug die Höchstfrist ein Jahr (bei Marquard II S. 330).

[5]) Ursprünglich freilich nur mit besonderer Erlaubnis des Kaufmannsrats auf Antrag der obsiegenden Partei (Protokollbuch II S. 16); da dieser aber oft an einer schnellen, wenn auch zunächst vorbehaltlichen Erfüllung ihrer Ansprüche gelegen war, führen schon die Statuten von 1569 nach Analogie des brabantischen Rechts das oben beschriebene Verfahren als Regel ein. Ebenso in den Statuten von 1578, allerdings mit Beschränkung auf eine Reihe bestimmter Fälle, z. B. wenn sich die Forderung des Klägers auf eine Schuldverschreibung oder einen Wechsel stützte, ferner in Miete-, Renten- und Pachtsachen usw. (bei Marquard II S. 330 f).

[6]) Die Statuten von 1578 verschärfen diese Bestimmungen: fortan sollen nur Prozesse, die um einen Wert von mehr als 20 Pfd. geführt werden, appellierbar sein. Außerdem hat der Appellant bei Abweisung seiner Sache vor der höheren Instanz dem Kontorgericht wegen Leichtfertigkeit 3 Pfd. Strafe zu zahlen (bei Marquard II S. 331).

[7]) Protokollbuch III S. 291, 305.

Kontor seinerseits die Übermittlung der Prozeßakten und einer verschlossenen Darstellung der bisherigen Verhandlung an die betreffende Stadt. Beide Parteien erhielten davon Abschrift.[1])

Wie in Brügge war die Aufgabe des Kontorgerichts mit der Jurisdiktion nicht erschöpft,[2]) sondern es übte als Behörde von öffentlicher Autorität[3]) auch Befugnisse notarieller Art, die zum Teil heute unter den Begriff der freiwilligen Gerichtsbarkeit fallen würden. Vollmachtsübertragungen wurden vor dem zu Gericht sitzenden Kaufmannsrat vorgenommen und von ihm beglaubigt.[4]) Ebenso beurkundete er Handelsgeschäfte, Verträge und dergl.,[5]) bezeugte Erklärungen und Proteste.[6]) Besondere Bedeutung gewannen hierbei wiederum die Protokollbücher. Rechtsakte zwischen zwei Parteien wurden außer der dabei auf Wunsch aus-gestellten Bescheinigung vielfach, wenngleich nicht regelmäßig[7]), auch in das Protokollbuch aufgenommen.[8])*) Aber auch sonst legte man Wert darauf, daß eine Erklärung, ein Protest oder dergl.*)

---

[1]) Z. B. Protokollbuch III S. 291 f, 305; — vor Aufstellung der Statuten von 1569 wurden die Akten, ebenfalls verschlossen, von der appellierenden Partei selbst bei der höheren Instanz eingereicht: „und willen dem appellanten einen verschloßenen abscheith van allen Acten mittheilen, und beiden theilen dar van Copei, nach gewonheit dieß Cunthoirs, alles auf ihr unkosting" (!) Protokollbuch II S. 293. Sie hießen auch ‚Abschiedsbriefe‘ (Protokollbuch II S. 13, 110 f u. öfter) oder ‚apostoli reverentiales‘ (ebenda S. 115, 217, 423).

[2]) Schon Stein (S. 116 ff) hat darauf hingewiesen, daß die Vielseitigkeit der rechtlichen Tätigkeit des Kaufmannsrats nach der der städtischen Räte orientiert ist.

[3]) Die Glaubwürdigkeit und Rechtsgültigkeit der mit dem Kontorsiegel beglaubigten Schriftstücke war im Kreise der Hanse selbstverständlich; in dem Vertrage von 1546 erkennt auch der Antwerpener Rat sie „in allen Civilen saken" ausdrücklich an (bei Marquard II S. 286).

[4]) Protokollbuch II S. 19 ff, 50, 73 u. öfter; St. A. Köln, Hanse IV 26 Bl. 97; K. J. I n. 2459 und 61, 2541, II n. 494, 497, 621 u. öfter.

[5]) Protokollbuch II S. 22, 58; K. J. I z. B. n. 2617, 2634, 2772, 3054, 3292, II n. 708, 787, 929 f u. öfter; vielfach mit Schlußbemerkungen wie: „Dessen zu urkundt und mehrer beweis haben beide partheien begert, hiervon under unsers Conthors siegel beweis und abschrifft, deß wir inen umb der wahrheit gezeugnus zugeben, — — gern mitgetheilt", St. A. Köln. Hanse, IV 27 Bl. 346; ähnlich z. B. ebenda Bl. 337 b, 348; Hanse IV 26 Bl. 35 b, 45, 75 u. öfter.

[6]) Protokollbücher II S. 6, 23 u. öfter, III Bl. 16, 31 u. öfter; St. A. Köln, Hanse IV 26 Bl. 63; K. J. I n. 2687 f, II n. 539, 606, 717 u. öfter.

[7]) Dies lehrt ein Vergleich zwischen dem Protokollbuch und dem Brief=buch in den Jahren 1564 — 68, wo beide nebeneinander erhalten sind.

*) Vielleicht immer nur auf besonderen Wunsch.

*) Sie erscheinen oft unter lateinischen Stennworten als ‚substitutio‘ (oder ‚Volmacht‘), ‚constitutio‘ (oder ‚Vertragh‘), attestatio, protestatio, depositum. Beispiele wie in den letzten Anmerkungen.

7*

dort verzeichnet würde,[1]) da solche Eintragungen für spätere Gelegenheiten Beweiskraft und Rechtsgültigkeit besaßen.[2]) Man konnte
sich jederzeit unentgeltlich daraus Abschriften geben lassen.[3]) Ein
Zwang für die hansischen Kaufleute, bei Rechtsakten der beschriebenen Art das Kontorgericht in Anspruch zu nehmen, bestand
indessen nicht; auch brauchten diese nicht unbedingt an den Gerichts-
tagen und vor dem versammelten Kaufmannsrat vor sich zu gehen.
Für Beurkundung von Vollmachtsübertragungen, Bürgschaft-
stellung und dergl. genügte z. B. die Anwesenheit eines Altermannes oder zweier anderer Mitglieder des Kaufmannsrats.[4])
Ebenso konnten, wie schon früher erwähnt, Vereignungen vor
den Alterleuten oder zwei Mitgliedern des Kaufmannsrats allein
vorgenommen werden.[5]) Ähnlich wird es sich mit den Pässen
und Hansezeugnissen verhalten haben, die das Kontor oft aus-
fertigte.[6]) Das Kontorgericht stellte sich schließlich noch in den
Dienst der Genossenschaftsangehörigen, indem es auf Wunsch
wertvolle Urkunden[7]) und insbesondere ohne weiteres in alther-
kömmlicher Weise[8]) den Nachlaß eines in der Stadt verstorbenen
Hansen in Verwahrung nahm. Im letzteren Falle inventarisierte und
versiegelte der Sekretär im Auftrage des Kaufmannsrats und in
Gegenwart mehrerer dazu abgeordneter Mitglieder das vorhandene
Gut des Toten.[9]) Es wurde wie in Brügge[8]) nur an genügend

---

[1]) Protokollbuch I Bl. 247 (245); „Helft he vor einem Ers. kopman
geprotesteret — — und solch protest in dit Memorialbok thovortheken
gegeben und erholden", Protokollbuch II S. 91; ähnlich ebenda S. 6, 32, 76
u. öfter; Protokollbuch III Bl. 16 („wilchs protest er ubergibt und bogert,
das Alderman und kauftmans Rat daßelbige willen laßen registreren ad
perpetuam rei memoriam, wils ihm also vorgunnet und befalen zo rei-
gistreren"), ähnlich Bl. 31 u. öfter.

[2]) Verschiedentlich ausgesprochen, z. B. Protokollbuch II S. 484 („So er
aber bogere bowiß, kune daßelbige nehmen aus des kauffmans protocol-
boche, wilchs bowiß genoch"); ferner Protokollbuch III S. 309 f; Statuten
von 1579 (bei Marquard II S. 311). — über die Protokollbücher als rechtliche
Beweismittel schon in Brügge siehe Stein S. 123 ff.

[3]) Protokollbücher II S. 484, III S. 309 f, wo dies als gebräuchlich bezeichnet wird; vgl. ferner K. J. II n. 736, 2084.

[4]) Protokollbücher II S. 218 f, 259, 389 und öfter, III S. 231. — Doch wird
in den drei ersten Fällen auch die Anwesenheit des Sekretärs erwähnt.

[5]) S. S. 66. — Sie werden bis Ende 1569 nur in den Briefbüchern
verzeichnet, seitdem als ‚Certificat' oder ‚Certificatie' auch im Protokollbuch (III).

[6]) K. J. I n. 2462 u. 65, 2948, 3055, 3185, II S. 44 f, 48 f u. öfter; nach
den Statuten von 1578 soll für die Ausfertigung derartiger Schriftstücke immer
ein Sekretär auf dem Hansehaus anwesend sein (bei Marquard II S. 312).

[7]) Protokollbuch II S. 73, 304.

[8]) Stein S. 118 f.

[9]) Z. B. St. A. Köln, Hanse III E VIII 15; Protokollbücher II S. 186,
III S. 311.

legimitierte Erben ausgegeben und zwar gegen eine Erklärung, das Kontor bei etwaigen späteren Erbansprüchen anderer schadlos halten zu wollen.[1]

C. Dritte Periode (seit 1578). Die Statuten des Hansetags für das Kontor. — Ihre Entstehung und ihr Inhalt. — Ihre unvollkommene Durchführung infolge der Lage des Kontors.

Überblicken wir zusammenfassend unsere bisherigen Ausführungen, so zeigen sie uns, daß sich das Kontor, nachdem einmal die Hansestädte seine Fortführung bewirkt hatten, mit Benutzung teils älteren, teils neuen Materials schnell wieder eine ausgebildete Organisation aufbaute. Es erwies sich dies um so nützlicher, als die von den Hansestädten in Aussicht genommene Ordnung des Kontorbetriebes durch umfassende, endgültige Statuten zunächst ausblieb. Die Ursachen der Verzögerung ersehen wir aus der Vorgeschichte der Aufrichtung dieser Statuten. Der Entwurf dazu war das Werk Sudermanns, der, wie früher erwähnt, 1567 von den Städten damit beauftragt worden war.[2] Indessen ruhte die Sache in den nächsten Jahren, da bis 1572 kein gemeinsamer Hansetag wieder einberufen wurde. Erst die Tagfahrt dieses Jahres konnte weitere Schritte unternehmen. Der inzwischen fertiggestellte, umfangreiche Entwurf wurde vorgelegt und durchberaten.[3] Im allgemeinen hieß man ihn gut und befand nur einzelne Veränderungen für nötig. Gegen den Artikel des Residenzzwanges aber, d. h. des Verbots für die in Antwerpen Residierenden, außerhalb des Hansehauses zu wohnen, erhob sich Widerspruch von seiten Kölns und Danzigs.[4] Man mußte diesen Punkt schließlich in der Schwebe lassen. Trotzdem dachte man schon daran, die Statuten durch die damals nach den Niederlanden geplante Gesandtschaft beim Kontor einzuführen.[5] Mit dem Aufschub der Gesandtschaft verzögerte sich jedoch auch die Ausführung dieser Absicht bis zum folgenden Hansetag vom Jahre 1576, und hier nahm man die Frage der Statuten, die Sudermann inzwischen einer Durchsicht unterzogen

[1] „up geborlike Certificatie, vulmacht unde tovorsicht", Protokollbuch I Bl. 296 (300); ebenso Protokollbuch II S. 296, 469 f; vgl. dazu K. J. I n. 1457, 3302, II n. 355.
[2] S. S. 40.
[3] K. J. II (S. 346 Art. 20,) S. 386 ff; siehe auch Ennen, Hans. Gbll. 1876 S. 21 f.
[4] K. J. II S. 883 f, 387 f.
[5] Ebenda S. 388, 370 unter 6 c.

hatte,[1]) von neuem vor.[2]) Auch jetzt genehmigte man sie nach
längeren Verhandlungen noch nicht endgültig, sondern beschloß
ihre nochmalige Prüfung durch Sudermann und die anwesenden
Kontorvertreter. Alsdann sollten sie in Lübeck besiegelt und durch
die aufs neue festgesetzte hansische Gesandtschaft persönlich im
Kontor verkündet werden. Letzteres erfolgte aber, da die Gesandtschaft auch damals noch nicht gleich abging, erst Ende 1578.[3])

Mit der Aufrichtung dieser offiziellen Statuten[4]) beginnt die
dritte Periode in der Geschichte der Kontororganisation. Indessen
enthalten sie, wie schon früher angedeutet[5]), nur hinsichtlich der
Verfassung durchgreifende Neuerungen, schließen sich aber im
übrigen an die bestehenden Verhältnisse an und bauen sie weiter
aus. Wir haben inbezug hierauf im vorigen Abschnitt an zahlreichen Stellen, insbesondere in den Anmerkungen, Gelegenheit
genommen, auf Einzelheiten hinzuweisen, so daß wir uns in
diesem Punkte hier allgemeiner fassen können. Die erwähnten
Veränderungen in der Verfassung hingegen bedürfen einer Be-
sprechung. Zuvor jedoch müssen wir zum besseren Verständnis
aller Zusammenhänge auf die Entstehungsgeschichte der Statuten
eingehen. Sudermanns Arbeitsweise läßt sich nach seinen im
Kölner Archiv großenteils erhaltenen Vorlagen und Entwürfen[6])

---

[1]) Vgl. dazu K. J. II n. 766; ferner hier Anm. 6.

[2]) K. J. II S. 439 ff, dazu S. 432 Art. 3.

[3]) Vgl. K. J. II n. 1234, Anh. S. 495 Art. 5, S. 498, n. 83 * 15, S. 502,
n. 135 * unter 3; hier im 3. Kapitel.

[4]) Das Buch, in dem sie damals dem Kontor überreicht wurden (vgl.
dazu K. J. II Anh. n. 271*), kam später nach Lübeck zurück und ist jetzt in
dem Vol. ‚Privilegia‘ als n. 112 enthalten (das ursprünglich daran hängende
Siegel ist abgeschnitten); die beiden bis jetzt einzigen Abdrucke dieser Statuten
bei Marquard II S. 301 ff und in Lünigs Reichsarchiv tom. XIV (pars spec.
IV 2. Teil, IX. Abt. S. 98 ff) sind leider recht fehlerhaft. — Eine ganz kurze
Inhaltsübersicht (mit der falschen Jahreszahl 1572) bei Sartorius III S. 279 f.

[5]) S. S. 36 f.

[6]) Die Sudermannschen Konzepte im Kölner Stadtarchiv, nur zum Teil
von seiner eigenen Hand, im übrigen in wohl von seinen Schreibern ange-
fertigten Abschriften[1]), sind in folgender Weise und Reihenfolge zu bestimmen:
Hanse IV 12: die auf dem Hansetag von 1572 vorgelegte Fassung; (Hanse IV 19:
Abschrift davon mit kritisierenden Randbemerkungen eines (Hansetags-
gesandten?);) Hanse IV 18: Abschrift von IV 12, von Sudermann in der Zeit
von 1572—76 anscheinend auf Grund der Hansetagsverhandlungen von 1572
durch Randbemerkungen und Zusätze umgearbeitet; Hanse IV 20: Abschrift des
vorigen unter Berücksichtigung der inzwischen von Sudermann daran vorgenommenen Änderungen, offenbar zur Vorlegung auf dem Hansetag von
1576 bestimmt. — Die erste und die endgültige Fassung der Statuten weisen
demzufolge manche Verschiedenheit auf. In der letzteren sind einzelne Punkte
verändert, andere schärfer gefaßt, große Stücke ganz neu hinzugefügt (z. B.

---

[1]) Darauf deuten z. B. grobe Versehen in IV 12, die wohl durch eine Vorlage von Sudermanns schwer leslicher Hand zu erklären sind.

und auf Grund gleichzeitiger Zeugnisse ziemlich genau verfolgen. Zu Grunde legte er seinem Entwurf seiner eigenen Aussage nach die früheren Brügger Statuten des Kontors;[1]) doch ist dabei nicht so sehr an die ältesten, auf ganz andere Zustände zuge= schnittenen Satzungen von 1356[2]) zu denken, an die sich in den neuen Statuten höchstens Anklänge finden, als vielmehr an die später auf Grund von Kontorordinanzen und besonders Hansetags= verfügungen hinzugekommenen Erweiterungen und Zusätze, die neben der Kontororganisation vor allem den Handelsbetrieb selbst betrafen. Verschiedentlich wird in den neuen Statuten bei Be= stimmungen dieser Art darauf hingewiesen, daß sie auf frühere Beschlüsse zurückgehen.[3]) Für andere, bei denen dieser Vermerk fehlt, läßt es sich gleichfalls nachweisen. Insbesondere scheint Sudermann, nach Anmerkungen von seiner Hand zu schließen, eine Zusammenstellung von Rezeßauszügen und dergl. benutzt zu haben, die schon in den dreißiger Jahren der Kontorsekretär Olav Rotherts zum Zwecke eines neuen Statutenentwurfs vor= genommen hatte.[4]) Daneben zog er die 1569 vom Kontorvorstand aufgerichteten neuen Ordnungen heran,[5]) in erster Linie die Haus= ordnung[6]), deren Abschnitte er mit Überschriften versah und größtenteils fast wörtlich seinem Entwurf einverleibte.[7]) Zugleich trug er durch geeignete Bestimmungen einzelnen Bedürfnissen und Mißständen Rechnung, wie sie sich inzwischen bei dem Kontorbetrieb auf dem Hansehause herausgestellt hatten. Mehr=

über den Konciergen und die Kellerknechte, über die Rechenmeister und den Schoß), noch anderes (wie die genaue Angabe der Mietpreise und des Kost= geldes im 4. Abschnitt) wieder ausgelassen. Weitere Einzelheiten hier wie im folgenden sind Sache einer Sonderuntersuchung.

[1]) Ennen, Hans. GbU. 1876 S. 20.

[2]) St. A. Köln, Hanse IV 8; St. A. Lüb., Privilegia n. 9 XIII ff.

[3]) Bei Marquard II S. 323 f, 327 f.

[4]) St. A. Köln, Hanse IV 11; vgl. K. J. I S. 572 unter Art. 9. — Eine Abschrift einiger von Sudermann dabei durch Unterstreichen hervorgehobener Artikel ist St. A. Köln, Hanse IV 16.

[5]) Vgl. K. J. I n. 3622.

[6]) Über diese S. 40.

[7]) St. A. Köln, Hanse IV 15. — Wenn Höhlbaum (K. J. I n. 3393) offen= bar auf Grund der Sudermannschen Anmerkungen die Hausordnung selbst für ein Werk Sudermanns erklärt, so ist der Schluß in dieser Form falsch. Vielmehr geht aus der zitierten Akte deutlich hervor, daß es sich dabei um eine nachträgliche Überarbeitung der Hausordnung durch den Syndikus handelt. Immerhin soll damit die Möglichkeit und sogar Wahrscheinlichkeit nicht bestritten werden, daß Sudermann, der bei dem ersten Erlaß der Haus= ordnung im März 1569 in Antwerpen weilte, auch schon bei ihrer Abfassung mitgewirkt habe.

mals finden wir dies ausgesprochen;[1] andere Stellen machen
einen entsprechenden Eindruck.[2] Seinen ganzen Entwurf aber
richtete Sudermann nach einem für seine Zwecke sehr brauchbaren
Muster ein, nämlich den Statuten des hansischen Stahlhofs in
London in ihrer reformierten Gestalt vom Jahre 1554.[3] Diese
hatte er seinerzeit gleichfalls bearbeitet;[4] ihnen jetzt die neuen
Antwerpener Statuten nachzubilden, lag für ihn um so näher,
als sich ja schon ohnehin die Verhältnisse des Antwerpener
Kontors denen des Stahlhofs nicht nur im allgemeinen, sondern
auch in einzelnen Einrichtungen angeglichen hatten. Die Ver-
wandtschaft der neuen Antwerpener Statuten mit denen des
Stahlhofs liegt so unverkennbar zu Tage, daß es der Bestätigung
durch ein ausdrückliches Zeugnis[5] nicht erst bedürfte. Sie tritt
schon äußerlich hervor in der ganzen Anlage, der gleichen Einteilung in sechs nach Überschriften und Anordnung einander ent-
sprechende Abschnitte. Ein näherer Vergleich aber zeigt auch
inhaltlich eine überraschende Übereinstimmung: Längere Partien
lauten fast wörtlich gleich, zahlreiche Bestimmungen der Antwerpener Statuten sind offensichtlich allein durch die Vorlage
eingegeben und entweder ohne weiteres übernommen oder den
Antwerpener Verhältnissen angepaßt worden. Die Stahlhofsstatuten lieferten somit Sudermann gleichsam ein Gerüst, in das
er, unter Beibehaltung vieler Bestandteile, sein für Antwerpen
gesammeltes Material einfügte.

Diese Umstände lassen die von Sudermann vorgenommenen
Veränderungen in der Verfassung des Antwerpener Kontors nicht
als willkürlich und unvermittelt erscheinen. Er wünschte eben,
die altbewährte Organisation des Stahlhofs jetzt auf dessen niederländisches Seitenstück auch in den Punkten, wo es bisher nicht
geschehen war, zu übertragen, und die Hansestädte betrachteten
dies Verfahren ebenfalls als das Gegebene. Für die Neuerungen
in der Antwerpener Kontorverfassung haben die entsprechenden

[1] Z. B. in dem Artikel über die Teilnahme an der gemeinsamen Tafel:
„Wollen also hiemitt den mißbrauch, speise und dranck auf die Kamern
fordern zulassen, abgeschnitten haben" (bei Marquard II S. 319).
[2] Z. B. wenn gefordert wird, daß in der Beköstigung mit den Speisen
abgewechselt werden soll (bei Marquard II S. 309), daß stets ein Sekretär auf
dem Hause zugegen sein muß (ebenda S. 312; — diese Bestimmung fehlt noch
in der ersten Fassung der Statuten) und dergl.
[3] Abgedruckt bei Marquard II S. 208 ff. und bei Lünig a. a. O. (s. S. 102
Anm. 4) S. 59 ff.
[4] Vgl. K. J. I n. 978.
[5] K. J. II S. 346 Anm. 2.

Stahlhofseinrichtungen das Muster gebildet. — Zunächst war damit der Vorteil einer einheitlichen Spitze verbunden. Nach Teil III der neuen Statuten[1]) soll „fortan" dem Kontor ein Kaufmannsrat von zwölf Personen, darunter aber nur ein Altermann, vorstehen. Mit der Zweizahl der Alterleute, wie sie als Rest der früheren Zustände sich bisher erhalten, aber bei der Vereinheitlichung der Genossenschaft ihre innere Berechtigung verloren hatte, wird also gebrochen. Doch wird dem einen Altermann in den zwei sogenannten ‚Beisitzern' eine Art Beirat gesetzt.[2]) Von den übrigen Ratsmitgliedern verwalten auch weiterhin zwei das Hausmeister=, drei das Schoßmeisteramt; als neues Amt kommt nach dem Vorbild des Stahlhofs das der zwei Baumeister hinzu, die den baulichen Zustand der Häuser des Kontors in Brügge und Antwerpen überwachen und im Einvernehmen mit dem Kaufmannsrat die nötigen Ausbesserungen besorgen sollen. Der Anschluß an die Stahlhofsstatuten brachte ferner die Wiedereinführung jährlicher Neuwahlen und der Teilnahme der Kaufmannsgemeinde daran mit sich, wie beides ja auch im niederländischen Kontor früher in Brügge schon üblich gewesen war. Zugleich scheint die ehemalige Gliederung der Genossenschaft nach Städtebezirken wieder aufleben zu sollen, indem für die Beteiligung an den Wahlen eine derartige Einteilung der Kontorangehörigen vorgesehen ist.[3]) Den früheren Brügger Zuständen aber entspricht diese Neuerung nicht: sie ist eine künstliche Schöpfung, wie schon die Gruppierung nicht nach den alten drei, sondern den damals üblichen vier Kreisen oder Quartieren dartut;[4]) sie kommt ferner nur bei Gelegenheit der Wahlen zur Geltung, um dabei eine gleichmäßige Verteilung der Ratsangehörigen auf die Städtegruppen zu bewirken, läßt aber im übrigen die ganze Kontororganisation unberührt. — Die Wahlen sollen jährlich am Johannisabend (d. h. am Tage vor Johanni, also am 23. Juni) morgens auf dem oberen großen Saal im Hansehaus stattfinden. Der Hergang entspricht in den Statuten dem in London gebräuchlichen. Die Versammlung aller Kontor=

---

[1]) Bei Marquard II S. 305 ff.
[2]) Besondere Befugnisse haben sie nach den Statuten allerdings nur bei Vertretung eines abwesenden Altermanns.
[3]) Eine Übersicht über die Hansestädte und ihre Einordnung unter die Quartiere wird im ersten Abschnitt der Statuten vorangeschickt.
[4]) Die Stahlhofsstatuten von 1554 hatten noch eine Einteilung in drei Drittel festgehalten (bei Marquard II S. 210; dazu auch Hans. Gbll. 1907 S. 212 ff).

angehörigen, nach den Städtegruppen eingeteilt, wählt zunächst die zwölf neuen Ratsmitglieder, und zwar, um private Interessen möglichst auszuschalten, jedes Quartier drei Männer aus einem festgesetzten andern Quartier.[1]) Nur wenn in einem von diesen keine geeigneten Personen vorhanden sind, kann ein Ausschuß, bestehend aus dem bisherigen Altermann als Vertreter seines Quartiers und je einem von ihm hinzugewählten Vertreter der andern Quartiere nach Gutdünken die fehlenden Stellen besetzen. Die Namen der zwölf Gewählten werden in das Protokollbuch eingetragen. Der Altermann ist alsdann aus ihrer Zahl von der Gesamtheit[2]) durch geheime Zettelabstimmung, nötigenfalls durch Stichwahl zu erwählen. Bei der Verteilung der weiteren besonderen Ämter nimmt in Antwerpen, diesmal nicht in Über- einstimmung mit dem Stahlhof, das Los großen Raum ein. Ein genau beschriebenes Losungsverfahren bestimmt unter den übrigen elf Kaufmannsräten zuerst die Beisitzer, darauf die Haus-, die Schoß- und die Baumeister. Nachdem die Gemeinde die Verlesung des Ergebnisses angehört hat, wohnt sie wie auf dem Stahlhof den alsdann erfolgenden Vereidigungen bei. Zunächst müssen vor dem bisherigen Altermann der neue Altermann und die Beisitzer, nach ihnen vor dem neuen Altermann die übrigen Kaufmannsräte den Eid ablegen. Dabei übergibt der abtretende Altermann dem neuen die Schlüssel und Siegel. Hinsichtlich des Eides ist auf die veränderten Verhältnisse im Kontorvorstand Rücksicht genommen, d. h. auf die Zusammenziehung der beiden, ehemals getrennten Vorstandsgruppen.[3]) Alle zwölf Ratsmitglieder schwören den gleichen Eid; die Eidesformel stellt sich dar als eine teilweise Verschmelzung der bis dahin für Alterleute und Kaufmannsräte unterschiedenen Formeln.[4]) Wahl und Eid sollen in der Regel für ein Jahr gelten, doch ist Wiederwahl in allen Fällen zulässig; nur ein Altermann braucht dies Amt, wenn er es zwei Jahre hintereinander verwaltet hat, in den beiden folgenden Jahren nicht wieder anzunehmen. Andrerseits wird aber auch der Mög-

---

[1]) Das Lübische aus dem Danzigschen, das Danzigsche aus dem Kölnischen, das Kölnische aus dem Braunschweigischen, das Braunschweigische aus dem Lübischen; (ähnlich auf dem Stahlhof; Schulz S. 180).

[2]) Freilich ist nicht zu leugnen, daß der an dieser Stelle unklare Wortlaut der Antwerpener Satzungen auch die Auslegung zuläßt, daß die Altermanns- wahl nur von den zwölf zuerst gewählten Kaufmannsräten unter sich vor- genommen werden soll; doch gibt auch hier wohl die Analogie des Londoner Kontors, das Gesamtheitswahl hat (Schulz S. 180), den Ausschlag.

[3]) Vgl. S. 51 ff.

[4]) Siehe im Anhang.

lichkeit gedacht, daß Ratsmitglieder vor Ablauf ihrer Amtszeit aus Geschäftsrücksichten ihre Residenz in Antwerpen aufgeben. In solchen Fällen soll der Altermann durch die Beisitzer vertreten werden, im übrigen sich der Kaufmannsrat durch Zuwahl ergänzen.

Außer den beschriebenen Veränderungen in Zusammensetzung und Wahl des Kontorvorstands führen die neuen Statuten bemerkenswerte Neuerungen ein hinsichtlich der Zulassung zum Kontor und seinen Freiheiten. Ein besonderer Aufnahmeakt, wie ein solcher schon in Brügge bestanden hatte,[1] wird in Herüber-nahme der Londoner Formen jetzt auch für Antwerpen vor-geschrieben. Er bezweckt vor allem die Feststellung, ob der Neu-aufzunehmende kontorfähig ist, d. h. ob er die dafür erforderlichen, auf die strenge Sudermannsche Auffassung eingestellten Vor-bedingungen erfüllt. Unehelich Geborene bleiben von vornherein ausgeschlossen, ebenso alle nicht in einer Hansestadt Geborenen, auch wenn sie dort später Bürger werden. Nur das auf Geburt beruhende, nicht das nach späterem Zuzug erworbene Bürgerrecht in einer Hansestadt berechtigt zur Teilnahme an den Vorteilen des Kontors und der hansischen Privilegien. Ferner sind nur solche zuzulassen, die mit keinem Nichthansen in Handelsgemein-schaft stehen. Über diese Punkte hat jeder dem Kontor unbekannte Neuankömmling eine Bescheinigung seiner Heimatsstadt beizu-bringen oder auf Verlangen binnen Jahresfrist nachzuliefern. Über-dies hat er sich einem Verhör durch den Kaufmannsrat zu unterwerfen und eine Reihe ebendahinzielender und noch weitergehender Fragen eidlich zu beantworten. Er ist ferner vom Kaufmannsrat zu ermahnen, seinen Pflichten als Genossenschaftsangehöriger nach-zukommen, insbesondere den Schoß zu zahlen, kein fremdes Gericht anzurufen, sich von den Zöllnern keine privilegienwidrigen Zölle abnehmen zu lassen. Endlich hat er noch in einem besonderen Aufnahmeeid zu geloben, zur Aufrechterhaltung der hansischen Privilegien beizutragen und keine nichthansischen Güter damit zu decken, überhaupt sich allen Verordnungen der Städte und den Kontorstatuten gehorsam zu bezeigen. Eine Geldabgabe war im Gegensatz zu früher mit der Aufnahme nicht mehr verbunden.

Diese ausführlichen Bestimmungen über das Verfahren bei Aufnahme neuer Mitglieder machen in den Statuten den ganzen zweiten Hauptteil aus.[2] Über die übrigen Abteilungen können wir uns kurz fassen. Die erste[3] enthält, wie schon bemerkt, eine

---

[1] Stein S. 21.   [2] Bei Marquard II S. 302 ff.   [3] Ebenda S. 301 f.

Aufzählung der zum Hansebunde zu rechnenden Städte und ihre Einteilung nach den vier Quartieren; der dritte Teil[1]) verbreitet sich außer über die Wahlvorschriften über die Aufgaben und Befugnisse der jeweiligen Kontorbeamten. Im vierten Hauptabschnitt[2]) finden sich genaue Bestimmungen über Schoß und Schoßzahlung, ferner die bereits vorher erwähnte, schon seit 1569 bestehende und jetzt von Sudermann überarbeitete Hausordnung.[3]) Erwähnenswert ist in diesem Abschnitt ferner der neue Artikel über die jährliche Abrechnung, die das Kontor im Frühjahr nach Lübeck übersenden soll.[4]) Zur Nachprüfung der einzelnen Belege wie der ganzen Aufstellung soll das Kontor, nach dem Beispiel des Stahlhofs, jedesmal vor der Einsendung aus seiner Mitte besondere ‚Rechenmeister‘ bestellen.[5]) Der fünfte Abschnitt[6]) bringt eine Reihe von Vorschriften über Gehorsam gegen die Kontorvorsteher und gegen die allgemeinen Handels= und Verkehrsordnungen der Hansestädte. Auch über letztere sollte das Kontor als Organ des hansischen Handelssystems wachen, soweit sie in seinen Bereich fielen. Die Verbote der Vermischung hansischen und nichthansischen Wesens und Handels nehmen darum die erste Stelle ein.[7]) Sogar eine Art jährlicher ‚Audienz‘[8]) soll hierfür wieder eingerichtet werden. Häusliche Niederlassung in den Niederlanden wird streng untersagt.[9]) Eine Ausnahme machen nur die 1563 zugelassenen Häuslinge in Antwerpen. Wer unter diesen Umständen nicht mehr als Hanse betrachtet zu werden wünscht, hat das Hanserecht ordnungsmäßig aufzukündigen, nicht nur beim Kontor, sondern zugleich in seiner

---

[1]) Bei Marquard II S. 305 ff.
[2]) Ebenda S. 313 ff.
[3]) Der Residenzzwang (vgl. S. 101) wird aufs neue verfügt, doch liegt ein Zugeständnis an die widerstrebenden Städte in der Einschränkung, daß Krämer und andere Kleinkaufleute, die nur auf kurze Zeit nach Antwerpen kommen und denen es ungelegen ist, auf dem neuen Hause Wohnung zu nehmen, davon befreit bleiben können. Zum Kontor gerechnet und von ihm vertreten werden sie in solchen Fällen aber nur, wenn sie sich zuvor beim Kaufmannsrat anmelden, sich in der üblichen Art ausweisen und ihre Herberge angeben (bei Marquard II S. 316).
[4]) Vgl. S. 83.
[5]) Bei Marquard II S. 310, 315.
[6]) Ebenda S. 322 ff.
[7]) Die Strafen für die verschiedenen Fälle sind nach dem Vorgang der Stahlhofstatuten und im Anschluß an frühere Hansetagsbeschlüsse sehr scharf. Ein hansischer Schiffer z. B., der in Antwerpen Güter eines nichthansischen Kaufmanns lädt und sie bei der Ausfuhr für hansische ausgibt, um die hansischen Zollvergünstigungen dafür zu genießen, soll mit Verlust der Hansefreiheit und dazu einer Buße von 8 Mark Gold bestraft werden. Vgl. ferner S. 109 Anm. 2.
[8]) Vgl. S. 96.
[9]) Dazu Ennen, Hans. Gbll. 1876 S. 22.

Heimatstadt. Er verliert es damit für immer und darf später auf keinen Fall wieder als Bürger in eine Hansestadt aufgenommen werden. Der sechste und letzte Hauptabschnitt[1]) handelt von der Gerichtsbarkeit des Kontors, allerdings nur von der streitigen, nicht der freiwilligen, die nicht weiter berücksichtigt wird. Unter anderm wird das bekannte Verbot nichthansischer Gerichte eingeschärft.[2]) — Die Schlußartikel[3]) wenden sich dann an die Kontorvorsteher und machen ihnen die Fürsorge für die Beobachtung der Statuten und ihre zweimalige Verlesung in jedem Jahr, andrerseits tatkräftige Vertretung und Unterstützung aller den Statuten gehorsamen hansischen Kaufleute zur Pflicht.

Sudermanns Statutenwerk bildet den Abschluß seiner Bemühungen für die Neueinrichtung des Kontors. Es war weit umfassender als die eigene Aufstellung des Kontors von 1569. Fehlte es ihm auch infolge seiner Entstehungsweise und seines Umfangs nicht an gelegentlichen Wiederholungen und Unklarheiten, so war es doch durchaus geeignet, eine feste Grundlage für die Zukunft zu bilden. Dazu sollte es allerdings nicht kommen. Wenn vorher von einer dritten, durch die Einführung der neuen Statuten eingeleiteten Periode in der Geschichte der Kontororganisation die Rede war, so gilt das nur bedingt. Sie lösten zwar rechtlich und in einigen Hauptpunkten auch tatsächlich die bisherigen Statuten ab, wie denn z. B. das Kontor fortan nur mehr einen Altermann an seiner Spitze hat. Im übrigen aber hatten inzwischen die äußeren Verhältnisse der hansischen Genossenschaft eine derartige Wendung zu ihrem Nachteil erfahren, daß an eine genaue Durchführung der neuen Statuten nicht zu denken war. Keine noch so guten Vorschriften vermochten der fortschreitenden Auflösung des Kontors Einhalt zu tun, vielmehr wurden sie ihrerseits dadurch zwecklos. Die weiteren Einzelheiten werden am besten im Zusammenhange der Kontorgeschichte verständlich werden. Wir kehren damit zu dem Punkt zurück, wo wir diese verlassen haben, nämlich dem Einzug in das Große Osterfche Haus.

---

[1]) Bei Marquard II S. 327 ff.

[2]) Während noch die eigenen Statuten des Kontors von 1569 sich für einen Verstoß hiergegen mit einer Geldstrafe und dem Gebot der Zurückziehung des Prozesses begnügen, wird jetzt, offenbar unter dem Eindruck tatsächlicher, das Kontor schwer schädigender Vorfälle aus der Zwischenzeit (vgl. weiter unten im 3. Kapitel) auf Mißachtung der hansischen Gerichtsbarkeit die schwerste überhaupt in den Statuten vorkommende Strafe gesetzt, nämlich Verlust des Bürgerrechts in der Heimatstadt, gänzlicher Ausschluß aus der Hanse und ihren Kontoren und obendrein eine Buße von 6 Mark Gold.

[3]) Bei Marquard II S. 332 f.

3. Kapitel.

Geschichte des Kontors von 1569-1591.

Günstige Anfänge. – Ihre Beeinträchtigung durch Unbotmäßigkeit Kontorange-
höriger und üble Finanzlage. – Schuldenverhältnisse. – Der Kölner Schoßstreit. –
Einfluß der niederländischen Wirren. – Plünderung Antwerpens, Nov. 1576. –
Die Gesandtschaft der Hansestädte 1578/79. – Weiterer Rückgang des Kontors;
Belagerung Antwerpens 1584/5; Prozesse. – Ausgang.

Man hatte im März 1569 die neue Residenz mit den besten
Hoffnungen bezogen.[1]) In der Tat gewährte die damalige Lage
des hansischen Handels in den Niederlanden günstige Aussichten.[2])
Den Rückgang des Pelz= und Tuchgeschäfts seit der Mitte des
Jahrhunderts hatte eine Zunahme des Korn= und des Wollhandels
ausgeglichen. Während der letzte Zweig besonders von den
Braunschweigern bevorzugt wurde, hielten sich andere Städte an
ihre bisherigen Hauptausfuhrartikel; so handelte Köln nach den
Niederlanden vor allem mit rheinischem Wein, Danzig mit den Roh=
stoffen seines Hinterlandes.[3]) Daneben finden wir Kaufleute aus
fast allen andern namhaften Hansestädten vertreten.[4]) Die religiösen
Unruhen konnten, solange sie beschränkt blieben, dem Handel
nicht viel anhaben. Der Verkehr nach Antwerpen stand damals
noch in voller Blüte.[5]) Vor Arnemuiden, dem Vorhafen Ant=
werpens, ankerten um die Wende des siebenten Jahrzehnts mehr
hansische Schiffe als je zuvor oder nachher.[6]) Man konnte er=
warten, daß unter diesen Verhältnissen die Kontorreform gute
Früchte tragen werde.

---

[1]) St. A. Köln, Hanse III E VI 7.
[2]) Hierzu und zum Folgenden Häpke S. 42 f, 52.
[3]) Nach den Kontorakten passim, insbesondere nach den Gütervereignungen,
St. A. Köln, Hanse IV 26 und 27 (vgl. über diese S. 66). Nach den An=
deutungen des Kontorsekretärs (1571) handelte Köln nach den Niederlanden
vornehmlich mit Wein, Münster und Osnabrück mit Vieh, Lübeck, Hamburg,
Danzig und die livländischen Städte mit Korn, Pech, Teer, Asche usw.
K. J. I S. 613.
[4]) 1571 überwogen die Kölner, K. J. I n. 3632.
[5]) 1579 heißt es auf dem Kölner Drittelstag, bei Erbauung des Hauses
sei „die negotiation commertii zu Antorf in allerhochstem flor gewesen",
K. J. II S. 609.
[6]) Häpke S. 52.

Die älteren Darstellungen, denen es an hinreichendem Material
fehlt, übergehen die Jahre nach dem Einzug in das Österfche
Haus und rufen fo den Eindruck hervor, als ob das Kontor fo
gut wie garnicht zum Genuß der neuen Errungenfchaften gekommen
wäre. Dem muß hier auf Grund der Akten entgegengetreten
werden. Insbefondere die Rechnungsbücher geben für die Zeit
bis über den Anfang der fiebziger Jahre hinaus durchaus die
Vorftellung von einem lebhaften Verkehr auf dem Haufe.[1]
Gegenüber der Behauptung Wehrmanns, es fei nur von einigen
holländifchen Hanfeftädten, von deutfchen aber niemals als Refidenz
benutzt worden,[2] ift hervorzuheben, daß die erwähnten Bücher
Namen von Bürgern aus allen bedeutenden Hanfeftädten enthalten, deren Träger alfo auf dem Haufe zum mindeften verkehrt,
meift auch wohl für längere oder kürzere Zeit Wohnung genommen
haben werden.[3] Man ift fogar verfucht, von einer gewiffen,
wenn auch befcheidenen und kurzen Nachblüte kontorifchen Lebens
in diefen Jahren zu fprechen. Die vorhandenen Angaben über
die Stärke der Gefellfchaft auf dem Haufe[4] enttäufchen zwar
etwas: Im Sommer nach der Eröffnung betrug fie an 30 Perfonen;[5]
eine Schoßfitzung des nächften Jahres ergibt ungefähr diefelbe
Zahl.[6] Doch handelt es fich, wenigftens in dem zweiten Falle,
nur um die dauernd Refidierenden, während der wechfelnde Strom
der vorübergehend Anwefenden dabei unberückfichtigt bleibt.

Von Anfang an freilich traten einer gedeihlichen Fortentwicklung Hemmniffe entgegen. Es ließ fich trotz aller Bemühungen
nicht erreichen, fämtliche ledigen Hanfekaufleute in der Stadt auf dem
neuen Haufe zu vereinigen. Mehr als einer der "losledigen Gefellen"
fand es unbequem, das ungezwungene Leben in der inneren Stadt
mit einem ftreng geregelten auf dem abfeits gelegenen Hanfehaufe

---

[1] Vgl. auch die anfangs bedeutenden Einnahmen aus der „Haushaltung';
oben S. 78.
[2] Hanf. GbII. 1873 S. 102.
[3] Noch 1578 verzeichnet eine überficht über die Außenftände des Kontors
bei den Rubriken für Miete und Koftgeld Schuldner aus Köln, Danzig,
Hamburg, Lübeck, Bremen, Braunfchweig, Lüneburg, Riga, Groningen und
anderen Städten. Bei einer Reihe weiterer ift die Herkunft nicht angegeben.
K. J. II S. 520 f.
[4] Nicht hierher zu rechnen find die im K. J. I n. 3770 auf 1571 ange-
fetzten, nach den Randbemerkungen aber die Sudermanfchen Statuten voraus-
fetzenden und daher in fpätere Zeit gehörigen Verzeichniffe St. A. Köln,
Hanfe III A XCV 36, welche Bewohner des Österfchen Haufes und Häuslinge
ungetrennt durcheinander aufführen.
[5] K. J. I n. 3418.
[6] Protokollbuch III S. 201 ff.

zu vertauschen, und ließ die einmonatige Frist, die das Kontor in seiner Hausordnung vom 23. März[1]) für die Übersiedlung gesetzt hatte, unbeachtet verstreichen. Die Vorsteher geboten daraufhin in einer Ordinanz vom 14. Juni bei 50 Talern Strafe aufs neue allen Säumigen den Einzug in das Ostersche Haus, und zwar innerhalb von 14 Tagen für die, welche schon eine Kammer gezeichnet hatten, innerhalb von vier Wochen für die übrigen.[2]) Eine weitere Ordinanz des nächsten Monats[3]) wandte sich an die Häuslinge und forderte sie, wie schon vordem die Hausordnung,[4]) ebenfalls bei Strafe von 50 Talern auf, in der neuen Residenz Kammern und Packhäuser zu mieten und zur „Stärkung der Mannschaft" je einen Diener oder Gesellen dort wohnen zu lassen. Die Mehrzahl der von der ersten Ordinanz Betroffenen gehorchte.[5]) Ebenso zeigten die Häuslinge sich größten= teils willig, wenn auch die meisten es vorzogen, sich von der wörtlichen Befolgung des an sie ergangenen Gebots durch einen jährlichen Beitrag nach dem Verhältnis ihres Vermögens loszu= kaufen;[6]) es ist dies die sogenannte ‚Zulage'. — Immerhin war es doch für die Autorität des Kontorvorstands ein bedenkliches Zeichen, daß sich sowohl unter den Kaufgesellen wie unter den Häuslingen eine Reihe Ungehorsamer fand.[7]) Es war ein Unglück für das Kontor, daß ihm noch immer etwas Provisorisches anhaftete. Abgesehen von der noch ausstehenden Ratifikation der Verträge fehlte es zu seiner inneren Festigung, wie sich hier zeigte, vor allem an genauen Anordnungen der Hansestädte. Es nützte nichts, daß der Kaufmannsrat den Inhalt seiner beiden Ver= ordnungen in die bald danach von ihm selbst erlassenen Statuten aufnahm.[8]) Die Ungehorsamen fochten das eine wie das andere an, indem sie ein Verordnungsrecht der Kontorvorsteher vor dessen Bestätigung durch die Städte überhaupt nicht anerkennen und sich nur der Entscheidung einer hansischen Tagfahrt unterwerfen

---

[1]) St. A. Köln, Hanse IV 15 Bl. 3.

[2]) Protokollbuch III Bl. 35; St. A. Köln, Hanse III A LXXXV 21.

[3]) Vom 27. Juli; Protokollbuch III Bl. 49; K. J. I n. 3420; — wiederholt wurde sie am 29. Juli; ebenda n. 3421. (Es handelt sich dabei nicht um einen neuen, erweiterten Beschluß, wie die dortige Angabe anzudeuten scheint!)

[4]) St. A. Köln, Hanse IV 15 Bl. 3 b.

[5]) St. A. Köln, Hanse III A LXXXV 26 und 30; LXXXVI 6 (u. 7).

[6]) St. A. Köln, Hanse III A LXXXV 6 (u. 7); ebenda Hanse IV 86 S. 20; die langwierigen Verhandlungen hierüber im Protokollbuch III Bl. 49 ff, 54 und öfter.

[7]) Protokollbuch III Bl. 43 b, 52, 54 b f u. öfter, z. B. S. 71 ff, 170 ff; St. A. Köln, Hanse III A LXXXVI 6 (u. 7); K. J. I S. 269 ff, S. 272 ff u. öfter.

[8]) Statuten von 1569 Bl. 8 b f.

wollten.[1]) Dazu kam, daß Köln und Danzig, aus deren Bürgerschaft die Widersetzlichen zumeist stammten, sich ihrer annahmen
und die Ordinanzien gleichfalls als eigenmächtig und unrecht-
mäßig bezeichneten.[2]) Sie sprachen sich auch auf dem folgenden
Hansetag von 1572 offen gegen einen Zwang zum Wohnen auf
dem Osterschen Hause aus[3]) und bekämpften die dahingehenden
Verordnungen des Kontors.[4]) Die Folge war, daß man damals
zwar das Verordnungsrecht des Kaufmannsrates an und für sich
bestätigte, über die Gültigkeit seiner Anwendung in den zur
Beratung stehenden Fällen aber fürs erste nicht zu einem wirklichen Schlusse kam.[5]) Dem Kontor war damit nicht gedient;
vielmehr wurden die Aufsässigen durch ihre Erfolge nur zu
weiteren Kraftproben ermutigt. Bald gefährdeten sie auch die
eigene Gerichtsbarkeit der Genossenschaft durch ihre Mißachtung.
Geradezu ein Musterbeispiel für die Unbotmäßigkeit gegen das
Kontor bietet das Verhalten des aus Köln stammenden Hausgesessenen
Mathern Schöff. Er gehörte zu den ungehorsamen Häuslingen und
war daher vom Kontor zweimal nacheinander in die Buße von
50 Talern verurteilt worden.[6]) Hierdurch gereizt, richtete er
zunächst eine Appellation gegen die Kontorverordnung nach
Lübeck,[7]) ließ sie dann aber wieder fallen und appellierte stattdessen an das Hofgericht in Brüssel, den Brabanter Rat.[8]) Von
dort aus ließ er den ganzen Kaufmannsrat zur Verantwortung
vorladen[9]) und erwirkte gegen ihn eine ‚Inhibition‘, ein Verbot
weiteren Verfahrens.[10]) Neben diesem Prozeß wurde zwischen
Schöff und dem Kontor noch ein zweiter geführt, dessen Ausgangs-
punkt, eine Schuldforderung Schöffs an einen Danziger Kaufmann, schon weiter zurücklag. Schöff hatte dabei, weil ihm das
Kontorgericht auf seine Klage hin nicht nachdrücklich genug vor-
zugehen schien, gegen seinen Gegner ohne Erlaubnis der Älter-

---

[1]) Protokollbuch III Bl. 52, 54 b f, S. 167 ff, 176 ff u. öfter; St. A. Köln,
Hanse III A XCI 35, E VI 10.
[2]) K. J. I n. 3434, 3445, 3455, 3466 ff, 3501, 3529, 3570.
[3]) Wiewohl der Danziger Rat anfangs, noch nicht beeinflußt von seinen
mit der Wahl des Platzes unzufriedenen Kaufleuten, für einen solchen Woh-
nungszwang gewesen war, vgl. D. J. S. 873 unter 2.
[4]) K. J. II (S. 345), S. 383 f, 387; Sartorius III S. 291.
[5]) K. J. II S. 387 f unter 4. August.
[6]) Protokollbuch III Bl. 52, 54 b f u. öfter; ausführlicher Bericht über die
Sache Schöff: St. A. Köln, Hanse III A XCI 39.
[7]) K. J. I n. 3549.
[8]) K. J. I n. 3566; St. A. Köln, Hanse III A XCI (19 u.) 20, 24, 36, XCIV 34.
[9]) Ebenda; dazu K. J. I n. 3596, 3634.
[10]) Sartorius III S. 293; K. J. I n. 3616, 3632.

leute die Gerichtsgewalt der Stadt Antwerpen in Anspruch genommen und diese sich vertragswidrig darauf eingelassen.[1] Auch diese Sache kam vor den Brabanter Rat, wurde von ihm auf Gesuch des Kontors an dieses zurückverwiesen,[2] dann aber aufs neue von Schöff in Brüssel anhängig gemacht.[3] Er ging soweit, den in die Angelegenheit verwickelten[4] Kontorsekretär Laffarten gerichtlich arrestieren zu lassen.[5] Zugleich machte er dem Kontor immer neue Schwierigkeiten, wiegelte auch andere auf, darunter seinen Vetter Hans Schöff[6] und verweigerte mit ihnen die Schoßzahlung.[7] Gegenüber der eigenen Gerichtsbarkeit des Kontors stellte er den Satz auf, daß sie nur für diejenigen gelte, die sich freiwillig darunter begäben; die höhere Instanz der Hanse vollends werde durch die Landesgesetze ausgeschlossen, die keine Appellation außer Landes zuließen.[8] In seiner Opposition gegen die Kontorgewalt scheute er sogar vor Tätlichkeiten gegen einen Altermann nicht zurück.[9] Der Syndikus Sudermann, dem das Kontor ans Herz gewachsen war, der von Köln aus seine Entwicklung verfolgte und unermüdlich war in Ratschlägen, Gutachten und persönlichen Bemühungen, suchte auch hier zu vermitteln, teils schriftlich[10], teils an der Spitze einer Kölnischen Abordnung in Antwerpen[11]. Aber Schöff blieb hartnäckig.[12] Er führte eine gerichtliche Verurteilung des Sekretärs herbei[13] und betrieb seine Prozesse gegen das Kontor nur um so eifriger.[14] Die Sachen Schöff wirbelten in den beteiligten Kreisen viel Staub auf;[15] in den Akten des Kontors und Sudermanns kehren sie

---

[1] Protokollbuch III Bl. 18 b; St. A. Köln, Hanse III A XCII 27; ferner K. J. I n. 3396, 3402, 3458, 3505.

[2] St. A. Köln, Hanse III A XCI 26; K. J. I n. 3575.

[3] St. A. Köln, Hanse III A XCIII 1 (= 2).

[4] St. A. Köln, Hanse III A XCI 21 (= 22), XCIII 1 (= 2); K. J. I n. 3567, 3571, 3631.

[5] K. J. I n. 3651 ff, 3658; — um tatsächliches ‚Gefängnis‘ handelt es sich dabei nicht, nur um eine Art Hausarrest; St. A. Köln, Hanse III A XCIII 5, 11.

[6] Vgl. K. J. I n. 3620, 3646.

[7] St. A. Köln, Hanse III A XCI 36, XCII 6, 16, 27, XCIII 21, XCIV 20; K. J. II n. 87.

[8] St. A. Köln, Hanse III A XCI 36, 42; Protokollbuch III S. 308.

[9] Sartorius III S. 293.

[10] K. J. I n. 3437 ff, 3479, 3579, 3589, 3622, 3650.

[11] St. A. Köln, Hanse III A XCIII 21, XCIV 1 (= 2), 10; K. J. I S. 295 f.

[12] St. A. Köln, Hanse III A XCIV 1 (= 2); K. J. I n. 3691.

[13] St. A. Köln, Hanse III A XCV 2 (= K. J. I n. 3730).

[14] K. J. I S. 303.

[15] Der Sekretär Laffarten schreibt im Juni 1571 an Sudermann darüber: „Es erroget viell unwill im Cunthoir und krenchet die authorithet des Cunthoirs so woll zo hofe als bei der stath, das er tamquam membrum Emporii alsulchs darife furnehmen", St. A. Köln, Hanse III A XCIII 3.

immer wieder, und der Hanfetag von 1572 widmete ihnen befondere Beratungsartikel und lange Verhandlungen.) Der Tod Schöffs im Jahre 1573[2]) befreite das Kontor von diefem Plagegeift,[3]) aber das böfe Beifpiel war einmal gegeben und wirkte weiter.[4]) Umgehungen der hanfifchen Gerichtsbarkeit durch Kontorangehörige, Anrufung der Landesgerichte gegen vermeint=liche Rechtsverkürzungen und Ungerechtigkeiten des Kaufmanns=rats wurden eine gewöhnliche Erfcheinung. Hinfichtlich der letzteren Fälle hatte es fich fchon in den Prozeffen Schöffs als ein Mangel herausgeftellt, daß die Brabanter Privilegien — im Gegenfatz zu den flandrifchen — nur die eigene Gerichtsbarkeit des Kontors für die erfte Inftanz ausdrücklich feftftellten, es aber unentfchieden ließen, wo man hinwieder gegen den Kaufmannsrat felbft und feine Entfcheidungen Berufung einlegen könne. Die Hanfen hatten die Erfahrung machen müffen, daß aus dem erften Zugeftändnis die für fie felbftverftändliche Folgerung, nämlich alleinige Appellation an Lübeck und den Bund[5]), nicht auch von den brabantifchen Behörden ohne weiteres gezogen wurde.[6]) Das Kontor fah fich infolgedeffen genötigt, bis zur Klärung diefer Frage unaufhörlich vor den Landesgerichten zu prozeffieren. In Brüffel hielt es fich, freilich nicht allein zu diefem Zwecke, ftändige Advokaten und Prokuratoren.[7]) Es würde zu weit führen, auf die einzelnen Prozeffe, unter denen die mit Kurt Sefemann aus Hamburg, Gert Michels aus Soeft, Georg Wineken aus Nim=wegen und Barthold Bölemann hervorragen, hier näher einzu=

---

[1]) K. J. II S. 337 Art. 13 f, S. 345 Anm. 3, S. 370 n. 6 f—k, S. 384.

[2]) K. J. n. 315.

[3]) Der Prozeß felbft wurde zwifchen feinen Hinterbliebenen und dem Kontor fortgefetzt (K. J. II n. 339, 398, 408, S. 433 Art. 6, S. 439 zu Art. 2). Es kam dem Kaufmannsrat vor allem auf die Anerkennung feiner Gerichts=hoheit an, die in der Tat erfolgte zuletzt ein Erkenntnis in diefem Sinne gegen Schöff (St. A. Köln, Hanfe III A CXXXI 39 (= 40 f)). Aber nun forderte man auch noch aus deffen Nachlaß die Prozeßkoften (ebenda; dazu K. J. II S. 585 Art. 13, vorn n. 1610, 1616, 1703, 1706). Soweit der Sekretär Laffarten beteiligt war, wurde die Sache gütlich beigelegt (St. A. Köln, Hanfe III A CXXXI 39 (= 40 f); K. J. II n. 1503); auch für den übrigen Teil bemühte fich das Kontor um einen Vergleich (K. J. II n. 1628, 1687 f). Über den Ausgang erfahren wir nichts; das Verfahren fcheint fchließlich eingeftellt und alles im Sande verlaufen zu fein.

[4]) St. A. Köln, Hanfe III A LXXXIX 48.

[5]) Vgl. K. J. II n. 34, S. 370 Art. 6g, S. 384 unter Art. 14, S. 439.

[6]) St. A. Köln, Hanfe III A XCI 89; vgl. dazu K. J. I n. 3623, 3660, II n. 67, S. 345 Art. 14.

[7]) Am meiften genannt werden Dietr. v. Liesveld und Dan. Scarlans (z. B. K. J. I n. 3741, II n. 571, S. 793), fpäter befonders Otto Hartius (z. B. ebd. II n. 2110, 2562, S. 793) und Jak. Rolanz (z. B. ebd. n. 2814).

gehen.[1]) Nur soviel sei hier bemerkt, daß sie nicht immer zu Gunsten des Kontors ausgingen.[2])

Gaben schon diese Verhältnisse zu Sorgen Anlaß genug, so in noch höherem Maße die vom Hausbau herrührende drückende Schuldenlast und die dadurch hervorgerufene ungünstige Finanzlage des Kontors. Bevor wir in ihre Betrachtung eintreten, bedarf es einiger Erklärungen über den Begriff der Kontorschulden überhaupt. Allerdings können wir hier nur die hauptsächlichsten Gesichtspunkte in der damaligen Auffassung und Beurteilung der in Betracht kommenden Verhältnisse zu ermitteln versuchen, da die finanzrechtliche Stellung der Kontore noch weniger als ihre allgemeinrechtliche innerhalb des hansischen Gemeinwesens durch feste Bestimmungen geregelt war. Wir haben schon an früherer Stelle[3]) darauf hingewiesen, daß nach der damaligen Anschauung der Besitz des Kontors letzten Endes nicht ihm im besonderen, sondern dem Städtebunde insgesamt gehörte. So übernahm das Kontor 1568 das Eigentum an dem neuen Hause, wie es ausdrücklich heißt, „im Namen der Hanse"[4]) oder „in Vertretung der Städte"[5]). Die Leiter des Kontors galten nur als Verwalter des gemeinhansischen Eigentums, über das ihnen eine freie Verfügung nicht zustand.[6]) Demgegenüber

---

[1]) Es gehören in diesen Zusammenhang z. B. K. J. II n. 141, 171, 186, 299, 536, 543, 704, 1060, S. 392 unter 9. Aug., S. 433 Art. 11, S. 439 Art. 1 e; vgl. auch St. A. Köln, Hanse IV 27 Bl. 121, IV 36 S. 236; Protokollbuch III S. 301.

[2]) Vgl. z. B. K. J. II n. 808.

[3]) S. S. 46 Anm. 6.

[4]) K. J. I n. 3333.

[5]) K. J. II S. 386. — Weitere Äußerungen in gleichem Sinne ebenda Anh. S. 378 f unter Art. 6, und unter n. 96*.

[6]) Eine Ausnahme macht das Inventar, über das wir die Kontorvorsteher nach Belieben verfügen sehen, z. B. K. J. I n. 2900, 3049/50, 3145, II S. 62 Anm. 1. Im übrigen aber wird der obige Grundsatz festgehalten. Das Kontor bedurfte, um seine Häuser verpfänden zu können, der Genehmigung des Hansetags. Eine solche erhielt es auf der Tagfahrt von 1572; zugleich wurde damals Köln mit der Beaufsichtigung dieser Verpfändungen betraut: K. J. II S. 387, auch S. 344 Anmerkung (der Seite 343); siehe ferner ebenda vorn n. 345, 359, 394; Hanf. Gbll. 1873 S. 69; St. A. Köln, Hanse III E VII 25 f; ebenda Hanse IV 27 Bl. 41; St. A. Lüb. A. Fl. Vol. II unter 28 und 32 (Schuldverschreibungen des Kontors an Bremen vom 6. Apr. 1577 und an Rostock vom 24. Dez. 1576). Frühere Fälle, in denen das Kontor die Hansehäuser zum Pfand einsetzt (K. J. I n. 2377, 2451, 3356), müssen hiernach als ein Überschreiten seiner Befugnisse betrachtet werden. Wie die Städte darüber dachten, erfahren wir allerdings in diesen Fällen nicht, wohl aber in einem später liegenden. Der Ältermann Prätor hatte 1575 das Kleine Osterfche Haus am Kornmarkt einem hansischen Kaufmann gegen ein Darlehen von 700 Pfd. auf sieben Jahre als Pfand eingeräumt (St. A. Köln, Hanse IV 36 S. 156; St. A. Lüb. Miscellanea Flandr. et Antwerp. Vol. II unter b; hierzu K. J. II n. 744). Die Städte erklärten auf ihrer Versammlung von 1579 und später dies Abkommen für eigenmächtig und nichtig; es wurde dem Kontor verboten, sein Siegel in dieser Weise wieder zu gebrauchen: K. J. II S. 586.

könnte es auffallen, daß alle zum Hausbau aufgenommenen
Gelder als Schulden nicht des Hansebundes, sondern des Kontors
bezeichnet werden. Die zahlreichen Belege zeigen deutlich, daß
es sich dabei nicht etwa nur um eine Nachlässigkeit im Ausdruck
handelt.[1]) Dazu kommt vor allem die Tatsache, daß auch die
Schuldscheine vom Kaufmannsrat ausgestellt werden.[2]) Die Erklärung ist in dem auch sonst zu beobachtenden Verfahren der
Hanse zu suchen, die Kontore für die Kosten der zu ihrem Nutzen
unternommenen Schritte nach Möglichkeit selbst aufkommen zu
lassen. Während der Städtebund als solcher über keine ständigen
Einnahmequellen verfügte und zu einer der bei den meisten Mitgliedern wenig beliebten ‚Kontributionen‘ hätte greifen müssen,
hatte er andrerseits der Genossenschaft seiner Kaufleute in Antwerpen durch die Reform wieder regelmäßige Einkünfte verschafft,
die nicht direkt auf Opfer der Städte selbst, sondern ihrer die
Vorteile der Kontoreinrichtungen und der brabantischen Privilegien
benutzenden Einwohner zurückgingen. Sowohl den Städten wie
dem Kontor erschien es selbstverständlich, daß man daraus in
erster Linie die Kosten des Hausbaus bestreiten müsse; das
Kontor stellte somit gleichsam das vermittelnde Organ der Bezahlung dar. Dieser Gedanke, wenngleich selten klar ausgesprochen, schimmert überall durch;[3]) in der Praxis verfuhr man
ohne weiteres danach. Das Kontor hatte die Zinszahlungen für
die angeliehenen Gelder, gleichviel woher sie stammten; ebenso
sollten ihm die Rück- bezw. Abzahlungen des Kapitals zufallen.
Je weniger es allerdings, wie wir sehen werden, im Laufe der
Jahre diese Anforderungen zu erfüllen vermochte, desto mehr tritt
der Begriff der Solidarität der Hansestädte und ihres Kontors
hervor, derzufolge die ersteren insgesamt für die pekuniären Verpflichtungen des letzteren haften.[4]) Die Städte haben auch zuletzt,

---

[1]) Z. B. K. J. I n. 2280/1, 2959, II n. 135, 137, 210 u. öfter, Anh. S. 343
unter Anm. 2, S. 378 f unter Art. 6, S. 379 unter 20. Juni, S. 387, 444
unter Art. 7, S. 740 zu 5., n. 274*; vgl. ferner K. J. I S. 538; D. J. S. 900
unter 5. Jan. (wo die Stundung der Darlehen natürlich dem Kontor gilt,
von dem allein die Rede ist).

[2]) Z. B. K. J. I n. 2280/1, 2434, 2668, 2959; Hans. Gbll. 1873 S. 68.

[3]) So K. J. I S. 519 unter 1, S. 538, 568 Anm. 1, S. 570, II S. 343
Anm. 2, S. 432 unter 2., S. 635; 1582 heißt es in einem Bericht über die
Werbung des Altermanns Gläser in Lübeck (vom 16. Juli, St. A. Lüb. A. Fl.
Vol. III unter 35), es müsse von den Einkünften des Kontors „ein vorradt
gesammelt werden, dar van man de erb. Stede des vorlechten hirnegenst
betalen möchte" (Bl. 2b); ähnlich ebenda unter 39, Vol. IV unter 45.

[4]) Siehe z. B. K. J. II n. 758, 2839; dann besonders in den zahlreichen
Schuldenaufstellungen der folgenden 15 Jahre, z. B. ebenda Anh. n. 79*,

als die Bezahlung der Schulden nicht länger hinauszuschieben war, dementsprechend gehandelt.[1])

Zunächst aber fielen jedenfalls sämtliche Anleihen dem Kontor zur Last. Die Verhältnisse dieser Kontorschulden sind derartig verwickelt, die Angaben passen bisweilen so wenig zusammen, daß es unmöglich erscheint, in alle Einzelheiten einzudringen. Das Kontor verlor schließlich selbst die Übersicht,[2]) da die Schuld= verschreibungen vielfach in andere Hände übergingen, außerdem Unregelmäßigkeiten in der Führung der Bücher vorkamen. Wir beschränken uns deshalb hier auf die Hauptsachen.[3]) Die erste Rate von 10 000 Gl. hatte man, wie früher ausgeführt,[4]) mit den Darlehen der Häuslinge begleichen können. Die hansischen Bevollmächtigten hatten hierin nur eine vorläufige Aushülfe bis zu weiterer Entschließung der Städte sehen wollen, damit der Hausbau inzwischen sofort in Angriff genommen werden könne. In der Tat traf gleich der Hansetag von 1564 Vorkehrungen für die Aufbringung von Geldern,[5]) indem er die nächsten Raten= zahlungen auf die vier Quartiere des Bundes verteilte; (Hamburg und Lüneburg wurden dabei ausnahmsweise mit dem braun=

---

n. 96* unter B; vgl. auch n. 261* Art. 2. — Öfter dabei vorkommende Aus= brücke wie „die Städte schulden den Städten" sind daher ihrem Sinne nach aufzulösen als „der Städtebund als Ganzes schuldet denjenigen seiner Mit= glieder, die zum Hausbau vorgeschossen haben"; deutlich heißt es einmal in einem Rechenbuch des Kontors: „So bleiben die stedte [inns gemeine] schuldigk an diverse stedte und personen — — —", St. A. Köln, Hanse IV 38 Bl. 93b. Zum Grundsatz der Gesamthaftung vgl. auch K. J. I n. 3064. Ihm widerspricht es nicht, sondern entspricht es, wenn Köln sich von den Städten seines Quartiers Schadloshaltung für sein Darlehen an das Kontor verbürgen läßt (z. B. K. J. I n. 2394, 2512, 3324) und Danzig für das seinige ein Gleiches in seinem Quartier verlangt (K. J. II S. 387). Daß in beiden Fällen nur die Städte innerhalb des Quartiers zur Bürgschaft herangezogen werden, erklärt sich aus der anfänglichen Absicht der Hanse, ihre Beiträge zum Hausbau nach bestimmter Verteilung in jedem Quartier gesondert aufbringen zu lassen.

[1]) S. weiter unten.
[2]) Von den Zusammenstellungen der achtziger Jahre (besonders St. A. Lüb. A. Fl. Vol. II unter 28, III unter 35, 39) stimmt kaum eine mit der andern überein.
[3]) Die Belege zum Folgenden zerstreuen sich bei der Überfülle des Materials zu sehr, als daß eine Anführung aller Wert hätte; hier sei nur auf einige der wichtigsten Stücke verwiesen: Abrechnungen des Altermanns Neenstede, St. A. Köln, Hanse IV unter 42; Kontorrechnung von 1566—72, ebenda unter 43 (zum Jahre 1572); von den Rechnungsbüchern insbesondere ebenda Hanse IV 36, 38, 39; Aufstellungen des Altermanns Gläser aus den achtziger Jahren, St. A. Lüb. A. Fl. Vol. II unter 28, III unter 35, 39; „General Bericht des empfangs und außgaben — — —", St. A. Köln, Hanse IV 45 (zum Jahre 1593), im Auszug abgedruckt bei Ennen, Hans. Gbll. 1873 S. 54 f.
[4]) S. S. 28 f.
[5]) K. J. I S. 537 f.

schweigischen zusammengestellt;) die sechste Rate sollte den Vor-
räten der Kontore entnommen werden. Von einem Verkauf des
Kleinen Österschen Hauses, an den man vorher gedacht hatte,[1]
war fürs erste nicht die Rede. — Unterdessen hatte das Kontor
auch dem zweiten Termin (im Juli 1564) bereits genügt, indem
der Altermann Neenstede, der die Zahlungen leitete, einen Rest
des Häuslingsdarlehens[2] verwandte und dazu, offenbar auf
eigene Hand, weitere nicht unbeträchtliche Summen aufnahm.[3]
Die 10000 Gl. für die dritte Rate (fällig im November 1564[4])
erwartete man nach den Abmachungen unter den Städten von
Köln als dem Haupt seines Quartiers;[5] jedoch gingen die vom
Kölner Rat dafür ausgestellten Wechsel erst nach und nach ein,
und da auch Lübeck, das eigentlich schon eher an der Reihe
gewesen wäre, dessen Kräfte aber durch den damaligen Krieg mit
Schweden stark in Anspruch genommen wurden, seine Quote
nicht flüssig machen konnte, ließ sich das Kontor zuletzt im Einverständnis mit dem Lübecker Rat[6] die fällige Summe von der
Stadt Antwerpen in Gestalt einer verzinsbaren Anleihe auf ein
Jahr stunden. Inzwischen hoffte Lübeck das Geld aufzubringen;
der Hausgesessene Bonaventur Bötger (Bödeger, Bobbeker) aus
Danzig verbürgte sich dem Antwerpener Rat für die Zahlung
von Kapital und Zinsen.[7] Der vierte Termin (März 1565[8])
konnte von den mittlerweile vollständig übermachten Geldern der
Stadt Köln[9] bestritten werden; die beiden letzten Raten machten
dagegen die größten Schwierigkeiten. Danzig, entsprechend seiner
ganzen Stellung zum Hausbau,[10] schickte trotz aller Aufforderungen
keinen Gulden,[11] und von Braunschweig, Hamburg und Lüneburg,
die zusammen eine Rate decken sollten, gab nur das erstere im
Herbst 6000 Gl.[12] Diese mußten aber, da Lübeck mit seiner
Quote auch weiterhin im Rückstande blieb,[13] zur teilweisen

---

[1] Ennen, Hans. Gbll. 1873 S. 54.
[2] Es betrug im Ganzen 12144 Gl.
[3] Hierzu K. J. I n. 2377 (?), 2381.
[4] K. J. I n. 2407.
[5] Hierzu K. J. I n. 2434.
[6] Zu den vorausgehenden Verhandlungen vgl. St. A. Köln, Hanse IV 26
Bl. 6b = K. J. I n. 2350; ferner ebenda n. 2353, 2362 f.
[7] Hierzu K. J. I n. 2464, 2471, 2537, 2539, 2598.
[8] K. J. I n. 2542, 2561.
[9] K. J. I S. 185 ff (hierher auch n. 2492), ferner n. 2567 f.
[10] Vgl. S. 26 f.
[11] Hierzu K. J. I n. 2608 f, 2621, 2643.
[12] Hierzu K. J. I n. 2700.
[13] Hierzu K. J. I n. 2740, 2773, 2892, 2934 f.

Einlösung der deswegen dem Antwerpener Rat gemachten Ver-
schreibung benutzt werden. Für den Rest ebendieses Schuld-
postens mitsamt den Zinsen, zusammen 4800 Gl., hielt sich
Antwerpen nach Ablauf des Jahres an den Bürgen Bötger.[1]
Die noch fehlenden 20000 Gl. der letzten Termine aber konnte
es vom Kontor ebensowenig erlangen wie dieses wiederum von
den Hansestädten. Weder Danzig noch Hamburg und Lüneburg
ließen sich durch die Bitten des Kaufmannsrats erweichen,[2] und
mit nicht mehr Glück wandte er sich an Hannover und Hildes-
heim.[3] Die ‚Vorräte‘ der Kontore, mit denen der Hansetag
gerechnet hatte, waren eine ungewisse Größe. Der Londoner
Stahlhof glaubte die von ihm gewünschten 700 £[4] nicht entbehren
zu können, sondern streckte nur 300 £ (= 2114 Gl.) vor;[5] die
Überschüsse aber, die das Antwerpener Kontor selbst erzielte, waren
nicht bedeutend genug, um ins Gewicht fallen zu können,[6] und
mußten außerdem für die Inneneinrichtung des neuen Hauses
aufgespart werden. Unter diesen Umständen sah sich das Kontor
genötigt, Antwerpen wegen Zahlung der letzten Raten wiederholt
um Aufschub zu bitten[7] und schließlich der Stadt für die ganze
Summe eine Schuldverschreibung auszustellen.[8] Es war nur
gut, daß der Antwerpener Rat, der seinen Verpflichtungen
pünktlich nachgekommen war,[9] auch die Mehrkosten des Hausbaus
offenbar ganz oder doch größtenteils auf seine Kasse übernahm.[10]

Die nächsten Jahre besserten die Lage des Kontors in dieser
Beziehung nicht, vielmehr drangen die Häuslinge, die ihr zins-
freies Darlehen nur auf zwei Jahre gewährt hatten, und andere
Gläubiger des Kontors auf Bezahlung.[11] Um sie zufrieden zu
stellen, mußte man teils anderswo neue Anleihen machen,[12]
zum Teil hohe Zinszahlungen versprechen.[13] Dennoch hielten

---

[1] Vgl. Protokollbuch II S. 211.
[2] Hierzu K. J. I n. 2738 f, 2928, 2930, 2934, 3053.
[3] Hierzu K. J. I n. 2669, 2744.
[4] K. J. I n. 2652.
[5] Hierzu K. J. I n. 2685, II S. 352 unter Anlage 2. — Ein englisches
Pfund war damals = ungefähr 7 brab. Gulden, also größer als ein bra-
bantisches Pfund.
[6] Vgl. darüber S. 80.
[7] Hierzu K. J. I n. 2737 f, 2747 ff, 2757.
[8] Hierzu K. J. I n. 2762, 2766 f, 3127.
[9] Hierzu K. J. I n. 2455, 2560.
[10] St. A. Köln, Hanse III A LXXXVIII.
[11] K. J. I n. 2882, 2897 f, 3145.
[12] Hierzu wohl K. J. I n. 2652, 2804, 2809, 2900 ff, 3049.
[13] Protokollbuch II S. 211, 226 ff.

die Hansetage dieser Jahre die Lage anscheinend noch nicht für bedenklich. Der von 1566 begnügte sich mit einer Mahnung an Danzig, Hamburg und Lüneburg;[1] der von 1567 kam im Effekt um keinen Schritt weiter.[2] Anfang 1567 erreichte ein Abgesandter des Kaufmannsrats[3] zwar in Lübeck und Hamburg Zusagen baldiger Zahlung,[4] aber beide Städte zogen sich wieder zurück.[5] Das Kontor, auf sich selbst angewiesen und neuer Geldmittel bedürftig, unter anderm weil die Stadt Antwerpen ihre Außenstände beim Kontor mit den aufgelaufenen Zinsen (rund 24800 Gl.[6]) an einen Genuesen, Piedro Spinola, über-wiesen hatte, wandte sich an einen bekannten Finanzmann, Johann Fleming, Herrn von Wyneghem, und erhielt von ihm ein Darlehen von im ganzen 30000 Gl.[7] So wuchsen mit den Mauern des Hauses auch die Schulden empor. 1568 betrugen sie rund 11500 Pfd.,[8] die jährlich eine Verzinsung von 4000 Gl. erforderten.[9] Das Kontor hatte unter diesen Verhältnissen Bedenken getragen, das Eigentum an einem so schwer belasteten Hause zu übernehmen,[10] sich aber doch dazu entschlossen, weil es davon eine Verbesserung seiner ganzen Stellung und ins-besondere seiner Finanzlage erhoffte. In letzterer Beziehung sah es sich allerdings bald enttäuscht. Die Einnahmen an Miete blieben weit hinter dem Anschlag zurück,[11] da zwar die Lager-räume des neuen Hauses sehr begehrt und fast immer vermietet waren,[12] die Wohnkammern aber auf die vierfache Zahl der auf dem Hause tatsächlich residierenden Kaufleute berechnet waren

[1] K. J. I S. 571.
[2] D. J. S. 881.
[3] Vgl. Protokollbuch II S. 225.
[4] K. J. I n. 3006, 3041, 3048.
[5] Ebenda n. 3125, 3136/7. — Lübeck hatte auch weiterhin alle Mittel für seinen Krieg nötig, vgl. ebenda n. 3064, 3414.
[6] Vgl. K. J. I n. 2862, 3531, II S. 386.
[7] Hierzu K. J. I n. 3355 f, Anh. unter n. 94*, II S. 386.
[8] = 68000 Gl., nämlich bei Hansestädten, Köln (10000) und Braunschweig (6000), zusammen 16000 Gl., bei den Häuslingen und beim Londoner Kontor (12144 + 2114 =) 14258 Gl., das übrige bei andern hansischen wie nicht-hansischen Privatleuten, darunter Johann Fleming als Hauptgläubiger mit 30000 Gl. Nach dessen Tode trat sein Bruder Arend Fleming an seine Stelle (hierzu K. J. I n. 3531). Neben ihm erscheint 1569 als Beteiligter, seit 1573 als alleiniger Eigentümer an dem Schuldschein Kaspar Schetz, Herr von Grobbendonck, Generalschatzmeister in den Niederlanden; St. A. Köln, Hanse III A CIII 1; vgl. K. J. I n. 3442, 3716, 3733, 3742, II n. 359, 612, S. 538 zu 6.
[9] K. J. I n. 3362.
[10] K. J. I S. 599.
[11] Vgl. S. 77 mit Anm. 4.
[12] Sogar die Torwege an der West- und der Nordseite wurden für Lagerung von Waren vermietet, St. A. Köln, Hanse IV öfter unter 36.

und infolgedessen schwerlich viel mehr als ein Viertel von ihnen
zu gleicher Zeit benutzt wurde. — Noch schlimmer aber stand es
mit dem Schoß. Denn während sich die Mieteeinnahmen im
ersten Jahrfünft nach dem Einzug in das Haus wenigstens auf
der einmal angenommenen Höhe erhielten, war der Schoß in
fast ständigem Rückgang begriffen.

Schoßhinterziehungen, ein altes Leid der hansischen Kontore,
hatten schon gleich mit der neuen Aufrichtung des Schoßbriefs
wieder eingesetzt;[1]) daß sie aber immer allgemeiner wurden, war
die Folge der mangelnden Einmütigkeit in dieser Frage unter
den Städten selbst. Aus der Zahl der dem Schoß abgeneigten
Bundesglieder ragte Danzig hervor, das sich gegen eine dauernde
Bewilligung sträubte, außerdem Schoßfreiheit für eine Reihe
bezeichneter, von seinen Bürgern viel verhandelter Waren ver=
langte.[2]) Noch mehr als die Haltung Danzigs aber beschäftigte
die Gemüter bald die einer andern Quartierstadt, nämlich Kölns,
zumal dieses darüber mit dem Kontor in einen langwierigen
Zwist geriet. Er war gewissermaßen die Fortsetzung eines
100 Jahre zurückliegenden, ebenfalls zwischen Köln und dem
niederländischen Kontor ausgefochtenen Schoßstreits.[3]) Ersteres
hatte sich damals der Ausführung eines gemeinhansischen Be=
schlusses widersetzt, der dem Kontor mit Rücksicht auf die zu=
nehmende Dezentralisation des niederländischen Handels eine
Erweiterung seines Schoßgebiets über Flandern hinaus auf
Brabant, Holland und Seeland zugestand. Der jahrzehntelange
Zwist endete 1476 in Bremen mit einem Vergleich, der die
Kölner Kaufleute gegen einen jährlichen Pauschbetrag von
100 Goldgulden von der Schoßzahlung in den genannten drei
Ländern entband, sodaß sie nur in Flandern auch weiterhin dazu
verpflichtet blieben.[4]) Auf Grund dieses Vertrages glaubte Köln
jetzt dem nach Antwerpen, also in sein Freigebiet, verlegten
Kontor außer der jährlichen Abfindungssumme keinen Schoß
schuldig zu sein. Die Kontorvorsteher und mit ihnen die übrigen
Hansestädte vertraten dagegen den Standpunkt, daß das Vor=
recht der Kölner für das Kontor selbst, d. h. den jeweiligen Ort

---

[1]) Z. B. Protokollbuch I Bl. 292 (295) b; K. J. I n. 1475, 1649, 1919, 1963,
S. 448, S. 456.
[2]) Z. B. Protokollbuch II S. 94, 205; K. J. I n. 2076, 2117, S. 423 f,
510, 537, II S. 442; D. J. S. 876 unter 3.
[3]) Siehe darüber Daenell II S. 68 ff.
[4]) Daenell II S. 138; der Vertrag selbst: H. R. II 7 S. 598 ff.

seiner Residenz, keine Geltung habe. Es handle sich, wie Name, Wappen usw. bewiesen, um das alte Brüggische, nur notgedrungen nach Antwerpen verlegte Kontor, das sie also gleichsam als flandrische Enklave in Brabant aufgefaßt wissen wollten; es werde von der Schoßfreiheit der Kölner ebensowenig berührt wie früher; nur der übrige Teil der nördlichen Niederlande sei darunter begriffen.[1]) Da sich der Kölner Rat, wiewohl sonst dem Kontor gewogen, in dieser Angelegenheit allein durch den Vorteil seiner Bürger bestimmen ließ und von vornherein seine Auffassung geltend machte,[2]) trat zwischen ihm und dem Kontor eine ernstliche Spannung ein. Die Sache kam schon 1562 auf einem Hansetag zur Sprache,[3]) zu eingehender Verhandlung aber erst auf dem von 1566.[4]) Das Ansinnen, sich einem Erkenntnis der andern versammelten Städte zu unterwerfen, wies Köln von sich, weil diese selbst dabei interessiert seien und nicht Richter sein könnten. Man beschloß zuletzt, aber ohne Zustimmung der Kölner, daß beide Parteien eine ausführliche, schriftliche Darlegung nach Lübeck einsenden und die danach zu treffende Entscheidung einer der nächsten Städteversammlungen erwarten sollten. Stattdessen jedoch brachte Köln die Sache vor das kaiserliche Kammergericht in Speyer, zog sie dann allerdings, einige Zeit später, nach seiner eigenen Aussage freiwillig, wieder zurück.[5]) Immerhin war es noch weit entfernt davon, sich dem Schiedsspruch der Städte zu unterwerfen, und wenn es auch in Befolgung des Rezesses von 1566, wie schon vordem das Kontor, die gewünschte schriftliche Erklärung über seinen Standpunkt in der Tat an Lübeck einsandte,[6]) so wollte es doch damit, wie seine Vertreter auf dem Hansetag von 1572 ausdrücklich erklärten, lediglich einen gütlichen Austrag der Sache erleichtern.[7]) Es blieb infolgedessen auch diesmal bei Auseinandersetzungen.[8]) Man verabschiedete, daß die nächste hansische Gesandtschaft in die Niederlande über Köln reisen, dort etwaige neue Erklärungen

---

[1]) Umfangreiche Akten über den Kölner Schoßstreit finden sich St. A. Köln, Hanse IV 77, 87; siehe ferner K. J. I Anh. n. 84*; mit der Kölner Appellation an das Kammergericht zusammenhängende Notariatsinstrumente im St. A. Lüb. unter Miscellanea Flandr. et Antwerp.
[2]) Z. B. K. J. I S. 359, 374 unter 25. Juni.
[3]) K. J. I S. 509 f.
[4]) Ebenda S. 570 ff.
[5]) St. A. Köln, Hanse III A CX 5.
[6]) Vgl. K. J. II n. 32.
[7]) K. J. II S. 344 Anm. 2.
[8]) Ebenda S. 21 ff, S. 344 Anm. 2, S. 382.

des Rats entgegennehmen und eine Vermittlung versuchen sollte.[1]) Der Plan konnte jedoch fürs erste nicht ausgeführt werden, und auf dem Hansetag von 1576 begannen die Erörterungen von neuem. Die umständlichen Verhandlungen[2]) fielen nicht nach dem Wunsch der Kölner aus; die Einsetzung eines Ausschusses zu endgültiger Entscheidung des Handels[3]) war ihnen nicht recht. Vielmehr gewann ihr Rat die Überzeugung, daß er auf diesem Wege nicht zum Ziele käme, und leitete daher zum zweiten Male einen Prozeß beim Kammergericht ein,[4]) den aufzunehmen er die ganze Hanse und den Antwerpener Kaufmannsrat durch öffentliche Zitation nötigte. Das Verfahren wurde 1577 eröffnet,[5]) aber Anfang 1579 von seiten Kölns wieder eingestellt;[6]) dafür näherte sich jetzt Köln wieder der Gegenpartei zu friedlichem Austrag der Sache und übersandte dementsprechende Vorschläge.[7]) Auf dem Hansetag von 1579 wurde für ihre Prüfung und für weitere Verhandlungen ein Ausschuß bestellt, dem neben Sudermann die Städte Münster und Wesel angehörten.[8]) Der gewünschte Ausgleich wurde freilich auch hierdurch nicht herbeigeführt.[9])

Der Kölner Schoßstreit hatte für das Kontor von Anfang an die nachteiligsten Folgen. Noch mehr als bei den theoretischen Erörterungen der Hanseversammlungen wurde natürlich bei der Schoßzahlung selbst der Ruf nach „Gleichheit" laut. Die Danziger Kaufleute und in ihrem Gefolge die Braunschweiger und andere wollten nicht zahlen, solange nicht zum mindesten die Kölner es

---

[1]) Ebenda S. 344 Anm. 2.

[2]) Es wurden im wesentlichen wieder die bekannten Gründe und Gegengründe vorgebracht; daneben suchten die kölnischen Gesandten die ganze Frage als für die Interessen des Kontors bedeutungslos hinzustellen, indem sie hervorhoben, daß der Hauptausfuhrartikel Kölns, der Wein, ohnehin als Benteware schoßfrei sei, und daß umgekehrt aus den Niederlanden überhaupt nur wenig Waren nach Köln geführt würden (K. J. II S. 443). Hierauf ließ sich jedoch die Versammlung nicht ein. Gegenüber dem Satz Kölns, daß die übrigen Hansestädte als zur Gegenpartei gehörig in dem Streit nicht richten dürften, erklärten diese das Kontor allein für Kölns Gegenpart und sich selbst für die einzige in Betracht kommende Instanz (ebenda).

[3]) K. J. II S 444.

[4]) Hierzu D. J. S. 900 unter 5. Jan.; K. J. II S. 443, vorn n. 891, 909/10 f, 942, 951, 983, 1045, 1098, 1129.

[5]) K. J. II n. 1138, 1209 ff; dazu ferner n. 1233, 1335.

[6]) K. J. II n. 1391. — Offenbar hatten die Besprechungen mit den kurz zuvor durch Köln gereisten hansischen Gesandten (vgl. K. J. II n. 1303, 1310, 1313) auf den Rat eingewirkt.

[7]) K. J. II S. 538 unter 7., S. 586 unter Art. 7.

[8]) K. J. II S. 586 unter Art. 7, dazu vorn n. 1764.

[9]) Der Kammergerichtsprozeß selbst, obwohl nicht fortgesetzt, blieb weiter in der Schwebe; er war noch 1598 nicht erledigt; St. A. Köln, Briefbuch 112, Bl. 273.

auch täten; die herrschende „Ungleichheit" wurde für alle Schoß-
unluftigen eine willkommene Ausrede.[1]) Die Beschlüsse der
Hansetage von 1566 und 1572, daß während des Rechtsstreits
zwischen Köln und dem Kontor die Entrichtung des Schosses
nicht unterbrochen werden solle,[2]) fanden wenig Beachtung,
Schöffs Einflüsterungen dagegen um so mehr.[3]) Je länger sich
der Zwist hinzog, desto größer wurde die Bedrängnis des Kontors,
das sich zwar oft genug beschwerte,[4]) aber keine Mittel fand,
den überhand nehmenden Schoßverweigerungen entgegenzutreten
oder die Rückstände einzutreiben.[5]) So sah es sich bald außer
stande, seinen vielseitigen Verpflichtungen nachzukommen, zumal
seine Kassen durch beträchtliche Ausgaben für die Einrichtung des
neuen Hauses stark angegriffen worden waren.[6]) Die Zinsen,
die man wenigstens den außerhansischen Gläubigern zu entrichten
sich bemühte[7]), verschlangen die Überschüsse der Verwaltung und
machten trotzdem noch neue Anleihen nötig.[8]) Köln, Braunschweig
und den hansischen Privatpersonen konnte man ihre Darlehen
überhaupt nicht verzinsen,[9]) sondern mußte Zinsen mit Zinses-
zinsen auflaufen lassen.[10]) Die Schuld, die nicht lange nach dem
Einzug in das Haus auf 12650 Pfd. angegeben wird,[11]) wuchs
infolgedessen bis Anfang 1572 auf 13118 Pfd. 10 Sch. 10 ₰[12])
und wurde auf dem Hansetag desselben Jahres auf 13750 Pfd.
1 Sch. 5 ₰[13]) (= 82500 Gl.) berechnet.[14]) Die Maßnahmen
dieses Tages, der angesichts der Notlage größeren Ernst

---

[1]) St. A. Köln, Hanse III A LXXVIII 12 a, E V 12; hierzu K. J. z. B. I
n. 2737, 3523, 3691, 3698, 3721, II Anh. n. 135* unter 3.; D. J. n. 5321.
[2]) K. J. I n. 2852, S. 572, II S. 882.
[3]) St. A. Köln, Hanse III A XCIV 20, LXXXIX 48.
[4]) Z. B. K. J. I n. 2644, 2686, 3008, 3086 u. öfter; D. J. S. 882 unter
Artikel 9.
[5]) 1574 wurden sie schon auf mehrere 1000 Pfd. berechnet. Kontorab-
rechnung von 1572—1574, St. A. Köln, Hanse IV unter 43; vgl. auch K. J. II
S. 73 Anm. 1.
[6]) Z. B. St. A. Köln, Hanse IV 39 S. 16 ff u. öfter.
[7]) Vgl. K. J. I Anh. n. 99*.
[8]) Z. B. K. J. I n. 3450; vgl. auch n. 3698.
[9]) K. J. I n. 3394 f, 3602, 3613, II S. 344 Anmerkung (der Seite 343),
S. 347 Anm. 3 Schluß, vorn n. 488, 758 u. öfter. — Dagegen hielt wieder
Köln seine bewußten 100 Goldgulden für die Schoßablösung zurück; St. A.
Köln, Hanse III E VII 5; vgl. ebenda Hanse II 52 Bl. 266b.
[10]) K. J. I n. 3447.
[11]) St. A. Köln, Hanse IV 35 Bl. 1; vgl. auch K. J. I n. 3524.
[12]) K. J. II n. 15.
[13]) Die Berechnungen im Bilanzbuch des Kontors (St. A. Köln, Hanse IV 39)
sind allerdings durchweg niedriger, zum Teil deswegen, weil sie den hansischen
Gläubigern ihre Rückstände an Schoß und Miete beim Kontor abziehen.
[14]) K. J. II n. 226, S. 379, 386.

zeigte,[1]) schafften dem Kontor einige Erleichterung. Nicht nur Lübeck zahlte nämlich daraufhin endlich seine 10 000 Gl., sondern sogar Danzig ließ sich zu 6000 Gl. herbei. Außerdem leistete auf Veranlassung der Städte[2]) auch das Londoner Kontor größere Vorschüsse,[3]) solange es in seiner damaligen ungünstigen Lage dazu selbst noch imstande war.[4]) Mit diesen Geldern wurde ein großer Teil der Schuld bei Bötger (von seiner Bürgschaft für Lübeck her) und bei Fleming abgetragen.[5]) Die bei letzterem noch verbleibenden 2800 Pfd. wurden in eine Erbrente umgewandelt.[6]) Für das Kontor erwuchs daraus der Vorteil, daß es in der nächsten Zeit mit Zinsenforderungen weniger bestürmt wurde. Im übrigen aber wurden ja wie alle bisherigen Darlehen auch die neuen von Lübeck, Danzig und dem Stahlhof auf das Soll des Kontors geschrieben, sodaß wir dessen Schuldsumme sich nicht verkleinern sehen. Sie betrug Anfang 1574[7]) 14 125 Pfd.[8]), 1576 nach der Abrechnung auf dem Hansetag[9]) 14 374 Pfd. 9 Sch. 4 $\mathcal{P}$[8]) (= 86 200 Gl.); davon hatten damals die nichthansischen Gläubiger („fremden Schuldner") allein immer noch etwa 20 000 Gl. zu fordern.[10]) Das Kontor selbst konnte bei dem Rückgang seiner Einnahmen nur gelegentlich kleinere Abzahlungen machen.[11]) Sein Barvorrat war fortbauernd gering; oftmals mußten Alterleute und Hausmeister Summen vorstrecken, wiederholt verkaufte man Silbergerät und andere Wertgegenstände;[12]) dennoch stieg die Schuld unaufhörlich weiter.

---

[1]) Vgl. schon den Artikel des Ausschreibens: K. J. II S. 336 n. 6, ferner die Verhandlungen selbst: ebenda S. 343 Anm. 2, S. 379 ff, 386 f.

[2]) K. J. II S. 380 unter 25. Juni, S. 392 unter 9. Aug., S. 448 unter 18. Aug.

[3]) Hierzu K. J. I n. 3531, II n. 230, 239 u. öfter.

[4]) Hierzu K. J. II Anh. n. 22*, vorn n. 479, 943; bis 1576 hatte es im ganzen 2633 Pfd. nach Antwerpen übermacht; St. A. Köln, Hanse IV Bl. 241, dazu K. J. II Anh. n. 79*.

[5]) Hierher gehören K. J. II n. 300, 305/6, 358, 588, 612, S. 387, 444 unter Art. 7; St. A. Köln, Hanse III E VII 6; ebenda Hanse IV 27 Bl. 42.

[6]) K. J. II n. 394, 612; — sie ging später durch Verkauf zum Teil an Hieronymus Helwagen aus Köln und Johann de Cordes über (hierzu K. J. II n. 1425, 1720, 1783, 2487, Anhang n. 274*).

[7]) nach einem Bericht des Kontorsekretärs 1575 in Lübeck, St. A. Köln, Hanse IV unter 43.

[8]) Vgl. aber S. 125 Anm. 13.

[9]) K. J. II S. 444 unter Art. 7; ebenso St. A. Köln, Hanse IV unter 44.

[10]) K. J. II S. 440.

[11]) Z. B. K. J. II n. 594/5.

[12]) Nach Bilanzbuch, St. A. Köln, Hanse IV 39, z. B. VII. S. 6 = Hanse IV 35 Bl. 59 b; ferner z. B. ebenda Hanse IV 36 Bl. 33 b; K. J. II S. 62 Anm. 1; vgl. Ennen, Hans. Gbll. 1873 S. 57.

Während schon so der Bestand des Kontors erschüttert wurde, machten sich daneben die niederländischen Wirren, welche, zum Teil gerade von Antwerpen ausgehend, allmählich immer weiter um sich griffen, auch für die hansische Kaufmannschaft unangenehm bemerkbar. Die religiöse Seite der Bewegung hatte anfangs auch die Hansen in Antwerpen nicht gleichgültig gelassen.[1]) Die Gegenmaßregeln der spanischen Regierung aber legten es ihnen bald näher, auf ihre persönliche Sicherheit und ihre Handels= interessen bedacht zu sein. So erwirkten sie 1567 von König Philipp und der Regentin einen Schutzbrief für ihren Verkehr in den Niederlanden unter der Bedingung, daß sie sich von den Aufständischen fern hielten.[2]) Immerhin versäumte die Inquisition nicht, auch die Hansen ihre Macht spüren zu lassen: Drei Häus= linge in Antwerpen, die Brüder Pilgrum und Gert Kock, verloren damals (Ende 1570) aus geringfügigem Anlaß Wohnsitz und Vermögen in den Niederlanden.[3]) Eine weitere Probe spanischer Unduldsamkeit erfuhr die hansische Genossenschaft durch das Verbot Albas, nichtkatholische Osterlinge an geweihten Orten zu bestatten.[4]) Im übrigen freilich ließ er sie als privilegierte Fremde, mit deren Heimatstädten er außerdem gute Beziehungen zu unterhalten wünschte, ziemlich in Ruhe.[5]) Auch von seiner Absicht, die fremden Kaufleute zu den von ihm eingeführten neuen Abgaben mit heranzuziehen,[6]) kam er wieder zurück,[7]) bezeigte sich auch sonst gnädig, indem er die Häuslinge in Antwerpen auf ein Gesuch des Kontors von der spanischen Einquartierung befreite.[8]) Immerhin erwuchsen auch ohne das mit seiner Schreckens= herrschaft den Hansen Schädigungen genug; nicht nur, daß ihnen im Zusammenhang mit den Gütereinziehungen unter den Ein= wohnern des Landes große Außenstände verloren gingen,[9]) sondern der ganze Handel wurde beeinträchtigt.[10]) Namentlich das Treiben der Geusen störte ihn aufs empfindlichste. Unaufhörlich ertönen

---

[1]) Häpke S. 51; dazu K. J. I n. 2898, S. 226 Anm. 2.
[2]) K. J. I n. 3073 f; Protokollbuch II S. 344, 381.
[3]) Häpke S. 52; K. J. I S. 607.
[4]) Häpke S. 52; K. J. I n. 3528, S. 608.
[5]) Häpke S. 52; — ebenso Albas Nachfolger, vgl. K. J. II S. 68 Anm. 1.
[6]) K. J. I n. 3473, 3488, 3491, 3505 u. öfter, Anh. n. 94* ff, S. 612 f.
[7]) St. A. Köln, Hanse III A XCVII 4; K. J. II n. 55, 61, 71, 75 f, 93, S. 383 unter Anm. 4.
[8]) K. J. II Anh. n. 6*, S. 356.
[9]) K. J. I n. 3381, 3505, S. 608.
[10]) z. B. K. J. II S. 6 Anm. 4, ferner n. 240, 288. — Hinzu kamen Be= schränkungen des Verkehrs durch Mißhelligkeiten zwischen Spanien und Eng= land, vgl. K. J. I n. 3379, 3488, 3491, 3505 (— Anh. n. 98*).

seit 1571 die Klagen der hanſiſchen Kaufleute über die Unſicher-
heit der Waſſerſtraßen.[1]) Schiffe wurden überfallen, beraubt oder
genommen, der Schiffsverkehr teilweiſe geſperrt, Häfen und
Flußmündungen geſchloſſen und Geldabgaben erpreßt.[2]) Weniger
hatte man von ſpaniſcher Seite zu leiden, da die Regierung,
ſoweit es ſich mit ihren Intereſſen vertrug, den Hanſen, deren
Kornzufuhr unentbehrlich war, Entgegenkommen zeigte. Nur
wünſchte man ihnen den Handel mit den aufſtändiſchen Provinzen
zu unterbinden,[3]) ein Beſtreben, dem gegenüber ſich die Hanſen
auf Grund ihrer Neutralität[4]) ablehnend verhielten. Außerdem
nahmen die ſpaniſchen Truppen und deren Befehlshaber oft wenig
Rückſicht. Es kam vor, daß hanſiſche Kaufleute gezwungen
wurden, ihre Schiffe zum königlichen Dienſt herzugeben, oder daß
man ſie in ähnlicher Weiſe beläſtigte.[5]) Vor allem Geld brauchten
die Spanier ebenſo nötig wie die Aufſtändiſchen; bei den von
beiden Seiten erhobenen ‚Licenten‘ der verſchiedenſten Art war
wiederum der Kaufmann der leidende Teil.[6])

Wer ſich zum Betrieb des Handels anſäſſig gemacht hatte,
wie die Mitglieder des hanſiſchen Kontors, wurde natürlich noch
in anderer Weiſe durch den Kriegszuſtand in Mitleidenſchaft
gezogen. Antwerpen ſuchte einen Teil der ihm zufallenden Laſten
durch neue indirekte Steuern oder direkte Beiträge auf die fremden
Kaufmannſchaften abzuwälzen.[7]) Die Privilegien halfen den
Hanſen wenig dagegen; waren ſie doch nur auf friedliche Zeiten
berechnet! Unbrauchbar waren ſie vollends, wenn das Militär
in der Stadt nach Belieben ſchaltete. Bei der häufigen Anweſenheit ſpaniſcher Regimenter wurden namentlich die Häuslinge durch
Fourieren und Einquartierung beläſtigt,[8]) ſodaß man ſich mit
einem neuen Befreiungsgeſuch an den Gouverneur der Nieder-

---

[1]) Z. B. K. J. I Anh. n. 101*, II n. 95, 110, 128, 140, 232, 342, 380, 422,
455 u. öfter, Anh. S. 388 unter 25., S. 370, 6. v, n. 26*, 39*, S. 434 unter 23.
[2]) Zu Lande ſtand es nicht viel beſſer, vgl. z. B. K. J. II n. 406, 715, 718.
[3]) Vgl. K. J. II Anh. n. 17*, vorn n. 531.
[4]) Sie verwahrten ſich entſchieden gegen den Vorwurf eines Einverſtänd-
niſſes mit den Geuſen; K. J. II n. 260; Ennen, Hanſ. Gbll. 1876 S. 35.
[5]) K. J. n. I 3488, II n. 111, 133/4, 141, 420, 485 u. öfter.
[6]) K. J. II n. 769, S. 441.
[7]) K. J. I n. 3604, 3610, II n. 470, 472, 1016, Anh. S. 370, 6. w, n. 16*,
S. 434 unter 21. — Köln insbeſondere klagte über erneute Abforderung des
ſogenannten ‚Hochſels‘, einer Abgabe beim Weinverkauf, die auf ſeine jahrzehnte-
langen Klagen (K. J. I z. B. n. 375, 443, 629, 904, 1618, 1821) 1562 auf-
gehoben worden war. K. J. I n. 3591, 3629, 3640 u. öfter; dazu St. A. Köln,
Hanſe III A XCI 42.
[8]) K. J. II n. 405, S. 440.

lande, damals Don Louis de Requefens, wenden mußte.[1]) Bei
Gelegenheit des Hanfetages von 1576 hören wir ferner von
gewaltfamem Einbruch fpanifcher Offiziere in die beiden Öfter-
fchen Häufer, deren Bewohner man eines geheimen Briefwechfels
und anderer Beziehungen mit den Rebellen bezichtigte.[2]) Eine
Meuterei unter den fpanifchen Soldaten in Antwerpen im April
1574 hätte das Große Öfterfche Haus faft zum Schauplatz eines
Kampfes gemacht.[3]) Der von den Meuterern bedrängte Stadtkommandant zog fich in die Neuftadt zurück und ließ dort das
Hanfehaus mit Zuftimmung feiner Bewohner in Verteidigungs-
zuftand verfetzen; doch kam es nicht zum Kampf. Die Tumulte
diefer Tage[4]) taten der Stadt, die fchon zu Albas Zeiten an
Einwohnern verloren hatte,[5]) viel Abbruch. Bürger und fremde
Kaufleute fühlten fich nicht mehr ficher und verzogen nach andern
Orten;[6]) in diefe Zeit fällt die bereits mehrfach erwähnte Über-
fiedlung hanfifcher Kaufleute nach Brügge.[7]) Und doch war
das alles nur ein fchwaches Vorfpiel im Vergleich zu
den Ereigniffen des 4. November 1576. Diesmal war es nicht
eine Schar, fondern ein ganzes Heer von meuternden fpanifchen
Soldaten, die fich auf die Stadt warfen, um fich für ihren rück-
ftändigen Sold zu entfchädigen, und tagelang aufs furchtbarfte in
ihr hauften.[8]) Wiederum verfuchte der Stadtkommandant Cham-
pigny beim Schlußkampf in der Neuftadt, das Hanfehaus als
Bollwerk zu benutzen, fah aber die Nutzlofigkeit des Widerftands
ein und gab das Gebäude preis.[9]) Mehrere Abteilungen von
Plünderern drangen nacheinander durch die aufgebrochenen Tore
ein, jagten die Kontorinfaffen durch alle Räume, ängftigten, miß-
handelten und beraubten fie und erpreßten im ganzen 500 Pfd.
bares Geld. Um Brand zu verhüten und die Waren in den
Lagerräumen zu retten, mußte fich das Kontor zu einer ‚Ranzion‘,

---

[1]) K. J. II Anh. n. 25*. — Es erfolgte auch diesmal ein günftiger Be-
fcheid; ebenda.

[2]) K. J. II S. 434 unter 23, S. 440 unter 11b.

[3]) K. J. II n. 465, Anh. n. 27** ff; Motley, The rise of the Dutch republic
(Neu York 1880) Bd. II S. 546.

[4]) Vgl. ebenda.

[5]) Häpke S. 52.

[6]) K. J. II n. 472, 480, S. 408 Anm. 3.

[7]) Hierzu K. J. II S. 408 Anm. 3, ferner vorn n. 470.

[8]) Hierüber ausführlich Motley a. a. O. III S. 105 ff.

[9]) Motley a. a. O. III S. 109.

d. h. Loskauffumme von 20000 Gl. verstehen.¹) Dennoch blieben auch in den nächsten Wochen noch mehrere Abteilungen auf dem Hause liegen und ließen es sich auf Kosten seiner Bewohner wohl sein.²) — Die Schrecken der „spanischen Furie" knickten die Blüte Antwerpens mit einem Schlage; viele Bürger und Kaufleute Antwerpens verließen fluchtartig den ungastlichen Ort.³) Andere wurden nur durch ein Abzugsverbot des spanischen Kommissars de Roda zurückgehalten.⁴) Der Handel lag völlig darnieder; auch in den folgenden Jahren der Ruhe vermochte er sich nicht zu erholen. Für das hansische Kontor im besonderen bedeutete die Plünderung mit ihren unmittelbaren und mittelbaren Folgen den Anfang vom Ende. Manchem war der Aufenthalt auf dem Osterschen Haus verleidet.⁵) Im Frühjahr 1577 waren zeitweise nur mehr drei Personen dort anwesend.⁶) Nicht minder als die auf dem Hause Residierenden hatten die Häuslinge gelitten.⁷) Alle Ersatzforderungen blieben ohne tatsächlichen Erfolg.⁸) Sudermann in Köln, der seine Schöpfung bedroht sah, verfaßte selbst und veranlaßte beim Rat seiner Stadt und sogar beim niederländisch=westphälischen Kreistag Verwendungsschreiben für das Kontor an maßgebende Persönlichkeiten der Zivil= und Militärbehörden in Antwerpen;⁹) Anfang 1577 begab er sich auf Aufforderung des Kölner Rats¹⁰) persönlich dorthin, um seine Werbungen fortzusetzen,¹¹) erhielt aber nur Vertröstungen, ausweichende Antworten oder offene Abweisungen.¹²)

Für das Kontor wurden diese Mißerfolge verhängnisvoll. Man hatte die Ranzion, deren Ermäßigung auf 16000 Gl. man

---

¹) Ennen, Hanf. Gbll. 1876 S. 36; (der dortige Bericht von einer zweimaligen Brandschatzung in Höhe von je 20000 Gl. beruht auf einem Irrtum;) Häpke S. 52; St. A. Köln, Hanse IV 36 S. 202; K. J. II S. 97 f, Anh. n. 47* ff.
²) Vgl. K. J. II Anh. n. 51*, vorn n. 1102; Ausgaben für sie: St. A. Köln, Hanse IV 36 S. 207, 211, 215, 230.
³) K. J. II Anh. S. 450 unter Anm. 1, n. 50*, dazu vorn n. 1031.
⁴) K. J. II Anh. n. 50*, 54*, S. 567 unter IV., n. 71*.
⁵) Hierzu K. J. II Anh. n. 78* unter 1.
⁶) K. J. II n. 1115. — Sudermann bat damals den Kölner Rat, seine nach Antwerpen handelnden Bürger zur Wohnung auf dem Hause zu veranlassen; K. J. II S. 472.
⁷) K. J. II n. 978. — Einer berechnete seinen Schaden auf mehr als 40000 Taler, K. J. II S. 470; vgl. über einen andern ebenda vorn n. 1051.
⁸) Hierher K. J. II n. 956, 961, 1019, 1024, 1029 f, 1034, 1054, 1216.
⁹) K. J. II n. 45* ff.
¹⁰) K. J. II S. 101 Anm. 2. — Unter den Geschädigten befanden sich ja viele Kölner.
¹¹) K. J. II n. 1044, 1059, S. 112 f, n. 1189, 1215, Anh. n. 57* f, 66* f. — Unterstützt wurde er dabei von Gesandten des Kaisers: ebenda n. 1023, 1052.
¹²) K. J. II Anh. n. 54* f, S. 470, n. 65*, hierzu vorn n. 1164 f.

schließlich erreicht hatte,[1] zunächst von verschiedenen Kaufleuten vorstrecken lassen und mußte nun versuchen, sie nachträglich durch Verrechnung auf die Kaufleute, deren Güter in den Lagerräumen dadurch gerettet worden waren, wieder einzubringen. Aber nur etwa für die Hälfte der Summe gelang das,[2] die andere Hälfte mußte zum Verlust geschrieben werden und vermehrte die Schulden des Kontors. Gleichzeitig fielen mit dem plötzlichen Rückgang des Handels die Einnahmen: Hatte der Schoß im Laufe des Jahres 1576 noch an 60 Pfd. eingebracht,[3] so lieferte er in den nächsten 2¼ Jahren zusammen nur 70 Pfd.;[4] die Mieten, die 1576 noch 398 Pfd. 4 Sch. 1 Pfg. ergeben hatten,[5] erreichten nicht einmal in den nächsten 2¼ Jahren zusammen diese Summe.[6] Die Schuld des Kontors erhöhte sich unter diesen Umständen rasch auf 18346 Pfd.[7]; die Kontorvorsteher waren demgegenüber macht= und ratlos; die ganze Genossenschaft sah ihrer Auflösung entgegen.

Nach außen zwar machte sich die mißliche Lage noch nicht sogleich bemerkbar. Ein Teil der aus der Stadt gewichenen Kaufleute kehrte nach dem Eintritt des vorläufigen Friedens im Sommer 1577 zurück und bemühte sich um Wiederaufnahme des Handels.[8] Im Oktober gab das Kontor dem Prinzen von Oranien anläßlich seines Einzugs in die Stadt ein Bankett.[9] Um so trostloser waren die inneren Zustände.[10] Die Vorsteher wollten die Last ihres Amtes nicht mehr tragen. Nur durch Sudermanns Zureden und die Aussicht auf eine hansische Gesandt= schaft nach Antwerpen, die dem Kontor wieder aufhelfen sollte, ließen sie sich zum Ausharren bewegen.[11]

---

[1] Vgl. dazu im K. J. II n. 975, Anh. n. 84* unter 4.

[2] Vgl. die Abrechnungen darüber: St. A. Köln, Hanse IV unter 44.

[3] St. A. Köln, Hanse IV 36 S. 204. — 1574 waren noch 318 Pfd. 16 Sch. 6 Pfg., 1575 212 Pfd. 1 Sch. 2 Pfg. eingegangen, ebenda S. 146, 179.

[4] Ebenda S. 240.

[5] Ebenda S. 203 = Hanse IV 39 VIII. S. 8 u. 35.

[6] St. A. Köln, Hanse IV 36 S. 239 = IV 39 IX. S. 9 u. 43.

[7] = rund 110100 Gl.; K. J. II S. 504. — Neuanleihen z. B. im K. J. II n. 1231, 1235, 1257, 1454, 1514, 2752; weiterer Verkauf von Wertgegenständen ebb. n. 1695, 1711.

[8] „Dweil aber mitlerweil durch schickung des Almechtigen gottes der friedt in diesen Landen getroffen und publicirt, die spanische soldaten mit iren adherenten die Stett und Landt haben müssen ruemen — —, haben sich die Nationen bei ein gethan und ire Residentie und handel in diese Statt wider beginst und continuirt", Schrb. d. Kontors an Lübeck vom 12. Juli 1577, St. A. Köln, Hanse IV 27 Bl. 170, ähnlich ebd. Bl. 172 b.

[9] K. J. II n. 1193, Anh. n. 84* unter 4.

[10] Hierher gehören K. J. II n. 1228, 1240.

[11] K. J. II S. 503, vorn n. 1209.

Wir kommen damit zu der Frage, wie sich die Hansestädte zu der Entwicklung der Dinge in Antwerpen verhielten. Der Eindruck der Gleichgültigkeit, den das Ausbleiben eines tatsäch= lichen Eingreifens von ihrer Seite hervorrufen könnte, schwindet bei einem Blick auf die Verhandlungen der Hansetage von 1572 und 1576, der beiden einzigen in dem Zeitraum von 1567—1579. Durch Wochen und Monate hindurch wurde beratschlagt und — gestritten.[1]) Eben der Umstand, daß sich die tonangebenden Städte in den wichtigsten Punkten nicht einigen konnten, bildete trotz allen Eifers Lübecks ein Hindernis für das Zustandekommen klarer Beschlüsse. Man half sich mit dem einfachen Ausweg, die Erledigung aller umstrittenen Punkte einer Gesandtschaft nach Antwerpen zuzuschieben. Der Fehler war nur, daß diese nicht abging; denn obwohl schon 1572 angeregt und beschlossen,[2]) wurde sie doch immer wieder verschoben, da ihre Ausführung während der zunehmenden Wirren in den Niederlanden untunlich schien.[3]) Ihre Instruktion, schon 1572 aufgestellt,[4]) schwoll auf dem Hansetag von 1576 um zahlreiche durch die Erfahrungen der letzten Jahre eingegebene Artikel an.[5]) Die Verschlimmerung in der Lage des Kontors infolge und seit der Brandschatzung vom November 1576 machte es aber den Städten, wenn sie ihre Niederlassung nicht gänzlich im Stich lassen wollten, zur Pflicht, sich ihrer mit der Tat anzunehmen.[6]) Immerhin dauerte es noch wieder zwei Jahre, da die eigens zu diesem Zwecke berufene Versammlung der Wendischen Städte mit Bremen und Braun= schweig erst im Sommer 1578 stattfand.[7]) Auf Grund ihrer Beschlüsse ging dann im Herbst des Jahres die lange geplante Gesandtschaft endlich ab, bestehend aus Sudermann und je einem Vertreter von Lübeck, Hamburg und Köln.[8]) Bei der Fülle ihrer Aufgaben — es waren wegen der Vorgänge in Antwerpen eine Reihe weiterer hinzugekommen[9]) — war es vorauszusehen, daß sie nicht alle würde lösen können. Immerhin lautete der Bericht, den sie auf dem Hansetag von 1579 über ihre acht=

---

[1]) K. Z. II S. 378—388, 392, 395; ebenda S. 438—445, 448.
[2]) K. Z. II S. 337 unter 15., S. 388.
[3]) Vgl. K. Z. II n. 335, 340 (= Anh. n. 22*), n. 408, Anh. n. 31* § 4, S. 444, n. 78* § 1, S. 504 unter 5. Juni.
[4]) Ebenda Anh. n. 14*.
[5]) K. Z. II Anh. n. 42*.
[6]) Sudermann drängte 1577 von Antwerpen aus, K. Z. II S. 481.
[7]) K. Z. II Anh. n. 85*.
[8]) K. Z. II n. 1312, 1318.
[9]) Vgl. die neue Instruktion K. Z. II Anh. n. 83* f.

monatige Tätigkeit in den Niederlanden (vom September 1578 bis Mai 1579[1]) ablegte, in manchen Punkten erfreulich.[2] In der Streitfrage des Rechts bezw. der Verpflichtung der Kontorangehörigen zu einer Appellation vom Kontorgericht allein an eine Instanz innerhalb der Hanse hatte die Regierung ausdrücklich die gemeinhansische Auffassung anerkannt und durch ein Privileg für die Zukunft gesichert.[3] Als Ersatz für die Schäden der Plünderung hatte man eine Befreiung der Hansen vom Brabanter und Lobither (einem unterrheinischen) Zoll auf 20 Jahre erlangt.[4] Andere Punkte hatten weniger zur Zufriedenheit erledigt werden können,[5] viele, so über die Schulden des Kontors, waren in der Schwebe geblieben.

Mit der Einführung durch die Gesandtschaft traten Ende 1578 auch die neuen Statuten[6] in Kraft. Aber schon bei der Neueinrichtung des Kaufmannsrates nach ihnen ergab sich bei der geringen Anzahl der Residierenden die Unmöglichkeit, die Ämter vollzählig zu besetzen.[7] Zur Übernahme der Altermannschaft insbesondere wollte sich niemand bereit finden lassen. Nach einer interimistischen Besetzung des Altermannspostens im Jahre 1579 erhielt das Kontor erst 1580 wieder eine Spitze.[8] Es war der für sein Amt offenbar nicht ungeeignete Danziger Daniel Gläser, dessen Name mit dem Ausgang des Kontors eng verknüpft ist. Auch er vermochte den Verfall nicht aufzuhalten. Drei Reisen nacheinander unternahm er in den nächsten Jahren nach Lübeck und anderen Hansestädten, um sie zur Unterstützung des Kontors, vor allem zu seiner Errettung von der Schuldenlast aufzurufen.[9] Nach seinen Schilderungen war die Lage trostlos.[10] Die erlangten Zollbefreiungen brachten bei dem fast völligen Stillstand des

---

[1]) K. J. II n. 1318, S. 144, n. 1352, 1362 f, 1373, S. 153 f, n. 1423, 1457 ff, 1476, S. 165 f, n. 1521.
[2]) Ebenda S. 584.
[3]) K. J. II n. 1461.
[4]) Ebenda n. 1459 f.
[5]) So gelang es auch dieser Gesandtschaft nicht, den Residenzzwang durchzuführen, vgl. K. J. II n. 1395.
[6]) Vgl. S. 102 und 109.
[7]) Schrb. des Gesandten Engelstede an Lübeck vom 8. Okt. 1578, St. A. Lüb. A. Fl. Vol. II unter 28.
[8]) Sartorius III S. 297. — Der Gedanke, die Finanzverwaltung insbesondere einem sog. Provisor oder Rentmeister zu unterstellen, scheiterte an der entschiedenen Weigerung des dafür in Aussicht genommenen Kontorangehörigen. K. J. II S. 552 zu 6, S. 605; n. 128*.
[9]) St. A. Lüb. A. Fl. Vol. II unter 28, III unter 35, 39; hierzu K. J. II n. 1992, 1999, 2049 f, 2063, 2438, 2497.
[10]) Sartorius III S. 297 ff.

Handels unbedeutenden Nutzen.[1] Das Kontor wurde von
Gläubigern überlaufen, die mit gerichtlicher Zwangsvollstreckung
drohten.[2] Von den geringen Einnahmen konnte man kaum die
nötigsten Bedürfnisse, z. B. das Gehalt für den Sekretär, bestreiten,[3]
geschweige denn Zinsen zahlen. Zu den älteren Prozessen war
ein neuer, umfangreicher hinzugekommen. Der frühere Altermann
Prätor hatte sich nämlich, entgegen dem Brauch, für die sieben
Jahre seiner Amtsführung ein Gehalt von zusammen 420 Pfd.
angeschrieben und verweigerte deren Herausgabe. Bei der Prüfung
der Angelegenheit entdeckte man zudem Unrichtigkeiten in den
von ihm geführten Rechnungsbüchern. Man beschuldigte ihn
daraufhin absichtlicher Fälschungen und großer Unterschlagungen.
Auch die Fehlbeträge in der Haushaltung[4] legte man ihm zur
zur Last, endlich noch auf Grund von Zeugenaussagen einen
groben Mißbrauch des Kontorsiegels, mit dem er portugiesische
Güter als hansische gefreit haben sollte.[5] Wieviel Wahres daran
war, läßt sich heute schwer ermessen. Ein ganz reines Gewissen
scheint Prätor nicht gehabt zu haben, denn er verweigerte jede
Aufklärung und Rechtfertigung. Man zitierte ihn zur Verant=
wortung nach Lübeck, aber er gehorchte nicht mit der Begründung,
daß er, als inzwischen in den Niederlanden verheiratet, sich nicht
mehr zu den Angehörigen der Hanse rechne; vielmehr appellierte
er gegen die Zitation an den Brabanter Hof. Ein langwieriger
Prozeß entstand und erschöpfte die Kontorkasse vollends.

Die Werbungen Gläsers erzielten bei den Städten in der Tat
einigen Erfolg. Unter anderm bemühte man sich, eine schon 1579
bewilligte[6] zehnfache Kontribution einzufordern, d. h. eine allge=
meine Beisteuer in zehnfacher Höhe der für solche Fälle zu Grunde
gelegten Taxe jeder einzelnen Stadt. Hierbei aber zeigte sich,
wie gering die Opferwilligkeit für das Kontor noch war; statt
der veranschlagten 13 000 Taler gingen nur 5000 ein,[7] mit denen
man wohl etwas, aber bei weitem nicht ausreichend helfen konnte.
1584 schien eine Wendung zum Bessern eintreten zu sollen:

[1] Dazu K. J. II n. 175* zu 8.
[2] Vgl. K. J. II n. 2487, 2489, 2505, 2610, 2622, 2659, ferner Ennen,
Hans. Gbll. 1873 S. 58.
[3] Siehe auch ebenda 1876 S. 38.
[4] Vgl. S. 71.
[5] Zur Sache Prätor im K. J. II n. 1492, 2039, 2435, 2482, 2484, 2533,
2556, 2850, S. 585 f, 740 unter 10., S. 798, 909.
[6] K. J. II S. 585 f.
[7] K. J. II S. 752. — Außerdem zahlte Lübeck noch weitere 800 Taler von
sich aus; ebenda n 2064 f, S. 751 Art. 1.

Köln nämlich entschloß sich angesichts der Zerrüttung des Kontors, vorübergehend auf sein Schoßprivileg zu verzichten und seine Bürger für die nächsten sechs Jahre dem allgemeinen Schoß zu unterwerfen. Ja es ging, nachdem es sich einmal überwunden hatte, noch weiter und schlug zu Gunsten des Kontors eine Ausdehnung der Schoßerhebung von der linken auf die rechte Seite der Maas vor, und zwar sowohl für Vente= wie für Stapelgüter.[1] Der Hansetag von 1584 beschloß dementsprechend;[2] hansische Schoßeinnehmer sollten in allen geeigneten niederländischen Plätzen bestellt werden. Indessen kam der gute Wille zu spät. Gerade in diesem Jahr verzeichnet das Kontor zum letzten Male einen Schoßeingang.[3] Die Belagerung Antwerpens von 1584—85 durch Alexander von Parma lähmte die Reste des dortigen Handels und vertrieb die noch übrigen hansischen Kaufleute.[4] Nur einzelne blieben und führten dem Namen nach die hansische Genossenschaft fort,[5] unter ihnen der Altermann Gläser, der sich in den nächsten Jahren mit den Widersachern des Kontors herumschlug. Außer Prätor gehörte dazu besonders ein mitteldeutscher Kaufmann, namens Daniel Rindfleisch. Auf Grund der Schuldverschreibung des Kontors an einen hansischen Gläubiger, der gestorben war und für dessen Kinder er die Vormundschaft übernommen hatte, klagte er, von Prätor aufgehetzt, vor dem Antwerpener Gericht gegen den Kontorvorstand auf sofortige Einlösung der Forderung. Gläser konnte trotz aller Anstrengungen nicht verhindern, daß Rindfleisch Anfang 1587 einen Teil der Kontormöbel öffentlich versteigern ließ.[6] Seine Bemühungen, sie zurückzuerlangen, hatten keinen Erfolg. Ebenso scheiterten seine Versuche, die noch auf dem Osterschen Hause oder in der Stadt anwesenden Hansen wieder zu Schoßzahlungen zu bewegen. Man hielt ihm entgegen, daß kaum noch jemand Handel treibe und der kümmerliche Verdienst nicht noch durch Schoßzahlung geschmälert werden dürfe.[7] 1587/8

---

[1] K. J. II Anh. n. 179* unter 1.
[2] Ebenda S. 792.
[3] Von 38 Pfd. 3 Sch. 7 Pfg.: „General Bericht — —" wie S. 118 Anm. 3. — Schon in den Jahren vorher hatten immer nur noch einzelne Schoß gezahlt, vgl. K. J. II n. 2107.
[4] „Inmittels das beleg der Statt Anthorff eingefallen, daher die andere Conthorischen sich uf den abzug begeben", St. A. Köln, Hanse III A CXL 15.
[5] Vgl. Ennen, Hans. Gbll. 1876 S. 37 f.
[6] Zur Sache Rindfleisch vgl. K. J. II S. 873, 909, vorn n. 2003, 2063, S. 243 f, n. 2393, 2432, S. 281, n. 2463, 2471 f, 2479 f, 2549.
[7] Protokollbuch IV zum 11. und 19. Juni, 12. Juli 1587 (vgl. K. J. II n. 2528), ferner zum 18. März, 9. u. 13. Apr. 1590.

unternahm er eine neue Reise durch die Hansestädte und erreichte mit Lübecks[1]) Unterstützung wieder Hilfsgelder bis zur Höhe von 8000 Talern. Im übrigen vertröstete man ihn auf den in Aussicht genommenen Hansetag. Aber schon vorher legte er Anfang 1591 sein undankbares Amt nieder.[2]) Der Hansetag dieses Jahres beschloß daraufhin, die Verwaltung und Vermietung der Osterschen Häuser dem Hausmeister — es gab schon seit Jahren immer nur mehr einen — und dem Sekretär zu über= lassen und Köln als der nächsten Quartierstadt die Oberaufsicht zu übertragen.[3]) Gleichzeitig raffte man sich zu einem letzten Opfer auf: Eine vierzigfache Kontribution[4]) wurde bewilligt, um die Schulden des Kontors zu bezahlen.[5]) Von ihrem Ertrage konnten in den nächsten Jahren die Privatgläubiger befriedigt werden.[6]) Die Hansestädte selbst hingegen, die Vorschüsse geleistet hatten, haben davon niemals etwas zurückerhalten. Man erhoffte zwar immer noch eine baldige Besserung der Zustände in den Niederlanden und mit einem Wiederaufleben des Handels eine erneute Nutzung des Kontors und seiner Rechte. So hielt man auch in den nächsten Jahrzehnten an der Bezeichnung ‚Kontor‘ fest, obwohl das, was von diesem noch übrig war, den Namen wahrlich nicht mehr verdiente. Aber die damals noch im Hanse= bunde vereinigten Städte wollten nicht glauben, daß dessen Zeit und die seines Handelssystems vorüber sei. Erst die Zukunft sollte sie eines Andern belehren!

---

[1]) St. A. Lüb. A. Fl. Vol. II unter 28, III unter 39, IV unter 45; dazu im K. J. II n. 2497, 2507, 2518, S. 290 ff, n. 2572 ff, 2600. — Abzahlungen, die daraufhin geleistet wurden, z. B. ebd. n. 2596, 2639.

[2]) Er geriet zum Schluß wegen verschiedener Ersatzforderungen an die Städte in scharfen Gegensatz zu ihnen, vgl. im K. J. II n. 2526, 2541, 2628, 2684, 2701, 2718, 2721, 2787, S. 315, n. 2763, 2801, 2821, 2853 f (er nahm später die Sache von neuem auf).

[3]) K. J. II S. 975. — Angeregt worden war diese Maßnahme schon 1584: K. J. II S. 795, 947 unter 3.

[4]) Über diesen Begriff f. S. 134.

[5]) K. J. II n. 2845 f.

[6]) Vgl. K. J. II Anh. n. 277*.

Nachtrag.

Eine Nachprüfung der Akten ergab die Wahrscheinlichkeit, daß das auf S. 64 Anm. 6 angeführte Schriftstück im St. A. Lüb. irrtümlich unter die niederländischen statt unter die englischen Akten geraten ist, daß also die darauf angeregte Veränderung in der Stellung der Sekretäre sich auf das englische Kontor der Hanse bezieht.

Der Aufsatz von Karl Engel: „Die Organisation der deutsch= hansischen Kaufleute in England", Hans. Gbll. 1914, Heft 1 S. 173 ff, konnte in der vorliegenden Arbeit nicht mehr berück= sichtigt werden, da ihr Druck schon zu weit vorgeschritten war.

Anhang.

Eidesformeln des Brügger Kontors, in Antwerpen (mit geringen, z. T. nur sprachlichen Veränderungen) gültig bis zur Einführung der Statuten von 1578:

Eid der Älterleute.

„Dath schweren wy, dath wy datt Recht der Natien van der dutscher Anze willen helpen holden und bewaren na allen synen Privilegien, ordinantien und recessen, so verre alse wy dath mit unsen vyff synnen und vorstande begripen konnen und mogen, elckem Manne tho synem Rechte tho helpen, he sy arm edder ryke, dewyle wy Olderlude synn, sunder alle argelist; dath uns also Gott helpe und alle syne hilgen."

(St. A. Köln, Abt. Hanse III A XCVI unter n. 22, IV 11 S. 6 (4).)

Eid der übrigen Ratsmitglieder.

„Dath schweren wy, dath wy den Olderluden wyllen helpen richten und bystendich wesen in allen saken und Rechte, dem Coopmanne van der dutscher Anze angaende, und alse wy van den Olderluden vorbadet werden und radeswyse ume eenighe Saken gefraget synn, dath wy dan nha Ordinantien, Rechte ende gewonthen des Copmans sollen seggen und helpen richten, by deme selven Eede, alse wy by unsen vyff synnen recht und redelick wesende kennen konnen, sunder geverde und argelist, [und dath wy enen ock wyllen gehorsam wesen in allen des Copmanns redeliken saken] und dath wy ock sollen [und wyllen] hemelik holden allet ghene, dat schuldich is, hemelik tho holden. Dath uns also gott helpe und alle syne hilligen, Amen."

(St. A. Lüb. Vol. Privilegia, Copien-buch 9 Bl. XII b; St. A. Köln, Hanse Abt. III A XCVI unter 22.)

Neue, einheitliche Eidesformel der Statuten von 1578 für den Altermann und die übrigen Ratsmitglieder, aufgestellt unter teilweiser Verschmelzung der bisherigen Formeln:

„Ich N. gelobe und schwere, daß ich die Rechte der Teutschen Hanse nach seinen (!) Privilegien, ordinantien, Recessen und Statuten, wie die durch allgemeine Hanse-Stett und dem Kaufmann aufgerichtet, wol verwaren und treulich halten, als ich immer kan oder mag nach meinem besten funf sinnen, und einem iedern, er sei arm oder Reich, rechtfertiglich in allen sachen on alle gunst, haß oder affection richten, auch des Cunthors Vorrat und gemeine best mit allem fleiß bewaren und das davon aufrichtige ordentliche rechnung jahrs gehalten, auch den Erbarn von Lubeck auf angesetzte Zeit zugesant werde, vorsehen helfen woll, dar zu heimlich und verschwiegene halten, was heimlich gehalten werden soll. On alle geverde und argelist. Das mir Gott so helfe und sein heiliges Evangelium in meinen eussersten nöten. Amen."

(Bei Marquard II S. 307.)

Liſte der Älterleute des hanſiſchen Kontors in Antwerpen ſeit 1539 (ſoweit feſtſtellbar; - ein † hinter dem Namen deutet an, daß der Betreffende im Amt verſtorben iſt; - der Heimatsort iſt bei wiederkehrenden Namen immer nur das erſte Mal hinzugeſetzt).

1539—Oktober 1540:	Govard Langen aus Lübeck, Lubbert Beren (†), Gottfried von Rheden aus Bremen.
Ende 1540—November 1543:	Gov. Langen (†), Gottfr. von Rheden, Winold Falcke aus Danzig.
November 1543—(etwa) 1549:	Gottfr. von Rheden, Win. Falcke.
1549—Juli 1554:	Win. Falcke (†).
Mitte November 1555—1556:	Paul Gruter aus Lübeck, Chriſtoph von Damm aus Braunſchweig, Georg Töbing aus Lüneburg.
Anfang 1557—Mai 1557:	Chriſt. von Damm.
Mai—Mitte September 1557:	Chriſt. von Damm, Arend von der Schelling aus Danzig.
Mitte Septbr. 1557—März 1560:	Arend v. d. Schelling.
März 1560—März 1561:	Arend v. d. Schelling, Georg Roſenberger aus Danzig.
März—Ende 1561:	Georg Roſenberger, Hans Lenthe (geborener Nichthanſe).
Ende 1561—März 1562:	Hans Lenthe.
März 1562—Ende 1566:	Hans Lenthe, Thomas Neenſtede (Neuſtede) aus Lübeck; (1565 vorübergehend Georg Töbing als Vertreter Lenthes, 1566 nacheinander verſchiedene Vertreter Neenſtedes (Arneken, Kerckring, Töbing, Bubbert?))
Ende 1566—Anfang 1567:	Thom. Neenſtede.
Januar 1567—Mitte (?) 1569:	Thom. Neenſtede, Georg Töbing (Sept. 1567—April 1568 als Vertreter Töbings Henning Arneken aus Hildesheim, April bis Mitte (?) 1568 Dietrich Kenckell aus Bremen, im Dez. 1568 Dietrich Kerckring aus Lübeck (oder Münſter?))
Mitte—Ende 1569:	Thom. Neenſtede, Henn. Arneken.
Ende 1569—April 1571:	Thom. Neenſtede, Hans Prätor aus Danzig.
April 1571—April 1572:	Hans Prätor, Dietrich Kenckell (meiſt vertreten durch Lukas Beckmann aus Hamburg (?)).
April 1572—März (?) 1576:	Hans Prätor, Luk. Beckmann.
März (?) 1576—1577 (?):	Luk. Beckmann, Dietr. Kenckell.
1577 (?)—Auguſt (?) 1578:	Dietr. Kenckell, Heinrich Kerſtens aus Lübeck.
Aug. (?) 1578 —(etwa) Okt. 1578:	Heinrich Kerſtens.
Sommer (?) 1579:	Berend Vechtelt aus Braunſchweig.
Mitte 1580—Anfang 1591:	Daniel Gläſer aus Danzig.

Lifte der Sekretäre:

1539—Mai 1543:	Olav Rotherts (wurde dann Stadtfekretär von Deventer).
Mai 1543—September 1548:	Nikolaus Wolff (vorher und nachher Beamter der Lübecker Kanzlei).
September 1548—Ende 1557 ober Anfang 1558:	Jakob Raven (†), (gleichfalls aus der Lübecker Kanzlei, schon vorher eine Zeitlang Sekretär am hanfischen Kontor in Bergen).
Etwa Anfang 1558—Anfang 1564:	Nikolaus Pöpping (vorher (?) und nachher Stadtfekretär von Lübeck).
Anfang 1564—Ende 1581 ober Anfang 1582:	Georg von Laffarten (Lafferben, Lafferts).[1]
Daneben als Unterfekretär:	Oktober 1570—Anfang 1573: Johann von Langen.[2]
	Juli 1573—Ende 1576 (bezw. 1579[3]): Adolf Osnabrück.[3]
1579 bezw. Anfang 1582[3]—1596:	Adolf Osnabrück (seit Ende der achtziger Jahre im Zusammenhang mit dem Niedergang des Kontors vielfach auch als gemeinhanfischer Sekretär verwendet und bezeichnet. In seiner Abwesenheit nahm der Antwerpener Advokat Kaspar Schürmanns im Dienste des Kontors die Sekretärgeschäfte wahr, vergl. z. B. K. J. II n. 2432, 2449).

---

[1] Im K. J. I (S. 625) wohl zu unrecht (vgl. z. B. ebd. II n. 1947) identifiziert mit dem schon 1562 (ebd. I S. 352) als Ratmann von Lüneburg vorkommenden Jürgen Lafferdes.

[2] Vorher Schreiber im Dienste Sudermanns (Langen war als solcher schon verschiedentlich zu Diensten für das Kontor verwandt worden; K. J. I n. 3042, 3155, S. 603; St. A. Köln, Hanfe III A LXXVII.

[3] Seine Stellung von 1576—82 war unklar; das Kontor wollte 1576 wegen Geldmangels das Unterfekretariat abschaffen, doch beanspruchte und erhielt Osnabrück 1579 wenigstens einen Teil seines Gehalts auch für die 3 letzten Jahre, weil er nicht ordnungsmäßig abgedankt war und in der Tat weitere Sekretärsdienste verrichtet hatte. Seit 1579 galt er als ordentlicher Sekretär zur Unterstützung des kränkelnden Laffarten, vereidigt wurde er indes als solcher erst 1582, nach dem Tode Laffartens. (Vgl. K. J. II S. 969 Anm. 2, wo die Todesangabe zu 1582, nicht zu 1579 zu ziehen ist; — Laffarten starb am 3. März 1582; Protokollbuch IV.) — Den in späteren Jahren bisweilen von Fremden ihm beigelegten Magistertitel hat Osnabrück sich nie erworben.

Zeitfracht Medien GmbH
Ferdinand-Jühlke-Straße 7
99095 Erfurt, Deutschland
produktsicherheit@kolibri360.de